주택,
부의 첫걸음

주택, 부의 첫걸음

주택시장의 흐름을 꿰뚫는
5W1H 법칙

손경환 · 장용동 지음

이다미디어

주택시장의 대전환기, 5W1H로 길을 찾는다

집은 삶의 터전이며, 부를 쌓는 첫걸음이다!

집은 살아가는 터전이며, 안정된 생활을 위한 사다리를 뒷받침하는 디딤돌이다. 부(富)를 쌓아가기 위한 에스컬레이터 역할도 한다. 오랜 시간 스테디셀러로 자리 잡은《바빌론 부자들의 돈 버는 지혜》에서는 부를 만드는 7가지 비결 가운데 다섯 번째로 집을 사라고 설파한다. 조선의 실학자 이중환은《택리지》에서 거주지는 쾌적하고 풍요로운 생활을 결정하는 바탕이라고 강조했다.

사람들은 누구나 풍족하고 여유 있는 생활을 원한다. 내 집은 편안하고 행복한 삶을 유지하는 수단이다. 주거가 불안하면 결혼, 육아, 교육, 직장생활과 노후에 이르기까지 삶 자체가 흔들린다. 때때로 살아가면서 생각하지 않은 어려움을 겪기도 한다.

생활에는 경제적 뒷받침이 필요하다. 이를 위해 사람들은 열심히 일하면서 돈을 벌고 부를 쌓아가려고 노력한다. 그렇지만 소득만 가지고 행복하게 살아가기는 어려운 게 현실이다. 20대 80의 법칙이 통용되는 사회에서 보듯이 부는 사회에서 뒤처지지 않게 생활하는 토대가 된다. 소득과 부는 생활과 경제를 지탱하는 두 개의 축이다.

주택시장은 큰 변화를 맞이하고 있다. '새 술은 새 부대에'라는 격언이 있다. 그동안 익숙했던 생각과 행동으로는 새로운 시장에서 바라는 성과를 얻기 어렵다. 도리어 큰 낭패를 겪을 수도 있다.

내 집 마련은 부를 쌓아가는 첫걸음이다. 생활의 튼튼한 버팀목이며 삶의 질을 결정하는 갈림길이다. 내 집 마련을 비롯한 부동산 투자를 제대로 하지 못해 생활에 어려움을 겪고 후회하는 사람도 많다. 이처럼 집은 중요하다.

주택은 생활의 안정뿐 아니라 저축의 역할을 한다

부에 관한 내용을 다루는 책은 많이 나와 있다. 좋은 이야기지만 막상 실천하려면 애매하고 손에 잘 잡히지도 않는다. 부를 얻는 일은 많은 어려움이 따른다. 열심히 노력해도 생각처럼 되지는 않는다. 이런 상황에서 부를 쌓아가는 지름길의 하나는 주택에서 찾을 수 있다. 주택은 생활의 안정뿐 아니라 든든한 저축의 역할을 한다. 지난 수십 년 동안 내 집 마련은 다른 어떤 자산보다 안정되고 뛰어난 수익을 보였다.

《바빌론 부자들의 돈 버는 지혜》에서 이야기하는 것처럼 내 집에서 살아가는 사람과 세를 사는 사람은 삶의 질마저 달라진다.

어느 정도 대출을 받아 내 집 마련에 나섰던 사람들이 자산을 축적하고, 생활이 편안해졌다. 반면 전셋집을 전전했던 사람들은 상대적 박탈감과 함께 노후의 어려움에 시달리는 경우가 많다. 주택이 든든한 저축의 역할을 한다는 점을 간과했기 때문이다.

그동안 주택가격이 크게 상승하고 내 집을 가진 사람들의 자산과 부가 늘어나는 것을 바라보면서, 청년들을 비롯한 많은 사람은 내 집 마련의 중요성을 실감했다. 집이 없는 사람은 주거의 불안은 물론 사회생활에서 점점 뒤처지는 느낌을 받았다. 주택이 사람들의 중요한 관심 대상으로 떠오른 이유이다.

주택시장에서 성공하려면 스스로 판단하고 결정하라

지난 몇 년 동안 호황을 보였던 부동산시장은 크게 하락했다가 숨 고르기에 들어갔다. 서울 강남을 비롯한 일부 시장은 신고가 행진을 보이지만, 여전히 침체에서 벗어나지 못한 시장도 많다. 누구는 주택가격이 계속해서 떨어진다고 예상하며, 어떤 사람들은 금리 안정과 주택 공급 위축으로 가격이 오르고 시장이 불안해진다는 주장도 있다. 양극단의 주장들이 오가는 혼란스러운 상황이다. 이런 주장들은 숲을 보면서 나무를 제대로 보지 못하기 때문이다. 부동산시장이라는 숲에는 시들어 가는 나무도 있고, 잘 자라는 나무도 있다.

수요자들은 판단에 어려움이 따르자 당분간 시장을 지켜보려는 분위기도 나오고 있다. 섣불리 움직였다가 낭패를 볼 수도 있기 때문이다. 시장이 어느 쪽으로 움직이든 지금은 준비가 필요한 시점이다. 각종 대책에도 불구하고 지역에 따라서 시장 불안이 오래 갈 수도 있다. 무엇보다도 잘 자라는 나무를 찾는 일이 중요하다. 준비하고 있지 않으면 기회를 놓칠지 모른다.

개인 투자자는 물론 주택 비즈니스도 마찬가지이다. 시장을 잘 살펴보고, 지식과 경험을 바탕으로 빠르게 접근하면 좋은 기회를 잡을 수 있다. 1998년의 IMF 사태와 2008년 글로벌 금융위기 때 여러 주택업체가 휘청거리고, 새로운 주택업체가 자리를 잡은 것도 준비된 경영의 결과라고 할 수 있다.

내 집 마련은 일생을 좌우하는 일이다

주택시장은 태풍이 불기도 하고, 안개가 잔뜩 끼어 있을 때도 있다. 시장에서 성공하려면 스스로 판단하고 결정하는 자세가 중요하다. 다른 사람의 의견에 너무 의존하고 휩쓸려서는 곤란하다. 자신의 판단과 투자 행동, 그리고 냉철한 의사결정이 무엇보다 필요한 시점이다. 내 집 마련처럼 일생을 좌우하는 일은 더욱 그렇다.

주택에 관한 책은 이론서, 실용서 등 여러 종류가 나와 있다. 어떤 주택을 어디에서 사고, 언제 거래하는 것이 좋은지, 주택 비즈니스는 어떻게 할 것인지 등을 다양하게 설명한다.

주택을 비롯한 부동산으로 부를 이루었다는 주장을 펼친 책도 많이 나와 있다. 그렇지만 이런 책들은 대개 자기 경험이나 성공을 바탕으로 정리한 내용이다. 누구나 처해 있는 상황과 입장은 차이가 있다. 주관적이고 평균적인 관점에서 설명하고 방법을 보여준다고 해도 그다지 도움이 되지 않는다. 남들이 성공한 이야기를 읽는다고 자신도 성공한다는 법은 없다.

이 책은 내 집 마련을 중심으로 주택시장에 관한 내용을 다루고 있으며, 아울러 주택 비즈니스에 대한 시장 분석과 전략도 포함하고 있다. 이를 손에 잡히도록 설명하기 위해 이론과 현장 분석을 바탕으로 5W1H, 즉 여섯 개 장으로 책의 내용을 구성했다.

변화무쌍한 주택시장에서 원하는 물고기를 잡는다

부동산의 거래는 개인의 생활과 기업의 경영 성과를 좌우할 정도로 중요한 일이다. 그만큼 신중한 자세가 필요하다. 이 책에서 설명하는 주택시장의 속성, 새로운 축, 미래의 모습, 혼란과 기회, 시장을 움직이는 힘, 지역의 선택, 주택 비즈니스의 경쟁력, 가격과 비용, 실천 전략 등은 부동산시장의 실수요자나 공급자들이 판단을 세우고, 결정을 내리는 데 많은 도움을 줄 것이다.

이 책에서는 주택이란 물고기를 잡아주기보다 누가, 어디에서, 무엇을, 어떻게 잡을 수 있는가에 대한 방법을 설명한다. 주택 그리고 주택시장에 관해서는 수많은 정보가 생산되고 제공되고 있다. 이런 정보를 얼마나 잘 활용하는가에 따라서 성과가 좌우된다.

여기서 설명하는 5W1H((why, who, where, what, when, how)의 법칙은 변화무쌍한 주택시장에서 원하는 물고기를 잡기 위한 좋은 길잡이가 될 것이다. 어디서, 언제, 어떻게 판단하고 행동하는 일이야말로 주택시장의 핵심이기 때문이다.

앞으로 다가오는 주택시장은 이전과는 크게 다른 모습을 보일 것이다.

단순히 양극화의 문제가 아니라 시장의 기저가 변하고 있다. 시장은 달라지고 있는데, 그동안 가졌던 생각과 판단으로는 좋은 성과를 얻기 어렵다.

익숙했던 관성에서 탈피해야 한다. 달라지는 시장에 제대로 대응하려면 변화의 성격과 미래의 모습을 제대로 숙지하고, 정확한 의사결정을 할 수 있어야 한다. 이 책이 주택시장에 관심을 가진 사람들에게 많은 도움이 되기를 기대한다.

이 책이 기획되고 출판에 이르기까지 물심양면으로 성심껏 조언해 주고 지원을 아끼지 않은 이다미디어 황보태수 대표를 비롯해 주택 관련 학계 및 주택업계의 관계자들에게도 심심한 감사를 드린다.

2024년 10월

차례

들어가는 글

주택시장의 대전환기, 5W1H로 길을 찾는다 ··· 4

Why

1장 · 왜 주택시장이 변하는가?

집은 부의 사다리이자, 행복한 삶의 원천이다 ··· 16

아파트 시대가 도래하면서 중산층의 시대도 열렸다! ··· 23

주택이라는 상품을 거래하는 시장이 급변하고 있다 ··· 31

주택은 든든한 저축 수단, 수익성과 안정성을 보장한다 ··· 43

바빌론 부자의 내 집 마련은 행복한 삶과 부의 바탕이다 ··· 47

주택시장 흐름의 핵심은 양극화와 그룹화 현상이다 ··· 53

수도권 집중과 지방의 감소라는 인구의 이중성이 시장을 바꾼다 ··· 60

주택의 가치는 양적 추세보다는 수요의 질적 변화가 결정한다 ··· 67

인구, 경제, 사회 등 3가지 요인이 주택시장의 미래를 좌우한다 ··· 71

2장 · 주택시장을 움직이는 힘

주택시장에 새로운 축이 등장하고 패러다임이 전환되고 있다 ··· 78

청년, 중산층, 노인가구가 시장의 3대 축으로 떠오르고 있다 ··· 85

금융·경제·정책의 3개 나침반으로 부동산시장의 방향을 읽는다 ··· 96

빠르기와 변화를 보여주는 속도는 시장을 움직이는 큰 힘이다 ··· 110

알렉산드로스는 적을 알았고, 한니발은 적을 몰랐다 ··· 120

3장 · 어디에서 살아갈까?

지역의 선택은 자신뿐만 아니라 자녀 미래에까지 영향을 미친다 ··· 130

《택리지》는 집터 고르는 기준으로 지리, 생리, 인심, 산수 등을 제시 ··· 134

주택시장의 20대 80 법칙에 따른 지역 양극화와 차별화를 주목하라 ··· 140

주택시장에서 지역 · 계층의 세분화로 평균의 관점이 사라지고 있다 ··· 148

중심 시장의 공간적인 확산은 지역시장의 그룹화로 나타난다 ··· 154

대체 가능한 지역을 선택하고, 교육여건 등 발전 잠재력을 따져라 ··· 159

인구 증가와 산업 발전 가능성은 주택 선택의 중요한 기준이다 ··· 170

착공·미분양 통계와 전셋값 비중, 지역 선택의 지표로 활용하자 ··· 176

4장 · 무엇이 좋은 주택인가?

금융위기는 주택시장에 태풍, IMF 사태는 지진의 충격이었다 ··· 186

앞이 깜깜한 주택시장의 위기와 혼란에서 기회를 잡아라 ··· 193

주택에 대한 판단과 의사결정은 물속의 물고기를 잡는 일이다 ··· 201

내게 효용가치와 만족도가 높은 최적의 주택은 어떻게 찾을까? ··· 205

주택의 외부효과는 숨겨진 보물, 어떻게 찾아야 하나? ··· 210

주택의 선택은 울창한 숲에서 튼튼하고 잘 자란 나무 찾기이다 ··· 214

주택시장의 새로운 축으로 떠오른 신혼부부의 내 집 마련 일지 ··· 220

5장 · 언제 사고팔아야 하나?

거인의 어깨 위에 올라 더 멀리 내다본 '뉴턴'을 생각하라 ··· 234

주택 거래의 시점을 파악하고, 거래의 방법을 연구하라 ··· 240

시장의 흐름과 타이밍을 읽고, 적시에 적정 가격으로 거래하라! ··· 249

전문가 판단과 다수의견을 비롯한 시장조사는 자칫 오류를 낳는다 ··· 254

저평가된 '미인주택'을 찾아 장기간 '가치투자'를 하라 ··· 261

가격과 추세의 격차를 검토하고, 주택시장의 상황을 판단한다 ··· 268

〈화식열전〉에 등장하는 부자들은 돈의 흐름을 알고 부를 일궜다 ··· 274

How

6장 · 주택 비즈니스, 어떻게 행동할까?

주택시장과 비즈니스의 판단은 가격이 아니라 비용이 중요하다 ··· 282

집 살까, 세 들까는 매매가 대비 전세가 비중의 변화로 판단하라 ··· 290

주택사업에서 공간 경쟁력은 지역 선정과 공간 구성에서 나온다 ··· 296

주택 비즈니스에서 성공 여부는 시간 경쟁력의 확보에 달려 있다 ··· 307

일상적 혁신은 주택 비즈니스의 필수 조건이자 최우선 해결과제 ··· 314

주택 임대 비즈니스는 매입 시점과 지역 선택이 좌우한다 ··· 325

1인 가구와 노인의 주거 서비스가 유망 비즈니스로 떠오르고 있다 ··· 331

구슬이 서 말이라도 꿰어야 보배, 미래가치는 정보에서 나온다 ··· 342

Why

· 1장 ·

왜 주택시장이
변하는가?

주택시장에서 나타나고 있는 양극화와 그룹화

집은 삶의 질을 결정할 정도로 중요하다. 살아가면서 가장 큰 꿈은 내 집 마련이라고 사람들은 말한다. 주택시장의 속성은 시장 흐름은 물론, 사람들의 판단과 결정의 바탕이다. 시장의 속성이 변하면 행동도 달라져야 한다. 앞으로 시장에서 주목할 속성인 개개 주택의 독자성과 차별화, 특히 저축의 기능은 생애에 걸친 생활의 중요한 기반이라는 차원에서 의미가 크다.

주택시장에서 나타나고 있는 양극화와 그룹화는 시장구조의 개편을 가져오며, 시장의 미래 모습을 보여준다. 지역, 소득, 주택 유형 등의 양극화는 점점 심화할 수밖에 없다. 그룹화는 같은 생활권역이나 인접한 주택이 하나의 그룹처럼 움직이는 상황을 말한다. 인구의 이중성, 20대 80의 사회, 사회 트렌드의 변화 등은 이런 모습을 한층 가속할 것이다.

집은 부의 사다리이자,
행복한 삶의 원천이다

집은 부를 쌓아가고 행복한 삶을 유지하기 위한 터전

집은 살아가는 터전이면서 사회적, 정서적, 경제적 가치를 만들어 내는 공간이다. 사람들은 집에서 가족과 이웃을 만나고, 또 함께 일하고 놀거나 휴식을 취하면서 살아가고 있다. 집이라는 공간이 중요해지면서 집이 가진 가치는 점점 높아져 왔다.

어느 날 신문에서 기사를 읽던 그는 생각에 잠겼다. 기사는 집을 가진 사람과 그렇지 못한 사람의 자산 격차가 점점 커지고 있다는 내용이었다. 몇 년 전 내 집 마련을 위해 고민하던 때의 일이 떠올랐다. 그때 결심을 하고 노력한 끝에 지금은 내 집을 가지고 있다. 이 집을 발판으로 점차 좋은 집으로 옮길 수 있고, 가족과 함께 행복하게 살 수 있을 것이다. 전셋값이 몇 년째 올라가고 집값이 들썩인다는 말을 들어도 이제는 별로 걱정하지 않는다.

　주변에는 자기 집이 없는 사람도 많다. 이들도 열심히 일하면서 살아간다. 그런데 왜 집이 있는지 없는지에 따라 사람들의 생활과 삶의 질은 달라질까? 직장을 다니면서 수도권에 거주하는 두 사람의 사례를 들어보자. 소득은 비슷하며 한 사람은 몇 년 전에 내 집을 마련했고, 다른 사람은 대출 부담, 집값 하락의 걱정 때문에 내 집 마련을 미루고 계속 전세를 살고 있다. 사회생활을 시작할 때는 비슷했지만, 지금은 집을 가진 경우 자산은 10억 원을 넘지만, 세를 사는 사람의 자산은 5억 원에 미치지 못한다.

　집을 사는 대신 열심히 저축했어도 마찬가지이다. 비슷한 시기와 환경에서 사회생활을 시작했고 성실하게 살아왔지만, 왜 이렇게 차이가 심해졌을까? 이미 주거의 사다리에 올라간 사람도 있지만, 그렇지 않다면 사다리가 가팔라질수록 집을 가지지 못한 사람들은 점점 힘들어진다고 생각하는 사람들이 많다.

　집이란 무엇일까? 사람들이 살아가면서 가장 큰 관심사의 하나는 집이다. 의식주(衣食住)에서 옷을 입고 식사하는 문제가 거의 해결된 오늘날 남은 과제는 안정된 주거생활이다. 집은 부를 쌓아가고 행복한 삶을 유지하기 위한 터전이다. 주택은 든든한 저축의 역할을 하며, 부를 이루는 지름길도 주택에서 찾을 수 있다. 내 집에서 사는 사람과 세를 사는 사람은 삶의 질마저 달라지고 있다.

　개인이나 정부는 주거 문제를 해결하기 위해서 오랫동안 노력을 기울였고, 지난 수십 년 동안 많은 주택이 공급되었다. 그렇지만 주거는 여전히 큰 과제로 남아 있으며, 특히 청년의 주거 문제는 심각한 실정이다. 주택을 충분히 공급했고, 복지가 잘되어 있다고 알려진 선진국 역시 주거 문제는 제대로 해결하지 못하고 있다. 유럽 등지의 도시에서는 집값의 급등과 비싼 임대료로 청년을 비롯한 많은 사람이 미래의 꿈을 포기할 정도로 어려운 상황에 놓여 있다. 이는 중국이나 베트남처럼 성장과 개발이 활발하게 진행되는 국가들도 마찬가지이다. 이처럼 집은 사람들의 생활을 좌우하고 삶의 미래를 결정하는 바탕이 되고 있다.

주택가격이 상승하고 집을 가진 사람들의 자산과 부가 늘어나자, 사람들은 내 집 마련의 중요성을 실감했다. 기회가 되면 내 집을 가져야겠다는 생각이 강해졌다.

그렇지만 내 집 마련이 쉽지는 않다. 집을 장만하려면 많은 돈이 필요하다. 내 집을 가질 수 있을까 하는 회의가 들기도 한다. 주택시장에서는 그동안 여러 차례 집을 장만할 좋은 기회가 있었다. 기회를 잡은 사람도 있고, 놓치고 후회하는 사람도 있다. 그러나 역사가 반복하듯이 기회는 여전히 남아 있다. 시장의 변화를 잘 살펴보고 대응한다면 앞으로도 좋은 기회는 나타날 것이다.

사람들은 언제부터 집이라는 공간에서 살게 되었을까?

사람들은 언제부터 집이라는 공간에서 살게 되었을까? 오랜 옛날 사람의 조상인 누군가가 살고 있던 나무에서 내려왔다. 수백만 년 전의 일이다. 엉거주춤한 자세로 땅에 서 있던 그녀는 주변을 두리번거리면서 위험은 없는지 먹을 것은 있는지를 주의 깊게 살폈다.

나무에서는 열매를 찾느라고 힘들었지만, 땅에서는 여러 가지 먹을 만한 것을 나무 위에 있을 때보다는 쉽게 찾을 수 있었다. 지낼 만하다고 생각한 그녀는 들판에서 좀 더 많은 시간을 보내면서 지내기로 마음을 먹었다. 물론 위험하다고 생각하면 언제든지 나무로 올라갔다.

그녀는 아마 루시라는 이름을 가진 먼 조상이었을 것이다. 루시의 이름은 1974년 화석으로 발견 당시 라디오에서 흘러나온 비틀스의 '저 하늘의 다이아몬드를 가진 루시(Lucy in the Sky with Diamonds)' 노래에서 따왔다. 그녀는 여전히 나무를 잘 탔지만 걷고 달릴 수 있었다. 사실 나무에서 내려오는, 인류 역사를 가르는 위대한 결정은 그녀가 살던 곳의 주변이 건조해지고, 사바나 기후로 변하면서 살 만한 나무가 점점 줄어들었기 때문이다.

땅에서 사는 일에 점차 적응하자 나무 위에서 살던 때보다 먹을 것을 구하기는 쉬워졌지만, 들판에는 곳곳에 위험이 도사렸다. 사방이 트인 장소는 사나운 동물의 공격을 피하기 어려웠고, 특히 비바람을 막기 힘들었다. 늘 주변을 살피느라 편하게 쉴 수도 없었다. 그러다가 동굴에 살면서 위험을 피하는 동물들의 행동을 살펴본 사람들은 동굴이 위험을 피하고 모여 살아가기에 좋겠다고 생각했다. 이들은 자신들이 머물 만한 적당한 동굴을 찾기 시작했다.

동굴은 어느 정도 안전하고 편하게 살 수 있는 거처의 역할을 해주었다. 동굴에서는 위험한 동물의 공격에서 벗어날 수 있을 뿐 아니라 비바람과 추위도 피할 수 있었다. 자식을 키우고, 식량을 저장하기도 유리했다. 그렇지만 동굴 주변에는 먹을 만한 것이 충분하지 않았기 때문에 늘 굶주림을 걱정했다.

시간이 지나자 인류의 직계 조상인 호모 에렉투스가 나타났고, 진화를 거듭하면서 호모 사피엔스로 발전했다. 그들은 불을 발견하고, 석기 같은 도구를 만들었다. 지능도 점차 높아졌다. 불과 석기의 이용은 사나운

동물을 피해 다니면서 먹을 것을 찾던 사람들의 활동 영역을 넓혀주었고, 높아진 지능과 도구의 활용은 더 좋은 환경을 찾아서 멀리까지 움직일 수 있도록 만들었다.

차츰 그들은 동굴에서 벗어나 무리를 이루고, 먹을 것을 구하기 위해 강가나 평야에서 모여 살았다. 거기서는 먹을 것을 구하기가 좀 쉬워졌지만, 안전하게 살아가려면 동굴처럼 추위와 비바람을 막아줄 공간이 필요했다.

그때 지은 주거 공간이 선사 시대의 유적지인 움막 또는 움집이다. 사람들이 만든 최초의 집이라고 이름 붙일 만한 공간이었다. 경기 연천의 전곡리유적지, 서울 암사동유적지를 비롯해서 전국 곳곳에는 사람들이 살았던 구덩이와 움막이 많이 남아 있다. 움막은 신석기 때부터 살림하는 집으로 이용되었고, 땅을 파서 생긴 흙벽에다 나무와 풀로 만든 지붕을 덮은 형태였다. 움막의 내부 공간은 일터, 저장 창고, 쉬는 곳 등으로 구분되었다.

시간이 지나자 많은 사람이 모여 살면서 촌락과 도시가 생기고, 주거와 생활에 필요한 기능과 형태를 갖춘 주택이 만들어졌다. 내부 공간이나 건축양식도 발전하고 거주하기도 점차 편해졌다. 중동 메소포타미아 지역의 우르, 우르크, 바빌론과 튀르키예 아나톨리아 그리고 인도와 동아시아 등지에서 주거지를 갖춘 도시가 형성되었다.

그러나 지배계층의 화려하고 커다란 주거 공간과는 달리 일반 사람들이 거주하는 주택은 여전히 열악했다. 이들이 사는 곳은 비바람과 추위를 피하고, 음식을 만들고 쉬거나 잠을 자는 공간에서 크게 벗어나지는 못했다.

1980년 전후, 대규모 아파트 건설로 주거생활의 큰 변화

한국 사회 역시 불과 오십 년 전만 해도 수돗물이 안 나오고 불편한 난방을 하는 작은 집에서 여러 식구가 모여 비좁게 살았다. 마당에 펌프가 있는 집은 동네에서 잘 사는 집이었다.

서울 청계천, 중랑천 주변을 비롯한 곳곳에 무허가 판자촌이 즐비했다. 1980년까지 서울 동작구 일부에서는 가마니를 덮어 놓은 움막집인 '가마니 촌'에서 사람들이 살고 있었다. 이후 중랑천 등의 강변 판자촌에 살던 사람들의 이주가 시작되고, 이른바 달동네 개발이 본격화되면서 주거환경이 개선되기 시작했다. 1980년을 전후해서 진행된 대규모 아파트 건설은 주거생활의 큰 변화를 가져왔다.

앞서 말한 것처럼 살아가는 데 필요한 의식주인 옷을 입고 음식을 먹는 일은 경제 발전에 따라 거의 해결되었다. 이에 따라 집, 즉 살아가는 공간이 사람들의 주목을 받게 되었다. 주택이 사회적 관심으로 떠오르자, 이와 관련된 이야기가 소설, 영화, TV 프로그램 등에서 주제나 배경으로 자주 다루어지고 있다. 집이라는 사회적 장소, 주택이라는 물리적 공간은 사람들의 관심과 호응, 공감을 받기 때문이다.

2012년에 개봉해 크게 히트한 영화 〈건축학 개론〉은 집을 건축하는 과정을 바탕으로 건축가 지망생 승민과 음대생 서연의 첫사랑과 두 번째 만남의 이야기를 풀어간다. 대학을 졸업하고 15년이 흐른 후 만나게 된 두 사람은 서연이 집을 지어달라는 요청을 승민에게 하면서 집을 짓는 동안 함께 시간을 보내고 다시 애틋한 감정을 느낀다.

이들이 가진 과거와 현재의 감정은 집을 짓기 위한 디자인과 계획, 건축공사로 얽히면서 둘은 새로운 마음과 공감을 가지게 된다. 이 영화는 독특한 소재와 스토리에다 건축의 시각적 배경 그리고 집이라는 공간이 주는 정서를 바탕으로 많은 관객의 호응을 얻었다.

김혜진의 소설 《축복을 비는 마음》에서는 사회의 복합적 욕망을 보여주는 상징인 집이라는 주제를 다루고 있다. 이 소설은 집을 둘러싼 사람들의 생각과 행동, 갈등 그리고 내면의 심리를 잘 보여준다. 내 집을 갖고 싶고, 더 좋은 집에서 살고 싶은 욕구는 누구나 가지고 있다. 소설의 등장 무대인 재개발, 전셋집, 임대아파트에 사는 사람들이 물리적 공간인 집, 심리적 정서적 기반인 집을 오가면서 느끼는 욕망과 이해, 불편함과 타협을 이야기한다.

이처럼 집은 서로 공감을 가지고 함께 살아가는 장소이면서 사회적, 경제적 활동을 하는 공간이다.

아파트 시대가 도래하면서 중산층의 시대도 열렸다!

반포아파트, 강남 지역 개발의 신호탄을 쏘아올렸다

주택의 공간이 획기적 변화를 맞이한 계기는 아파트라는 새로운 주거 공간이 만들어지면서 시작했다. 1970년대에 접어들면서 아파트가 본격적으로 공급되었다. 주거단지라는 개념의 공간을 적용해서 처음 지어진 대단지 아파트는 1960년대 초에 건설된 서울의 마포아파트였다.

현 LH공사인 대한주택공사에서 건설한 마포아파트는 당시로는 상당히 현대적 시설을 갖추었고, 소득이 비교적 높은 중산층에게 주로 공급되었다. 연탄 방식이었지만 개별난방을 적용해 한국의 전통 난방 방식인 온돌을 탈피하는 계기가 되었다. 마포아파트는 근대의 집합주택 계획에서 추구한 녹지 위의 고층 주거문화 개념을 실현하려는 목적으로 건설되었다. 초기에는 사람들이 별로 익숙하지 않은 낯선 공간에서 사는 것을 망설였지만. 생활하기에 편하다는 점이 인식되면서 점차 주목받았다.

마포아파트는 현대적 공간을 가진 주거지였지만, 이후 여의도, 강남, 잠실 등지에서 새로 공급되는 아파트와 비교해서 시설의 노후화, 좁은 주택 면적, 편익시설 부족 등의 여러 문제가 야기되었다. 결국 1990년대 초에는 낡은 마포아파트를 허물고 현대식 구조를 갖춘 아파트로 재건축되었다.

서울 강남 지역의 개발과 1970년대 아파트의 대량 공급이 추진되면서 아파트 시대가 도래했다. 당시는 만성적인 주택 부족과 가격 불안에 시달리던 시대였다. 경제성장으로 소득이 늘어난 사람들은 내 집을 가지려는 열망에 휩싸였다. 이에 부응하기 위해 정부는 아파트를 중심으로 주택 공급을 강력하게 추진했다. 정책 지원과 대량의 택지 개발에 힘입어 서울 강남을 비롯한 많은 지역에는 대규모 아파트단지가 건설되었다.

최초의 고층아파트는 1971년의 여의도 시범아파트이며, 강남 지역의 개발을 촉진하기 위해서 건설된 반포아파트는 생활권 개념을 도입해 단지 내에 편익시설을 갖추었다. 1980년대 들면서 과천, 목동, 상계동 등으로 대규모 단지의 개발이 확산하였고, 1980년대 말에는 주택시장 안정을 위해 추진된 주택 200만 호 공급계획의 일환으로 수도권에서 분당, 일산, 평촌, 산본, 중동 등에서 5개 신도시가 개발되었다.

내 집 마련의 열망과 부동산 투자 열풍의 확산

새로운 도시인 강남의 개발과 아파트 건설 붐은 한국 사회에 엄청난 변화를 가져왔다. 아파트 시대의 도래와 이를 발판으로 나타난 중산층의 확산 현상이다. 이런 변화의 하나가 내 집 마련의 열망과 부동산 투자 열풍의 확산이다. 새로 개발된 강남 지역에서 땅을 사고 아파트를 분양받으면 돈을 번다는 소문이 알음알음 퍼지면서 사람들은 부동산에 점점 관심을 가지기 시작했다.

아파트는 일정한 토지에다 단독주택보다 몇십 배나 더 많은 가구를 건설할 수 있는 강점을 가졌다. 당시로는 그야말로 혁신적인 공간의 이용 방법이었다. 주택 공급을 추진하는 정책에 힘입어 강남 일대에는 대규모 아파트단지가 개발되었고, 분양을 받으려는 사람들이 줄을 이었다. 여기에 중동 해외 건설 특수로 벌어들인 달러가 부동산시장에 쏟아져 들어오면서 일단 불이 붙은 아파트 열풍은 더욱 달아올랐다. 당시 뜨거운 중동 사막에서 힘들게 번 돈을 가족에게 보내면서 사람들이 요구한 말은 집을 사라, 아파트를 사라는 것이었다.

지금은 주택보급률이 100%를 훨씬 웃돌지만, 당시만 해도 전국의 주택보급률은 70%에 그쳤고, 수도권은 60%에 불과했다. 절반 가까운 사람들이 자기 집이 없었다. 내 집 마련은 이들에게 오랜 꿈의 실현이자 삶의 보람이었다. 이런 자금이 내 집을 사기 위해 주택시장으로 물밀듯이 흘러들어오면서 아파트의 시대가 활짝 열리게 되었다.

주택시장의 열기를 더한 것은 아파트 청약 열풍이었다. 청약을 받으려는 사람들이 밤을 새웠고, 많은 아파트가 투자와 투기의 대상으로 주목받았다. 그때는 청약제도가 미처 마련되지 않았고, 줄을 서서 먼저 분양을 접수한 사람이 아파트를 받을 수 있었던 선착순 청약 시절이었다. 이런 혼란이 계속되자 심각한 사회 문제로 떠올랐다.

이후 주택정책과 제도를 개선하면서 아파트청약제도와 공급규칙이 만들어졌고, 일정 자격을 가진 사람에게 우선순위를 주는 세세한 방식으로 바뀌게 되었다. 지금은 거의 사라진 말이지만 '복부인', '영순위' 같은 재미있는 용어가 한때 언론을 장식했다. 복부인은 부동산 투자를 하려고 복덕방에 몰려다니는 부인들을 빗댄 말이었으며, 영순위는 아파트 청약에서 계속 떨어진 사람에게 1순위에 앞서 우선해서 청약의 기회를 주는 제도였다. 아파트 공급의 확대와 청약 열기는 수십 년이 지난 오늘날까지 이어지고 있다.

한남대교, 반포대교, 영동대교로 연결한 강북과 강남

강남 지역은 초기에는 영동(永東)이란 이름으로 불렸다. 당시에는 논밭뿐인 허허벌판이었고, 부도심 지역인 영등포의 동쪽에 있는 지역이란 뜻으로 명칭이 지어졌다. 1973년 영동지구 개발촉진지구가 지정되고, 이어서 영동 아파트지구 개발 기본계획이 수립되었다. 정치적, 경제적, 군사적 이유로 영동지구의 개발은 급속히 진행되었다. 한강을 연결하는 다리도 세워졌다. 지금의 한남대교, 반포대교 등이 대표적이다. 한남대교는 개통 당시 노래로도 유명한 '제3한강교'로 불렸다. 강북 지역과 새로 개발하는 강남이 다리로 연결되고 접근이 쉬워지면서 강남 개발은 더욱 빨라졌다.

1973년 말의 이 지역 인구는 5만 명 남짓했으나, 1978년 말에는 20만 명을 넘어섰다. 인구 증가에 따라 1975년에는 양재, 도곡, 신사, 청담, 잠원, 서초를 포함하는 강남구가 새로 설립되었다. 처음에 강남을 개발하면서 사용했던 영동이란 용어의 흔적은 아직도 남아 있다. 지금의 청담동과 성수동을 연결하고 있는 영동대교는 '비 내리는 영동교'라는 노래로도 유명하다. 이 다리는 영동개발이란 이름으로 강남 일대의 개발을 시작한 1973년에 완공되었다. 당시는 이 지역 일대가 영동으로 불렸기 때문에 다리의 이름은 영동대교로 지어졌다.

아파트가 증가하자 더 많은 사람이 아파트에 몰려들었다. 매년 건설하는 주택 공급의 60%를 아파트가 차지했으며, 아파트에 사는 사람은 계속 증가했다. 홍콩, 싱가포르 같은 일부 도시국가를 제외하고는 세계적으로도 높은 수준이다. 중산층은 물론 새로 사회생활을 시작한 청년층을 중심으로 아파트에서 거주하려는 비중은 더욱 높아지고 있다. 노인가구 역시 익숙한 아파트 생활을 별로 벗어나고 싶어 하지 않는 실정이다.

옛날 움막집에서 불을 지펴서 요리와 난방을 하고, 초가집의 온돌방에서 비좁고 불편하게 살았던 사람들이 지금은 현대적 시설과 쾌적한 공간을 가진 주택에서 살고 있다.

뜨거운 아파트 열풍이 부동산투기라는 부작용을 초래

아파트 시대가 도래하면서 주택은 부와 자산을 결정하는 중요한 배경의 하나로 떠올랐다. 그전까지 부동산의 부는 천석꾼, 만석꾼이란 말에서 보듯이 큰 땅을 가진 소수의 사람에게만 해당하였다. 그러나 아파트 시대가 열리면서 사람들은 아파트를 바탕으로 부를 이루는 기회를 얻게 되었다. 내 집을 가지면서 자산이 형성되었고, 많은 사람이 중산층으로 가는 사다리에 올라서게 되었다. 뜨거웠던 아파트 열풍은 부동산투기라는 부작용을 초래했지만, 한 편으로는 월급만으로 중산층이 되기 어려운 사람들에게는 기회가 되었다. 지난 수십 년 동안 내 집의 여부는 사람들의 생활과 삶의 질에 큰 영향을 미쳤다.

아파트는 시장에서 거래가 쉽게 이루어지는 표준화된 주택상품이다, 획일적인 박스 형태를 가진 별로 멋은 없는 주택이지만 생활하기에는 상당히 편리하다. 이는 한국 사람들의 '빨리빨리' 성격과 편리성 추구에 딱 들어맞는 주거 유형이다. 아파트 선호도가 높아지고 수요와 공급이 증가하면서 아파트가 거래되는 시장 규모는 폭발적으로 증가, 지난 수십 년 동안 주택시장은 양적 성장의 시대를 지나왔다.

앞으로 부동산시장은 어떻게 될까. 주택보급률이나 인구 1,000명당 주택 수를 생각할 때 양적으로 주택이 부족한 상태는 아니다. 그러나 쾌적하고 편리한 주택, 그리고 자산이라는 관점에서 볼 때 사람들이 살기를 원하는 아파트의 수급은 여전히 불안정한 상태이다. 한국의 아파트 비중은 매우 높은 편이라 일부에서는 아파트 공화국이라는 비판도 나온다. 아파트는 이제 한국의 대표적인 주거문화가 되었다. 물론 아파트 비중이 지나치게 높은 상황이 바람직하지는 않다. 아파트를 주거 공간보다 상품으로 보는 일반의 인식도 지적되고 있다.

그렇지만 사회경제적 트렌드를 고려할 때 아파트 선호는 앞으로도 계속될 것이다. K팝이나 K푸드처럼 아파트를 K주거문화로 받아들이기도 한다. 특히 청장년층의 맞벌이 경제 활동, 소득이 없는 노인가구의 생활 안정에는 아파트가 유리하다. 일반 연금이 취약한 상황에서 주택연금은 노후 생활에 도움을 줄 수 있다. 아파트가 가진 자산가치, 환금성, 편리함도 사람들이 아파트를 소유하고 거주하게 만든다. 더군다나 아파트는 재건축 등을 통한 재생력을 가지고 있다. 이런 점에서 아파트 시장의 성장은 앞으로도 계속될 것이다.

한국 사회에서 아파트는 부의 원천으로 자리잡았다

한국 사회에서 아파트가 주택시장과 주거생활의 중심을 차지하는 배경은 서너 가지 원인이 있다. 이는 내 집 마련이나 주택투자를 검토할 때 명심할 내용이다.

첫째, 아파트단지를 중심으로 형성되는 공동체와 커뮤니티의 영향이다. 아파트는 압축 공간의 성격을 가진다. 여기에 거주하는 주민들은 단지가 가진 자원을 활용해서 다양하고 밀접한 모임 활동을 영위한다. 이는 일종의 이너서클이며, 사회생활의 그룹화라고 할 수 있다. 이런 커뮤니티는 생활의 질은 물론 경제 활동이나 자녀 교육에도 긍정적으로 작용한다. 사람들은 규모를 갖춘 아파트단지에서 공동체와 커뮤니티를 형성하면서 살고 싶어 한다. 서울 압구정동에 있는 아파트단지가 40년 넘게 상류층 커뮤니티의 대표 단지로 인식되고 있는 게 대표적이다.

둘째, 아파트는 자산가치의 상승을 기대할 수 있으며, 유동성과 안정성 측면에서도 유리하다. 어떤 점에서는 이런 사실이 가장 중요하다. 그동안 아파트 가격은 꾸준히 올라갔고, 투자 수익성은 다른 자산보다 높았다. 당연히 사람들은 자금 여력이 있으면 아파트를 우선해서 매입한다. 아파트가 대중적 위치를 확보한 만큼 끊임없이 수요가 밀려들고, 새로 아파트를 찾는 사람이 늘면서 이제 아파트는 한국 사회에서 부의 원천으로 자리를 잡았다.

사람들은 대략 7~8년마다 주거를 옮긴다. 세를 살면 이사 주기가 더 짧다. 젊은층은 결혼, 자녀 양육 등으로 주거를 이동하는 횟수가 더 잦은 편이다. 원할 때 언제라도 주택을 사고팔기 위해서는 거래가 잘 되는 아파트를 선택할 수밖에 없다. 대부분 가구는 주택이 자산의 70% 이상을

차지할 정도로 비중이 높고, 이에 비해 금융자산은 적은 편이다. 유동성
이 높다는 점은 사람들이 아파트를 선호하게 만드는 주요한 원인이다.

셋째, 저성장과 고령화, 인구와 가구의 변화, 생활양식 변화, 공간 이용
효율화, 도시의 집적과 스마트화 같은 시대적 흐름은 아파트의 높은 선
호를 뒷받침하고 있다. 특히 공간 이용 효율화 및 스마트화는 아파트 선
호를 높이는 요인으로 작용한다. 개인이 단독주택에서 이 같은 스마트화
를 실행하기란 어려운 일이다. 새로운 트렌드에 대응하려면 주거를 비롯
한 생활 공간의 혁신적 변화가 따라야 한다. 아파트는 이런 흐름에 탄력
적으로 대응하는 주거 공간이라는 점에서 생명력이 길 수밖에 없을 것이
다.

주택이라는 상품을 거래하는 시장이 급변하고 있다

주택시장은 주택이라는 상품을 거래하는 공간이다

내 집 마련이나 투자 또는 주택의 건설, 공급 같은 비즈니스에서는 주택시장의 속성, 그리고 변화를 알아야 한다.

시장은 재화와 서비스가 거래되며 가격이 결정되는 공간적 또는 추상적인 장소를 말한다. 사람들은 가격이라는 매개를 통해서 시장에서 상품을 사거나 팔면서 원하는 욕구를 충족한다. 시장은 각자의 선호와 능력을 이용해서 주어진 자원을 효율적으로 배분하고 공급하는 메커니즘이다. 다시 말해 공급자와 수요자의 주택 공급과 거래가 이루어지는 장소가 시장인 셈이다.

주택시장은 주택이라는 상품을 거래하는 공간이다. 주택시장의 속성을 잘 알고 이해하는 일은 시장에 참가하는 모두에게 필수적이다. 주택시장의 속성은 시장이 가진 특성이나 성질이다. 시장을 둘러싼 환경과 패러다임 변화에 따라 주택시장의 속성들은 계속 변하고 있으며, 이전과는 크게 달라지고 있다.

'새 술은 새 부대에'라는 말이 있다. 새로 빚은 포도주를 낡은 부대에 담으면 술이 팽창하면서 부대가 터지는 낭패를 볼 수 있다. 변화가 생기면 기존의 인식을 버리고 새로운 생각과 자세를 가져야 한다는 뜻이다. 부동산시장 역시 마찬가지이다. 이런 변화를 충분히 파악해서 제대로 대응하지 않으면 주택 거래나 비즈니스에서 원하는 성과를 얻기 어렵다.

그냥 내 집을 마련하려는 사람은 시장 속성을 알 필요가 없다고 생각하기도 한다. 그러나 집을 언제 사고팔지, 어디서 살아갈지, 집을 살까 아니면 세를 들까 등 주택 문제를 제대로 판단하기 위해서는 시장이 가진 새로운 속성을 알고 행동하는 것이 중요하다. 주택업체의 예상치 못한 부침이나 사람들이 시장에서 겪는 어려움과 실패는 빠르게 변하고 있는 속성들을 제대로 알지 못한데 기인한다.

첫 번째 속성, 주택의 가치는 시간에 따라 변한다

주택시장은 일반 재화의 거래 시장과 확연히 다른 몇 가지 속성을 가지고 있다. 주택시장이 가지는 주요한 속성은 다음과 같다.

첫째, 일반 소비 상품과 달리 주택의 가치는 시간이 지나도 없어지거나 낮아지지 않는다. 둘째, 주택시장에 참가하는 사람은 수요자이면서 동시에 공급자의 역할을 한다. 셋째, 개개의 주택은 독자적 특성과 가치를 가진 상품이며, 이는 시장의 차별화와 양극화를 가져온다. 넷째, 주택은 소비와 투자, 그리고 저축이라는 중요한 특성을 가진다. 다섯째, 주택시장은 공공재 시장의 성격을 포함한다. 여섯째, 주택시장은 외적 요인뿐 아니라 소유와 임차라는 내부 메커니즘에 의해서 움직인다. 이런 속성들이 주택의 거래 행태와 시장 흐름을 좌우하는 요소라 할 수 있다.

　주택시장의 첫 번째 속성은 주택이 가진 가치는 시간에 따라 변하며, 이는 일반적인 상품과는 다르다. 거의 모든 상품은 소비하면서 가치가 떨어지고, 시간이 지나면 가격도 점차 하락한다. 식료품이나 의류, 가전제품, 컴퓨터, 휴대전화, 자동차 등도 마찬가지이다. 그러나 주택의 가격은 이들과는 상당히 다른 양상을 보인다. 이는 주택의 입지가 고정되어 있고, 특정한 지역에서는 공급이 제약받기도 하는 특성 때문이다. 특히 주택은 재건축이라는 재생 능력이 있어 지역과 시기에 따라 가격이 오르는 경우도 많다.

　주택가격, 즉 주택의 가치는 건물 가치와 토지가 가진 가치로 구성된다. 건물의 가치는 감가상각으로 점차 낮아진다. 그런데 토지는 위치가 고정되어 있고 감가상각이 없다. 좋은 지역에 위치하는 토지 가치는 시간이 지나면 계속 상승하는 성향을 보인다. 이들 지역에 있는 주택은 토지 가치의 상승에 따라 가격이 올라간다. 이 때문에 주택시장은 지역에 따른 격차가 심한 시장이다.

　시장의 차별화 또는 양극화는 다른 사회경제적 요인과 겹치면서 더욱 심해질 수 있다. 이런 속성은 내 집 마련을 비롯한 투자 활동, 그리고 주택의 공급에서 중요하게 고려되어야 한다. 주택시장에서 나타나는 다른 속성들은 상당 부분 첫 번째 속성에 기인한다.

두 번째 속성, 신규 주택 분양과 기존 주택 매매가 있다

주택시장의 두 번째 속성을 살펴보자. 일반 재화는 생산자인 공급자와 소비자인 수요자가 있다. 한쪽은 소비자가 원하는 상품을 만들어 공급하고, 다른 한쪽은 생산자가 제공하는 상품의 품질과 가격을 살펴서 소비 여부를 결정한다. 양자의 의도와 조건이 맞으면 시장에서 거래가 성립한다.

이처럼 전통적인 시장은 한 방향으로 거래되는 성격이 강하다. 주로 생산자가 팔고 소비자가 사는 방식이다. 주택시장 역시 건설업체가 공급하는 분양주택을 소비자가 매입을 하고 있다. 그런데 주택시장의 상품에는 분양주택 이외에 기존 주택의 거래가 더 큰 비중을 차지한다. 주택은 중고 상품의 쌍방향 거래가 활발한 일종의 플랫폼 시장이다.

최근 공유경제, 구독경제의 발달과 전자상거래 성장으로 중고 상품의 거래나 대여 형식으로 공급자와 수요자의 쌍방향 거래가 활기를 띠고 있다. 대표적인 쌍방향 거래가 중고나라, 당근 등에서 사용하던 상품의 거래, 승차 공유의 우버(Uber)나 숙박 공유의 에어비앤비(Air b&b) 같은 공유경제 서비스사업이다.

중고나라는 중고 거래 플랫폼으로 많은 회원 수와 거래량을 보유하고 있다. 처음 카페가 개설된 이후 법인화되었으며, 중고 생필품을 비롯한 다양한 상품을 저렴하게 거래한다. 당근은 중고 물품 거래, 소상공인 홍보 등 생활 정보를 제공한다. 지역의 생활에 밀접한 정보를 검색하고 게시자와 실시간으로 채팅할 수 있다. 이들 중고 시장에서 이루어지는 상품거래는 꾸준히 성장하고 있다.

우버는 스마트폰을 기반으로 하면서 승차 공유를 중개하는 서비스이다. 공유된 등록 차량의 운전기사와 승객을 모바일 앱을 통해서 연결하고, 이용자와 차량 소유자를 중개하는 서비스를 제공한다. 현재 많은 도시에서 서비스를 제공하고 있다.

주거 서비스는 공유경제 형식의 중고 거래가 활발하게 이루어진다. 에어비앤비는 숙박 공간의 사용을 공유하는 서비스사업이다. 공유경제 형식으로 주택이 가진 주거 서비스를 거래하는 방식이다. 자신이 소유한 방이나 집, 별장 등 사람이 지낼 수 있는 모든 공간을 다른 사람에게 임대해서 이익을 얻는다. 사용자는 호텔보다 저렴한 비용으로 숙박을 해결할 수 있다.

주택 자체의 중고 거래도 활발하다. 주택시장의 거래는 새로 건설한 신규 주택의 분양과 사용하고 있는 기존 주택의 매매가 있다. 시장의 두 번째 속성은 여기서 나타난다. 건설업체가 생산해서 시장에 판매하는 주택 이외에 기존 주택, 즉 현재 사용하는 중고 성격의 상품을 팔고 사는 쌍방향의 행동은 주택시장이 가진 중요한 속성이다.

다른 중고 상품 시장과 달리 주택시장은 기존 주택의 거래가 시장에서 차지하는 비중이 높고 시장을 주도한다. 주택경기에 따라 차이가 있지만, 기존 주택을 사고파는 비중이 거래의 절반을 크게 웃돈다. 이런 점에서 주택시장은 생산자와 소비자가 아닌, 공급자와 수요자라는 두 가지 집단을 중심으로 주로 움직인다. 공급자는 주택건설업체 이외에 보유한 주택을 팔려는 가구이며, 수요자는 분양주택이나 기존 주택을 사려는 사람이다. 보유한 주택을 파는 사람은 다른 주택을 산다는 점에서 공급 역할과 수요 역할을 동시에 한다. 시장의 참여자가 공급자이면서 수요자 역할을 하는 행동을 보이는 것이 주택시장의 두 번째 속성이다.

이런 속성은 주식시장처럼 주택시장의 변동을 심하게 만든다. 거주하는 주택을 팔면 다른 주택을 사거나 세를 들어야 한다. 한 차례의 주거 이동은 연쇄적으로 여러 거래가 수반되며, 이는 가격 변동을 가속한다. 한편 수급 불안으로 거래가 위축되면 거래의 연속성이 끊어지므로 시장이 받는 충격이 크다. 특히 전세의 경우 2년 또는 4년으로 계약 기간이 정해지기 때문에 거래 위축은 시장의 흐름을 단절시킨다. 이런 속성 때문에 주택시장은 가격의 급등락이나, 때로는 동맥경화로 거래가 왜곡되는 현상이 자주 발생한다.

세 번째 속성, 주택은 하나하나가 독자적인 특성을 가진다

주택시장의 세 번째 속성으로 주택은 하나하나가 별개의 독자적 특성을 가졌다는 점이다. 이는 주택이 가진 가장 중요한 속성이다. 주택은 상품마다 가치와 가격이 다르게 정해진다. 입지의 영향도 크게 받는다. 시간이 지나면 개개 주택이 가진 독자적인 특성은 더욱 강화된다. 이 때문에 거래에는 개개 주택이 가진 특성을 파악하고 가치를 알기 위해 많은 정보와 노력, 시간이 요구된다.

오늘날은 대량생산, 대량소비의 시대이다. 대량생산 시대의 상품은 표준화된 과정으로 만들어지며 대개 동일한 특성을 가진다. 대량생산의 사례를 들어보자.

20세기 초에 헨리 포드는 디트로이트의 자동차공장에 컨베이어 벨트를 이용한 혁신적인 생산시스템을 만들었다. 노동자의 생산성은 향상되고 비용은 줄어들었다. 이 방식은 대량생산을 위한 효율적인 표준을 제공했다. 포드의 생산방식에 힘입어 자동차는 동일한 모양, 동일한 성능을 가진 제품이 저렴한 가격으로 대량 공급되었다. 이에 따라 자동차의 대중화 시대가 열렸다.

생산비용이 줄어들고 가격이 크게 낮아지면서 그전까지 차를 살 경제적 여유가 없었던 사람들도 자동차를 가질 수 있었다. 대량생산은 엄청난 성과를 가져왔다. 노동자의 소득 증가는 중산층을 확장했다. 자동차의 이용은 넓디넓은 땅에서 각 지역이 서로 멀리 떨어진 채 고립되어 살아가던 미국 사회와 경제를 원활하게 연결하는 발전 동력으로 작용했다.

오늘날 많은 상품이 포드의 대량생산 방식을 적용해서 저렴한 비용으로 생산해서 소비자에게 공급되고, 소비자는 공급자가 정한 품질과 가격에 따라 거래하고 있다. 물론 일반 주택은 표준화된 대량생산이 쉽지는 않다.

주택의 생산은 현장 작업 비중이 높으므로 자동차처럼 공장 자동화에 의한 생산에는 제약이 있다. 그렇지만 표준화된 설계와 건축방식, 첨단 자재 등을 바탕으로 현장 작업의 비중을 줄이고 생산성을 높이고 있다. 모듈러 공법, PC 공법, 철골 공법을 이용한 자재와 부품, 부재를 현장에서 설치하는 기술이 확산하면서 주택에서도 과거보다 대량생산의 성격이 강해졌다. 모듈러 자재의 사용, 설계의 표준화, 건축 기술의 발달로 주택에도 점차 대량생산 방식이 강화될 것이다. 이는 품질의 안정과 비용의 절감, 공기 단축과 같은 효과를 가져올 것이다.

개개 주택은 독자적 특성을 가진다는 주택시장의 세 번째 속성의 배경을 살펴보자.

주택은 일단 분양이 되고 시간이 지나면 교통, 경관, 생활 여건의 차이가 나타나며, 별개의 특성을 가진 개별 상품으로 시장에서 거래된다. 주택은 오래 소비하는 상품이며, 외부 환경 변화로 인한 영향을 많이 받기 때문이다. 처음 생산될 때는 가격과 품질이 거의 비슷했던 상품인 개별 주택의 가치가 같은 규모, 같은 단지에서도 시간이 지나면서 점점 달라진다. 비슷한 가격으로 분양된 인접한 아파트가 지하철, 학원 등 편의시설에 따라 가치가 달라지고 가격도 차이가 난다. 따라서 어느 지역의 어떤 주택을 선택하는 문제는 향후 가치를 결정하는 데 매우 중요하다.

지역이 다른 경우 이런 가치의 변동성은 더욱 강하다. 1990년을 전후해서 분당, 평촌, 일산 등 수도권 5개 신도시를 개발하면서 대규모 아파트가 동시에 분양되었다. 당시 분양 가격은 큰 차이가 없었지만, 이들 신도시의 교통, 일자리, 교육 등 생활환경의 변화에 따라 지금은 가격 차이가 크게 나타난다. 성남시 분당에 있는 아파트는 고양시 일산의 아파트보다 두 배 정도 높은 가격이다. 안양시의 평촌 지역은 일산보다 높은 편이다. 이처럼 주택 또는 주택시장은 시간이 지나면 초기의 동질성이 약해지는 대신 독자성과 차별성이 오히려 강화된다. 한 시장이 움직인다고 다른 시장이 같이 움직이지는 않는다. 이는 시장의 차별화와 양극화를 가져오는 한 가지 원인이다.

이런 속성이 주택시장을 일반 상품의 시장보다 복잡하고 거래를 어렵게 만든다. 주택의 거래에는 더 많은 정보가 필요하고 비용이 많이 들어가며, 거래 후에 시간이 지나면서 얻는 만족이나 효용도 크게 달라진다. 이는 주택의 선택과 거래에서 명심할 사항이다.

네 번째 속성, 주택은 소비재이면서 저축의 성격을 가진다

주택시장의 네 번째 속성은 주택 재화의 성격에 기인한다. 네 번째 속성의 핵심은 저축이다. 주택은 살아가는 공간을 제공하는 소비재인 동시에 자산 운용이라는 투자 성격을 가지며, 미래를 위한 저축 성격도 갖고 있다. 흔히 간과되고 있지만, 주택이 가진 저축의 속성은 매우 중요하다.

주택이 단지 소비재라면 시장은 단순한 거래 공간에 지나지 않고 생산자와 소비자만 시장에 참가한다. 그러나 주택이 가진 투자 재화의 특성은 투자자를 주택시장으로 끌어들여 자산 시장의 성격을 갖도록 만든다. 그래서 주택이 가진 투자 재화의 성격은 시장을 조절하는 메커니즘인 가격 기능을 왜곡시킨다. 이에 따라 가격의 급등락이 나타나고, 경기 상황이나 수급에 따라 시장을 불안하게 만드는 상황이 자주 발생한다. 종종 사회적으로 화제가 되는 아파트 투기의 문제도 이런 투자 재화의 성격 탓이다.

특히 주택을 장기간 소유할 때 생기는 저축 기능은 내 집 마련의 의사결정과 함께 시장의 속성을 결정하는 중요한 요인이다. 저축은 벌어들인 소득에서 소비로 쓰지 않은 부분이다. 저축에는 은행에 돈을 맡기거나 연금 납부, 각종 투자, 지출 절약 등이 있다. 주택담보대출 상환으로 사용한 돈도 현재의 소비에 사용하지 않았으므로 저축에 해당한다.

수도권 아파트의 사례를 가지고 주택의 저축 효과를 살펴보자. 2010년대 초반 전세금을 포함해서 2억 원의 자금을 가진 사람이 집을 사지 않고 매매가격과 전셋값의 차액을 금융기관 등에 맡겼다면 그동안 6,000만 원 정도의 수익을 얻었을 것이다. 집을 매입했다면 가격 상승에 힘입어 자산 증가는 2억 원에 달한다. 시장이 침체했던 시기를 포함해도 주택 소유의 수익이 훨씬 높다. 이는 주택의 뛰어난 저축 효과를 보여준다. 이런 저축 기능은 뒤에서 다시 설명한다.

다섯 번째 속성, 주택은 사유재이면서 공공재 성격이 강하다

주택시장이 가진 다섯 번째 속성은 주택은 생활에 필수인 재화이면서 공공재 성격이 강하다는 점이다. 주택시장은 국가 경제에서 상당한 위상을 차지하며, 개인의 생활과 자산 형성에 큰 영향을 미치는 경제 활동이다. 주택시장의 불안은 주거 안정에 부정적인 영향을 미친다. 주택가격의 상승은 주거비 부담을 가중하고, 전셋값도 불안해지면서 가계에 어려움을 가져온다.

정책당국은 주택시장의 불안을 막기 위해 시장에 자주 개입한다. 공공주택의 공급뿐 아니라 세제나 금융, 규제 등의 대책으로 시장의 안정을 유도한다. 주택은 주거 복지를 실현하는 중요한 공공재라는 성격을 고려할 때 이런 정부의 개입은 필요하다. 그렇지만 시장을 억제하려는 과도한 개입이 지속되면 주택시장은 시장 기능이 왜곡되고 부작용을 겪기도 한다. 예를 들어 임대시장의 규제는 때때로 수급 불균형과 가격 급등락을 초래하기도 한다.

섣부른 시장 개입을 빗댄 유명한 말로 '샤워실의 바보'라는 용어가 있다. 현상의 한쪽만을 보면서 섣불리 개입할 때 오히려 시장의 불안과 부작용을 초래하는 상황이다. 때로는 어떤 정책을 시행한 후 효과를 제대로 기다리지 않고 다른 정책을 추진해서 역효과가 나타나는 경우도 생긴다. 정부가 집값 급등 시에 대책을 계속 발표하거나, 침체할 때 부양책을 잇달아 내놓아 부작용이 발생하는 사례가 여기에 해당한다.

샤워실에 들어가서 차가운 물이 나오면 뜨거운 물로 꼭지를 돌리고, 너무 뜨거우면 차가운 물로 급히 꼭지를 돌려서 뜨거운 물과 차가운 물 사이를 번갈아 옮겨갈 뿐 정작 샤워는 제대로 못 하는 상황이다. 눈앞의 단기 상황만을 보면서 시장 개입으로 대응할 때 발생하는 부작용을 비유한 이솝 우화 같은 말이다. 이는 노벨경제학상을 받은 경제학자인 밀턴 프리드먼(M. Friedman)이 정부의 과도한 시장 개입을 비판하면서 사용했다.

정책당국의 시장 개입은 애당초 기대한 효과를 충분히 얻지 못하는 경우가 자주 있다. 그렇지만 시장의 거래나 투자에 미치는 정책의 영향은 상당히 큰 편이다. 세금의 중과나 경감, 대출 규제, 정책금리, 거래 제한, 분양가 규제 등은 주택 거래에서 영향을 미치는 결정적 요소들이다. 정부가 시장에 개입할 때 정책의 효과를 살피고, 또 정책의 혜택을 활용하는 접근이 필요하다.

여섯 번째 속성, 소유와 임차의 메커니즘이 시장을 움직인다

주택의 소유와 임차, 그리고 기대심리는 시장을 움직이는 내적 요인이다. 이러한 내부 메커니즘이 주택시장의 여섯 번째 속성이다. 자가로 살거나 세를 드는 비용인 매매가격과 전셋값은 흔히 대체 관계로 알고 있다. 시장이 안정되면 임차를 선택하고, 시장이 호황이면 주택을 매입한다는 것이다. 그렇지만 실제 주택시장에서 양자의 관계는 좀 더 복잡하다. 상황에 따라 때로는 반대 방향으로 움직이고, 때로는 동조하는 흐름을 보인다.

2000년대에는 매매가격과 전셋값이 동반 상승했다. 2010년대 전반의 시장 안정기에 전셋값은 계속 상승했으나 매매가격은 하락했고, 후반의 상승기에는 매매가격이 상승했으나 전셋값은 별로 움직이지 않았다. 이후 2022년부터 시장이 침체하자 매매가격과 전셋값은 함께 하락했다. 이처럼 소유와 임차의 선택은 상호 영향을 주고받으면서 시장의 흐름을 결정한다. 집을 살지 세를 들지의 결정은 이런 내부 메커니즘을 잘 알아야 실수하지 않는다.

시장 상황이 변할 때 소유할지 임차할지는 자금 조달과 대출 여력에 달려 있다. 주택시장은 금리, 소득 같은 외부요인의 영향을 많이 받지만, 매매가격과 전셋값의 상호작용 같은 내부 메커니즘에 의한 변동도 강하다. 소유와 임차의 선택에는 이런 복잡한 메커니즘을 이해하고 적용하는 접근이 필요하다.

예를 들어보자. 전셋값이 크게 상승하면 주택 매입의 상대적 부담이 줄어들므로 수요를 촉발한다. 한편 주택가격 상승은 임차의 상대적인 부담 감소로 전세 수요를 증가시키지만, 가격 상승이 계속되면 기대심리 때문에 도리어 주택을 매입하려는 욕구를 부추기기도 한다.

주택시장이 가진 이런 속성들은 사람들의 주거생활과 자산의 형성을 좌우한다. 주택건설업체의 공급 전략 수립에도 필수적이다. 이런 속성을 잘 이해해서 전략을 세우고 행동하면 좋은 성과를 얻을 수 있다.

주택은 든든한 저축 수단, 수익성과 안정성을 보장한다

집을 사기 위해서 빌린 돈을 갚는 것은 강제저축이다

주택시장의 네 번째 속성에서 살펴보았듯이 주택은 뛰어난 저축의 역할을 하고 있다. 《바빌론 부자들의 돈 버는 지혜》라는 책에서 얇은 지갑을 채우는 방법의 하나는 지출을 줄이고 번 돈의 10%를 저축하라는 것이다. 누구나 저축이 필요하다고 생각한다. 회사에 다니거나 자영업을 해도 언제까지 돈을 벌 수는 없다. 60세까지 일을 한다고 해도 이후에도 오랫동안 고정 수입 없이 생활해야 한다. 그렇지만 저축은 쉬운 일은 아니다. 생활하다 보면 여기저기 쓸 곳이 생겨서 저축하기는 쉽지 않다. 이럴 때 여력이 있는 범위 내에서 부족한 자금을 대출받아 집을 매입하고 원금과 이자를 갚아나가면 10년, 20년 또는 30년 후에는 대출을 다 갚을 수 있고 자기 집이 된다.

흔히 저축은 강제성이 약하므로 돈을 쓰지 않고 꾸준히 저축하기는 어렵다. 그런데 집을 사기 위해서 빌린 돈을 갚는 것은 일종의 강제저축이다. 대출을 상환하는 돈이 길게 보면 저축이 되는 것이다. 중간에 집을 팔거나 담보대출을 받을 수도 있다. 가격이 올라가면 저축 이자도 생겨난다. 지난 30여 년 동안 주택가격은 금리보다 더 크게 올랐고, 주택의 소유는 높은 이자를 받는 저축의 역할을 했다. 1980년대 중반 이후 현재까지 전국 아파트 가격은 6배 가까이 올랐다. 서울 아파트의 상승률은 더 높았다. 세를 살 때 들어가는 주거비용까지 고려하면 수익률은 더욱 높아진다. 소위 레버리지 효과(Leverage Effect) 투자가 성행한 이유이다.

이처럼 주택의 보유는 여러 가지 장점이 있는 저축의 성격을 가진다. 주택시장이 가진 저축의 속성을 활용하면 생활의 안정은 물론, 노후에도 큰 도움이 될 것이다.

현재 60세 나이에 들어선 어떤 가구의 사례를 살펴보자. 이들은 1990년대 중반 내 집 마련을 고민했다. 그 무렵 주택시장은 안정되어 있었지만, 전셋값은 꾸준히 올랐다. 이들은 전셋값을 계속 올려주기보다 집을 사는 편이 낫겠다고 판단했다. 일본의 부동산시장이 폭락하는 것을 보면서 망설이기도 했지만, 이사를 자주 해야 하는 전세보다는 내 집에서 살고 싶은 마음도 강했다.

주택이 가진 저축 기능을 잘 보여주는 주택연금

80년대 후반의 시장 호황이 지나고 나서 이들이 집을 사려고 마음을 먹었을 때 주택가격은 정점에서 조금 하락해 있었다. 당시 전국의 평균 아파트 가격은 1억 원, 서울은 1억 5,000만 원 정도였다. 여러 곳을 가보고 조언을 들으면서 어디에서 집을 살지 고민했지만, 주택가격과 소득을 고려해서 이들은 서울 인접한 수도권에서 1억 2,000만 원을 부담하고 주택을 매입했다. 주택가격의 3분의 1인 4,000만 원을 대출받았고, 그동안 열심히 대출을 상환해서 지금은 대출금을 다 갚았다. 집을 산 이후 예상하지 못한 IMF 사태가 터지면서 당황스러웠고, 주변에는 집을 파는 사람도 여럿 있었다. 그렇지만 어렵게 장만한 내 집이라는 생각에 이자 부담이 늘어났지만 견뎌냈다.

소득이 증가하고 가족이 늘면서 좋은 집, 좋은 지역으로 이사했을 수도 있지만, 그대로 살았다고 가정하자. 이들이 사는 아파트의 가격은 현재 8억 원에 가까운 수준이다. 그때 집을 사지 않았다면 2000년대 들어 빠르게 올라가는 가격 때문에 더욱 힘들었을 것이다.

만약 주택을 사지 않고 저축했거나 다른데 투자했다면 어땠을까. 전세금은 계속 보증금에 묶여 있고, 씀씀이가 늘어나 저축 여력은 별로 없었을 것이다. 월세로 살면서 보증금을 저축했다면 지금은 3억 원 남짓 되겠지만, 월세로 부담한 비용을 제하면 손에 잡히는 돈은 줄어든다. 이는 주택 매입이라는 저축으로 얻은 이익의 절반에 미치지 못한다.

이 가구는 주택이라는 저축을 통해 많은 편익과 성과를 얻었다. 자기 집에 사는 안정된 생활 같은 유무형의 혜택도 많았다. 이처럼 주택은 수익성과 안정성이 뛰어난 저축 수단이다. 안정된 노후 생활을 위해 집을 팔거나 세를 주거나 주택연금에 가입할 수도 있다.

주택금융공사에서 운용하는 주택연금은 주택이 가진 저축 기능을 잘 보여주는 금융상품이다. 보유한 집에 그대로 살면서 금융기관에 집을 담보로 맡기고 매월 일정한 금액을 연금 형태로 받는 방식이다. 국가가 지급을 보증하므로 연령, 주택가격 등에 제약 조건이 있으며, 연금의 액수도 차이가 있다. 외국에서는 민간은행에서 주택을 담보로 하는 연금 상품을 '리버스 모기지(Reverse Mortgage)'란 이름으로 운용하고 있다. 매각이나 상속 대신 연금을 선택하는 사람들이 늘어나면서 주택연금은 활기를 띠고 있다. 주택연금이 성장할수록 주택의 저축 기능도 강해질 것이다.

바빌론 부자의 내 집 마련은 행복한 삶과 부의 바탕이다

내 집 마련은 부를 쌓아가는 디딤돌이자 사다리

　오래전부터 사람들은 내 집 마련이 필요하다고 인식하고 있었다. 옛날 움막집부터 오늘날에 이르기까지 내 집은 생활의 터전이었다.

　고대 도시인 바빌론의 경제를 말하는 책인 《바빌론 부자들의 돈 버는 지혜》에서는 내 집 마련의 중요성을 강조하고 있다. 바빌론은 고대 메소포타미아의 매우 부유한 도시로 바빌로니아 제국의 수도였다. 이 책에서 바빌론 최고 부자인 아카드는 돈을 모으고 부자가 되는 7가지 비결을 강연하면서, 자기 집을 가지는 것이 행복한 삶과 부를 이루는 바탕이라고 설파했다.

　자기 집이 있으면 가족과 함께 정원도 꾸미고 열심히 일하면서 편안하고 행복하게 살 수 있다. 이런 생활이 바로 웰빙이고, 부자가 되기 위한 지름길이다. 대금업자에게 돈을 빌려서 집을 사고 월세를 낼 돈으로 이자를 갚으면 된다. 만약 자기 집이 없고 세를 산다면 힘들게 벌어들인 돈의 많은 몫을 집주인에게 주면서 계속 곤궁하게 살 수밖에 없을 것이다. 수천 년 전의 고대 도시인 바빌론의 사람들은 이미 내 집 마련이 얼마나 중요한지를 알고 있었다.

저자인 조지 클레이슨(G. S. Clason)은 자기 경험과 지식을 바탕으로 절약, 금융, 재테크에 관한 내용을 우화 형식으로 다루고 있다. 이 책은 100년에 가까운 스테디셀러이며, 바빌론 주민들이 부자가 되기 위한 삶의 자세와 비결을 정리한 책이다. 부를 형성하고 유지하기 위한 원칙과 자세를 다양한 사례를 통해 오늘날에도 공감이 가도록 이야기한다.

이 책에서 설명한 부를 이루기 위한 원칙은 큰 틀에서 정리하면 다음과 같다. 첫째, 부자가 되고 싶은 열망과 마음가짐을 가져라. 둘째, 캐시카우 역할을 하는 돈나무의 씨앗을 심어라. 셋째, 행운은 노력하는 사람에게 찾아온다. 넷째, 눈앞의 황금보다 지혜를 택하라. 다섯째, 바빌론의 대금업자에게 교훈을 배우라. 여섯째, 재산을 지키기 위해 바빌론처럼 튼튼한 성벽을 쌓아라. 일곱째, 열심히 노력한 과실을 다른 사람에게 바치는 노예의 영혼을 버려라. 여덟째, 5,000년이 지나도 변하지 않는 진리가 있다. 아홉째, 본업에 최선을 다할 때 찾아오는 기회를 잡아라.

《바빌론 부자들의 돈 버는 지혜》가 가르치는 7가지 비결

이 책에서 아카드가 제시한 원칙에 따라서 얇은 지갑을 가득 채우고 부자가 되기 위해 명심할 중요한 7가지 비결을 간략하게 설명하면 다음과 같다. 이러한 비결은 위의 아홉 가지 원칙을 실천하기 위한 전략이다.

첫째, 벌어들인 돈의 일부는 저축하라. 저축은 돈나무를 심는 일이다. 저축으로 시드머니를 만들면 적게라도 투자해서 사업을 할 수 있다. 집을 사려고 빌린 돈을 갚을 수도 있다. 저축한 돈이 없으면 기회가 왔을 때 잡지 못하고 그냥 쳐다보면서 놓칠 수 있다. 남의 돈을 빌려서 투자할 만큼 좋은 기회인지 판단하기도 쉽지 않다. 저축한 자금이 있으면 기회를 잡을 가능성이 생긴다.

둘째, 저축한 돈이 자신에게 도움이 되도록 만들어라. 나를 위해 일하면서 수익을 주는 물줄기를 가진 투자 대상을 찾아서 저축으로 모은 돈을 투자해야 한다.

셋째, 수입원을 늘이도록 노력하라. 다양한 수입원을 가지면 안정된 생활을 할 수 있고, 부를 쌓아가는 일도 가능하다. 특히 변화하는 세상에서 미래의 수입원은 중요하다. 돈을 저축하고, 이 돈으로 유망한 분야에 투자하거나 좋은 위치의 집이나 땅을 사두면 임대 수입을 얻으며 가격 상승도 바랄 수 있다.

넷째, 스스로 일을 찾아서 최선을 다하라. 분명하고 정확한 열망을 가지고 자신의 분야에서 최고가 되면 당연히 보상이 따른다.

다섯째, 집은 반드시 사라. 자기 집의 마련은 생활 안정과 부를 쌓아가는 사다리이며 디딤돌이다. 집을 사기 위해 빌린 돈을 갚아야 하지만 집주인에게 주는 것보다 낫다. 어떤 의미에서 집주인에게 월세로 주는 돈은 소비로 사라져 버리지만, 집을 사기 위해서 빌린 돈을 꾸준히 갚는 것은 저축이다.

여섯째, 변화를 주시하면서 기회를 잡기 위해 늘 준비하라. 누구나 살면서 기회를 맞이한다. 준비가 없으면 좋은 기회를 알아채지 못하거나 그냥 흘러버릴 수 있다. 변화에 앞장서면 이런 기회를 남들보다 빨리 알 수 있다.

일곱째, 지키는 일이 중요하다. 바빌론의 튼튼한 성벽처럼 원금을 안전하게 지키고, 필요할 때 찾을 수 있으면서 적절한 이익을 얻는 대상을 찾아야 한다.

바빌론 최고의 부자 아카드는 "집을 가지라"라고 조언

아카드의 돈 버는 비결에 대한 강연을 감명 깊게 들은 벽돌공 아르무드는 어떻게 했을까. 집에 돌아온 아르무드는 지금 사는 집과 동네를 돌아본 후 마당에 앉아 곰곰이 생각에 잠겼다. 지저분한 골목에서 놀고 있는 아이들이 과연 행복해질 수 있을까. 깨끗한 집을 마련하고 뜰에서 꽃도 가꾸고 텃밭도 일군다면 행복하고 건강한 삶이 되지 않을까. 결심을 굳힌 아르무드는 아내를 불러서 의논했다.

오늘 바빌론 최고의 부자 아카드의 강연 중에서 자기 집을 가지라는 말이 마음에 남아 있다. 아이들에게 깨끗한 공간을 만들어 주고 싶다. 집이 있으면 건강하고 편하게 살아갈 수 있을 것 같다. 집주인에게 세를 내는 돈에다 조금 절약하고 모자란 돈은 대금업자에게 빌리면 우리 집을 살 수 있지 않을까. 그 말을 들은 아카드의 아내는 지금 생활이 별로 여유는 없지만, 가족의 행복을 위해서 우리 집을 가지고 싶다고 대답했다.

그날 밤 아르무르는 많은 생각을 했고, 다음날 일터에서 쉬는 동안에 자신이 집을 살 수 있을지 계산하기 시작했다. 지금 일 년에 버는 돈이 은화 12냥이고, 집세로 은화 4냥을 주고 있다. 집값은 대개 은화 60냥 정도

이며, 5년을 쓰지 않고 모아야 하는 큰돈이다. 그동안 열심히 일해서 20 냥을 모았으니 40냥이 부족하다. 이 돈을 대금업자에게 빌리면 20년 동안 원금 2냥과 이자 6냥을 매년 내려면 일 년에 8냥이 필요하다. 어차피 세로 내는 돈이 4냥이니 4냥을 더 보태면 되지만 남는 돈으로 생활하기는 어렵다.

벽돌공 아르무드는 자기 집에서 행복하게 살 수 있었다

고민하던 아르무드는 아내와 상의했다. 그의 아내는 세를 살면서는 할수 없는 일을 열심히 하면 된다고 말했다. 자기 집의 마당에서 채소와 과일을 키우고 가축도 기른다면 2냥 정도는 벌 수 있다는 것이다. 외곽의 터가 넓은 집으로 이사를 하면 집값이 절약되고 넓은 마당을 이용해 3냥을 버는 일도 가능하므로 충분히 감당할 만하다. 생활비를 1냥 적게 써도 그 돈은 다른 데 써 버리지만, 집을 사기 위해 절약한 돈은 든든한 저축이된다는 것이다.

세월이 지나면 아이들도 돈을 벌 수 있어 더 빨리 빌린 돈을 갚을 수 있다. 아내의 현명한 조언에 용기를 얻은 아르무드는 바빌론의 왕 사르곤이 확장한 도시 외곽에 집을 사기로 결심했다.

아르무드의 가족은 절약하며 사느라 생활은 조금 쪼들렸지만, 집을 가진 즐거움에 행복한 나날을 보낼 수 있었다. 20년이 지나 빌린 돈을 갚고 나면 생활은 훨씬 윤택해질 것이다. 집값이 올라간다면 더 많은 이익을 얻을 수 있다.

그때는 벌어들인 돈을 모두 자신과 가족을 위해 쓸 수 있다. 지금보다 많은 돈을 쓰면서 여유 있게 살아갈 수 있을 것이다. 이웃들이 부러워했던 것은 당연하다.

　바빌론 부자들의 돈 버는 지혜는 오늘날에도 깊이 공감할 수 있는 내용이다. 특히 사회생활을 시작하는 청년들에게 내 집 마련과 관련해서 깨달아야 할 생활의 자세와 지혜를 보여준다.

주택시장 흐름의 핵심은 양극화와 그룹화 현상이다

양극화와 차별화의 현상을 보이는 시장의 구조적 개편

주택시장에서 사람들에게 중요한 관심은 시장의 미래 모습이다. 주택은 단기에 소비하는 상품이 아니라 적어도 몇 년, 심지어는 수십 년 동안 소비하는 고가의 상품이다. 당연히 미래 상황을 생각하면서 의사를 결정한다.

미래의 모습은 트렌드라는 큰 물줄기에 의해 만들어진다. 주택시장도 마찬가지이다. 한국 사회를 관통하고 있는 사회경제적 트렌드는 저출산과 고령화의 빠른 진행, 인구의 감소와 지역 편중, 저성장의 지속, 경제사회의 양극화 심화 그리고 AI를 비롯한 첨단기술의 발전 등을 들 수 있다. 이는 청년층을 비롯해 주택시장에서 나타나고 있는 새로운 축들과 맞물리면서 시장을 이전과는 크게 다른 모습으로 만들 것이다.

주택시장의 무게추는 양적 성장에서 질적 변화, 그리고 동조에서 차별화로 빠르게 옮겨가고 있다. 이는 양극화와 차별화라는 현상으로 나타나고 있는 주택시장의 구조적 개편으로 보인다. 양극화는 일시적 현상이 아니라 시장의 구조적 변화에 따른 지속적인 흐름이며, 주택시장에서 핵심적인 변수로 부상할 것이다. 가격이 하락하거나 침체를 벗어나지 못하는 많은 지역과는 달리 일부 아파트의 가격은 천정부지로 올라가는 상황이다.

양극화, 나아가서는 초양극화라는 용어가 인구에 널리 회자하고 있다. 초양극화는 회계컨설팅 법인인 EY한영의 대표가 글로벌 경제를 설명하면서 언급한 키워드이다. 성장기업과 쇠퇴기업 간의 부익부 빈익빈 현상이 점점 심해지고 있다고 기업경영의 초양극화 현상을 설명했다. 초양극화는 기업뿐 아니라 사회 경제 전반의 많은 분야에 걸쳐 나타나고 있다.

상위 그룹 아파트와 하위 그룹 아파트의 격차는 심해진다

주택시장에도 초양극화가 자주 언급되고 있다. 상위 그룹 아파트는 가격이 오르고, 하위 그룹 아파트는 가격이 하락하거나 오르지 못하면서 격차가 벌어지고, 시장이 상위 영역과 하위 영역으로 쏠리고 있다는 주장이다. 주택을 가격대별로 구분할 때 주택시장은 마치 아령 같은 모양이 된다는 것이다.

물론 이런 주장은 부동산시장의 변화에 대한 정확한 해석은 아니다. 양극화는 위쪽과 아래쪽의 거리가 멀어진다는 것이지, 주택시장이 아래와 위로 몰린다는 의미는 아니다.

최근 주택시장에서 중심 지역의 아파트는 빠르게 회복하는 상황이지만, 다수 아파트는 여전히 침체 국면에 머물러 있다. 서울, 수도권과 지방 시장의 차이는 더욱 심하다. 한국부동산원이 발표한 아파트 실거래가지수를 살펴보면, 서울을 포함한 수도권은 전국 평균에 비해서 상승 폭이 높았다. KB 주택통계에서 발표한 서울 아파트 시장 동향의 경우 시장이 회복하면서 강남구, 서초구, 송파구, 마포구, 성동구, 용산구 등과 수도권 일부 지역은 상승하고 있지만, 상당수 지방은 하락 추세에서 그다지 벗어나지 못했다.

시장의 차별화, 양극화를 보여주는 다른 지표로는 5분위 배수가 있다. 이 지표는 가격이 상위 20%인 주택과 하위 20%인 주택을 비교한 값이다. 아파트 가격의 5분위 배수에서 보듯이 상위 그룹과 하위 그룹의 격차는 심해지고 있다. 이 값은 2015년에는 5배 정도였으나, 지금은 10배를 상회하고 있다. 상위 20%인 주택의 가격이 하위 20%보다 10배나 높다는 것이다. 전셋값에서도 이런 격차는 갈수록 커지고 있다.

주택시장은 가운데가 볼록한 럭비공의 모양처럼 변한다

주택시장의 양극화에 대해서는 잘못 알려진 부분이 있다. 양극화는 진행되지만, 가격 흐름에서 상위 아파트는 크게 오르고 적게 떨어진다는 것이 정확한 해석이다. 길게 볼 때 상위 아파트는 가격이 더 많이 올라가고, 격차가 더 심해진다는 것이다.

가격 격차가 심해지는 현상은 주택시장에서 가격을 순위에 따라 정렬할 때 아래쪽과 위쪽에 있는 주택가격 사이의 거리가 멀어진다는 것이다. 양쪽 끝으로 아파트 수요가 몰리면서 시장이 아령 모양처럼 된다는 뜻은 아니다. 기업경영은 승자가 많은 이익을 차지하는 승자독식의 세계라고 할 수 있다. 일종의 '멱(冪)의 법칙(Power Laws)'이 적용된다. 어떤 현상이 발생할 때 선형이 아니라 지수로 증가하는 상황이다. 예를 들어 지진이 발생했을 때 강도 8의 충격은 강도 7보다 10배나 강한 파괴력을 가진다.

부의 분포, 도시의 크기 등에서도 이런 모양이 나타난다. 주식시장에서 수익이 소수의 종목에 집중되거나, 몇몇 종목의 흐름이 전체 시장의 변동을 좌우하는 현상도 멱의 법칙이라고 할 수 있다. 삼성전자 주식이 오르면 전반적인 주식시장의 하락에도 불구하고 종합주가지수가 오르며, 미국 주식시장의 경우 엔비디아. 테슬라, 아마존, 애플, 메타, 마이크로소프트, 구글 등 '매그니피센트7'이 시장의 수익을 지배하고 있는 것과 마찬가지이다.

그러나 주택시장은 다르다. 주택은 사람들이 자신에게 맞는 주택을 선택하고 살아가는 공간이지. 이익을 두고 서로 경쟁하는 관계는 아니다. 여전히 주택시장은 많은 사람이 거주하고 있는 중간 위치의 가격에 가까운 아파트 비중이 높을 것이다. 정확하게 말하면 주택시장은 둥근 농구공에서 양쪽 끝이 멀어지고 가운데가 볼록한 럭비공의 모양처럼 변한다는 것이다.

럭비공은 어디로 튈지 아무도 모른다. 어떻게 움직일지 예측하기 어려운 상황을 럭비공에 비유하기도 한다. 주택시장이 럭비공처럼 변한다면 어디로 움직일지 판단하기가 어렵다.

주택시장의 양극화는 다양한 지역과 형태로 진행중이다

이런 상황에서 시장의 양쪽 끝부분을 제외하고 시장을 살펴보는 방법이 있다. 양쪽 끝부분이 제외된 주택시장은 완만한 타원형이 된다. 부드러운 타원형 모양의 주택시장을 상상하면 시장의 움직임을 판단하기가 쉬워진다. 사실 양쪽 끝부분에 있는 주택은 그들만의 리그이지 일반 사람들이 관심을 가질 대상은 아니다. 초고가나 초저가의 주택은 시장 흐름과 관련이 없다. 뉴욕 맨해튼이나 LA의 베벌리힐스에 있는 고급 주택은 일반 주택시장의 흐름과는 동떨어져 있다.

주택시장이 타원형 모양으로 변하는 추세는 앞으로도 지속될 것이다. 한국 사회에서 나타나는 트렌드에다 고금리까지 겹치면서 사회 전반에서 양극화가 심해졌다. 금리는 차츰 안정되고 있지만, 주택은 거래와 소유에 비용이 많이 드는 고가의 재화라는 점에서 격차 확대와 차별화, 양극화는 뚜렷한 현상으로 자리를 잡을 것이다.

주택시장의 양극화는 크게는 수도권과 지방으로 나누어진다. 세부적으로는 서울에서는 강남과 인근 지역, 지방 대도시는 대전 유성구, 대구 수성구, 부산 해운대구 등이 양극화의 위쪽에 자리를 잡고 있다. 다른 대도시에서도 양극화가 자리 잡고 있다. 지방 중소도시 등지도 떠오르는 지역과 소외된 지역으로 나누어진다. 단순히 수도권과 지방을 구분하는 현상이 아니라, 상당수 지역의 내부에서도 양극화가 나타난다는 것이다. 지방 주택시장의 침체에도 불구하고 지방 도시의 중심 지역 아파트는 회복세를 보이고 있다.

시장의 양극화는 누구나 알고 있다. 양극화가 진행되는 주택시장에서 사람들은 어떻게 행동해야 할지 고민한다. 문제는 양극화라는 추세에 따라가기가 쉽지 않다는 사실이다. 전망이 있고 앞으로 좋아질 것으로 보이는 지역이나 주택은 이미 가격이 높다. 자신의 여력으로 사기에는 부담스럽다. 무리하게 대출을 받거나 자금을 빌려서 집을 샀다가 가격이 하락할 수도 있고, 또 갚아야 하는 원금과 이자의 상환 부담 때문에 자칫 낭패에 처할 수도 있다. 시장의 양극화만 생각하고 따라가면서 리스크를 감수하기에는 망설여진다.

주택시장의 그룹화 현상은 양극화에 대응하는 좋은 전략이다

이런 상황에서 주목할 대안으로 주택시장의 그룹화 현상을 생각할 수 있다. 그룹이란 같은 특성을 가지고 유사한 행동과 반응을 보이는 집단을 말한다. 주택시장의 그룹화란 생활권역이나 인접 지역에 있는 주택들이 하나의 그룹 또는 집단처럼 비슷하게 움직이는 상황을 의미한다. 양극화에만 매달릴 필요는 없다. 그룹화는 주택의 거래나 투자에서 중요한 포인트이며, 양극화의 진행으로 판단과 결정이 어려워지는 상황에 대처하는 좋은 접근법이다.

주택시장에서 그룹화가 진행되는 배경은 집중과 선택에 기인한다. 양극화가 사람들 인식에 자리 잡으면서 어떤 지역에서 상위권 아파트의 가격이 상승하면서 접근이 어려울 때, 이를 벗어나 다른 곳으로 가기보다는 그룹이라는 공간의 범위 내에서 차선을 선택하는 성향을 보이기 때문이다. 이는 1차 권역 외에 대도시 진입이 편리한 2차 권역이 형성되거나 거점 지역 중심으로 그룹화하는 경향이 짙기 때문이다

그룹화는 어떻게 진행되고 있을까. 지역의 그룹화 양상을 개인이 정확

하게 파악하기는 어려움이 있다. 그렇지만 시장에서 나타나는 현상을 개략적으로 정리하면 그룹화의 방향을 살펴볼 수 있다. 그룹 분류는 서울의 예를 들면 강남 3구 또는 4구로 불리는 그룹, 강북의 용산, 마포, 그리고 여의도를 포함하는 그룹, 성동구와 광진구의 일부 지역 그룹 등을 생각할 수 있다. 그룹화는 시간이 지나면 양상이 더 뚜렷해질 것이다. 앞으로 양극화와 함께 그룹화가 시장의 중심으로 자리 잡을 것이다.

그룹화는 지역의 그룹뿐 아니라 특정 지역 또는 단지 내의 아파트에서도 나타난다. 특정한 지역 또는 인접한 시장 권역에 속한 아파트는 길게 보면 하나의 그룹이라는 범위 내에서 일정한 수준과 동향을 유지하는 성향이 있다.

따라서 그룹 내의 상위권과 중위권 아파트의 가격은 격차의 확대와 축소를 반복한다. 그룹 내에 있는 상위권 아파트가 움직이면 시차를 두고 중위권 아파트도 움직인다. 이에 따라 상위권과 중위권 아파트가 그룹화되어 유사하게 움직이는 패턴이 나타나고 있다.

주택시장의 양극화와 그룹화는 시장의 개편을 의미한다. 주택시장의 변화가 양극화와 그룹화 등의 현상을 보이는 동안 시장의 바닥에서는 구조적 재편이 이루어지고 있다.

수도권 집중과 지방의 감소라는 인구의 이중성이 시장을 바꾼다

인구의 양적, 질적, 지역적 변화는 새로운 기회

주택시장의 변화는 지역, 주택의 유형, 주거 형태 등에서 광범위하게 진행되고 있다. 수도권과 지방, 아파트와 다른 주택, 소유와 임차 등 여러 분야에서 시장은 많은 질적 변화를 겪고 있다.

주택시장의 질적 변화를 초래하는 주요 배경은 인구 요인, 경제적 측면, 사회적 현상, 그리고 청년과 노인가구 등 새로운 축의 등장을 들 수 있다. 이를 차례대로 살펴보자.

첫 번째는 인구가 시장의 미래에 미치는 영향이다. 경제적 배경과 함께 인구의 변화 역시 주택시장의 양극화를 촉진한다. 흔히 인구 감소는 시장의 위축을 가져올 것으로 생각하지만, 이는 인구 변화의 외양만 보는 틀린 판단이다.

인구의 변화는 감소와 집중이라는 이중성(二重性)을 갖고 있다. 이는 전체 인구가 감소하고 전반적인 감소 추세를 보이는 상황에서도 특정한 지역에는 도리어 인구가 몰리는 현상이다. 이런 상황이 심해지면서 지방 소멸 같은 주장이 나오기도 한다. 이는 주택시장의 흐름을 좌우하는 중요한 배경으로 작용한다. 삼성반도체가 자리 잡은 기흥단지에 청년이 몰리면서 인구 집적이 갈수록 심해지는 것과 같다.

인구의 이중성은 특정 지역의 인구 집중과 주택 수요의 증가를 가져온다. 인구 감소에도 불구하고 수도권의 인구는 현재보다 증가할 전망이다. 이는 수도권과 지방 시장의 차별화와 질적 변화를 심화시킨다. 수도권 내에서도 세분 시장의 차별화는 강해진다. 인구 요인은 향후 주택시장을 침체하게 만든다는 일반적 생각과 달리 시장의 질적 변화를 촉진하는 배경으로 작용할 것이다. 시각을 달리하면 인구의 양적, 질적, 그리고 지역적 변화는 사람들에게 새로운 기회로 다가온다.

인구 감소는 도쿄와 지방의 격차를 심화시켰다

해외 주택시장의 사례를 살펴보자. 일본은 오래전부터 인구 감소의 현상을 겪고 있다. 부동산시장은 30년의 오랜 기간 침체를 벗어나지 못했고, 점점 악화하고 있다고 말한다. 이는 사실이 아니다.

흔히 일본의 사례를 들면서 인구 감소로 주택시장은 침체할 수밖에 없다고 말한다. 거품이 붕괴하고 복합불황을 겪은 1990년 이후 일본은 오랫동안 인구가 정체되었다가 2009년을 정점으로 계속 감소하고 있다. 주택시장이 장기 침체를 겪은 배경에는 인구 감소와 함께 마이너스 성장 같은 경제적 어려움과 사회 활력의 저하에 주요 원인이 있다. 당시 일본은 탄력성을 상실한 사회였고, 주택 등 부동산에 관심을 가질 형편이 아니었다. 인구 감소가 주된 원인은 아니었다는 뜻이다.

도쿄의 주택시장과 주변 도시의 주택시장을 살펴보면 흥미로운 사실을 알 수 있다. 도쿄의 주택가격은 지난 몇 년 동안 꾸준히 오르고 있다. 도쿄 등지의 맨션 가격은 2010년대 중반 이후 꾸준히 상승했다. 2010년 100을 기준으로 2023년 맨션 가격지수는 191까지 올랐다. 10여 년 만에 두 배 가까이 상승했고, 한국이나 미국, 유럽의 상승에 못지않은 수준이다. 주택종합가격지수도 136으로 소폭 상승했다.

도쿄와 주변 도시의 주택가격은 점점 격차가 벌어졌다. 지방에 있는 도시와 격차는 더욱 심해졌다. 인구 감소의 영향은 지방이 더 심하게 받았으며, 이는 지방의 주택가격을 더욱 떨어뜨리는 방향으로 작용했다. 인구 감소는 지역시장의 격차를 심화시켰다.

도쿄 주택시장의 상대적 가치는 더욱 높아졌다. 물론 인구 이외의 경제 같은 다른 요인의 영향도 많이 받았을 것이다. 이런 현상은 인구의 감소와 편중이 진행되는 한국 주택시장에도 나타나고 있다.

30여 년 전의 과거에 일본에서 발생했던 현상을 가지고 한국 주택시장의 폭락을 언급하는 것은 합리적이지 않다. 더구나 한국의 사회경제적 상황은 당시의 일본과 크게 다르다.

2020년을 전후해 정점을 찍은 인구는 저출산으로 계속 감소하고 있다. 통계청은 약 20년 후에 인구가 5,000만 명 이하로 떨어지고, 하락 속도는 점차 빨라진다고 분석한다. 몇백 년이 지나면 한국의 인구가 소멸하고, 지도상에서 사라질지 모른다는 우울한 전망도 나온다.

인구의 감소 현상과는 달리 가구 수는 줄지 않는다

유의할 내용은 인구의 감소 현상과는 달리 가구는 별로 줄어들지 않는다는 사실이다. 주택을 소비하는 단위인 가구 수는 1인 가구 등에 힘입어 상당 기간 증가할 전망이다. 지난 5년 동안 주택시장의 변화가 이를 입증하고 있다. 1인 가구 분화로 인해 도리어 주택 수요는 더욱 증가했다는 사실 자체가 향후 시장의 방향을 가늠케 한다. 향후 10년 동안 1인 가구 비중은 36%를 넘어서고, 이들은 주택시장에서 상당한 역할을 맡을 것이다. 단지 인구의 감소로 주택 수요가 줄고 시장이 위축된다는 주장은 설득력이 약하다.

주목할 사항은 수도권 일대의 주택시장이다. 인구 감소는 인구의 지역

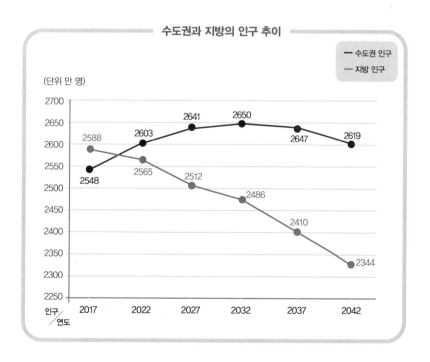

수도권과 지방의 인구 추이

적 편중과 집중을 불러온다. 인구의 이중성 때문이다. 인구의 이중성은 주택시장의 미래에서 매우 중요한 요인이다. 각각의 지역들이 가진 인구의 유인력은 크게 다르다. 어떤 지역은 인구가 늘어나거나 계속 유지되는 반면, 다른 지역은 인구가 계속 줄어든다.

부동산시장에서 나타날 질적 변화의 하나는 인구의 수도권 집중과 지방의 감소에 기인한다. 통계청에 의하면 당분간 수도권에 거주하는 인구는 지금보다 많아진다. 수도권 인구의 비중은 현 50% 수준에서 53%까지 높아진다. 총인구가 줄어들면서 수도권 인구도 영향을 받겠지만, 2040년경까지 수도권은 감소하지 않을 전망이다. 이는 주택시장에서 새로운 흐름을 가져오는 핵심 사항이다. 시간이 지나면 수도권의 인구도 감소한다고 하지만, 정확한 판단은 어렵다.

일부의 언급처럼 인구 감소로 인해 필연적으로 주택시장은 위축될 수밖에 없다는 주장은 적어도 수도권에는 해당하지 않는다. 여기에 수도권의 높은 경제력, 일자리, 교육여건, 편리한 생활 기반 등을 고려할 때 인구의 집약 현상도 강해질 것이다. 사람들의 주거 수요를 충족하기 위해서는 많은 주택이 필요하다. 상황에 따라 차이는 있지만. 수도권은 주택시장이 여전히 활기를 유지할 것이다.

컴팩트 시티, 스마트 시티는 주택과 도시의 미래 모습

그런데 수도권에서 사람들이 원하는 지역에는 집을 지을만한 땅이 부족하다. 수도권의 이너서클인 중심 지역은 이미 상당한 수준으로 개발되어 있다. 원하는 지역에다 새로 주택을 건설할 땅은 많지 않은 실정이다.

도심 지역에서 재건축과 재개발로 주택을 공급하더라도 한계가 있다.

주변으로 공간적 확산이 제약된 상황에서 주택을 공급하려면 위쪽으로 올라가야 한다. 현재 사람들이 살아가는 땅에서 더 많은 주택을 지어야 한다는 말이다. 이는 고밀 개발에 따른 여러 문제를 초래한다. 한국 사회가 홍콩처럼 초고층 아파트가 밀집하고 주거환경이 열악한 상황으로 가기는 어렵다. 실제 홍콩의 초고층 아파트단지 안에 서서 하늘을 보려면 고개가 아플 정도로 위를 쳐다보아야 한다.

쾌적한 환경과 편리함이 중요해지는 트렌드를 생각할 때 고층화와 생활환경의 상충을 해결하려면 새로운 시각의 접근이 요구된다. 컴팩트 시티(Compact City), 스마트 시티(Smart City) 같은 새로운 주거 공간은 인구의 집약과 고밀화에 따른 생활환경의 악화를 완화하는 돌파구가 될 수 있다.

컴팩트 시티는 도시를 외연으로 확장하지 않고 압축한 공간 형태로 개발하는 방식이다. 주거, 상업, 서비스 등의 기능을 도심 내에서 집약적으로 개발해 확산에 따른 환경파괴를 막고 지속 가능한 도시를 구현한다. 도시 공간을 고밀도의 복합적 이용으로 일자리와 서비스 등 일상생활의 접근성을 높이고 커뮤니티를 활성화하는 공간을 지향한다.

스마트 시티는 정보통신기술(ICT)을 이용해서 주거, 교통, 환경의 낭비 요소를 해결하고, 편리하고 쾌적한 생활을 제공하는 도시를 말한다. 첨단기술을 바탕으로 확보한 정보를 도시 공간의 개발과 관리, 생활에 적용한다. 스마트 시티는 국가의 발전 수준, 도시 상황과 여건에 따라 다양하게 정의되고, 접근 전략도 차이가 있다. 한국에서는 인천 송도, 대전, 세종, 부산 등에서 다양한 형태의 스마트 시티를 구축하는 작업이 진행되고 있다.

컴팩트 시티, 스마트 시티는 주택과 도시가 미래에 보여줄 모습이다. 단지 주택 차원에만 그치지 않는 도시의 문제이며, 비용과 편익의 문제라고 할 수 있다. 이들 주택에서 얻는 만족이 비용보다 높을 때 호응을 얻을 수 있다. 아직은 비용 부담의 문제 때문에 시간이 걸릴 것이다.

주택의 가치는 양적 추세보다는 수요의 질적 변화가 결정한다

주택 매입의 여력을 가진 사람이 시장을 선도한다

주택시장의 질적 변화를 가져오는 다른 요인은 경제적 측면에 기인한다. 한국 경제가 당면한 현상은 저성장과 양극화로 축약할 수 있다. 지난 몇 년 동안 경제성장률은 이전보다 낮은 3% 전후를 보였으며, 2024년의 성장률은 2%대에 그친다는 전망도 나왔다. 잠재성장률은 계속 낮아질 것이다.

저성장은 가구소득을 줄이고, 주택 수요를 둔화하게 만든다. 이에 따라 주택시장이 위축된다는 주장이 많다. 그러나 이런 생각은 평균의 오류에 빠질 수 있다. 20대 80의 사회에서 보듯이 경제성장률이 하락하고 평균 소득이 낮아져도 소득이 계속 높아지는 사람은 많다. 소득 5분위에 속한 가구와 평균 가구의 소득을 비교하면 20년 전에는 5분위 가구가 평균 가구의 1.8배였고, 10년 전에는 1.9배, 최근에는 2배로 확대되었다.

　주택시장의 수요는 주택을 매입할 수 있는 여력을 가진 가구를 대상으로 판단한다. 주택 매입의 여력은 자기 자금, 가능한 대출자금, 그리고 실행력 등에 달려 있다. 이런 여력을 가진 사람들이 흐름을 이끌면서 주택시장을 선도한다. 이들에 의해 움직이는 시장의 주류는 전반적인 시장흐름과는 다르게 움직일 것이다. 주택시장의 둔화나 침체 상황에서도 이들이 주도하는 시장은 다른 양상을 보이는 경우가 많다. 주택시장에도 20대 80의 법칙이 적용되는 것이다.

　주택시장을 이끄는 그룹의 행태는 KB 통계의 선도지수에서 살펴볼 수 있다. 선도 그룹을 구성하는 아파트는 시장을 앞서서 움직이는 중심 지역의 아파트이며, 시장의 방향 전환에 대한 참조 역할을 한다. 다만 선도지수의 역할이 한정적이므로 시장의 방향 전환이나 변동을 판단하려면 영향력 높은 다른 지표를 함께 살펴야 한다.

주택의 수요 단위인 가구는 향후 20년 정도 계속 증가

　주택시장의 미래 모습은 중장기적 흐름에 따라서 만들어진다. 시장의 중장기 흐름은 인구와 장기가격 추세라는 관점에서 파악할 수 있다. 인구와 가구는 수요의 기본요인이다. 통계청 전망치에 의하면, 주택의 수요 단위인 가구는 향후 20년 정도 계속해서 늘어난다. 가구의 증가는 자가든 차가든 주거 수요로 이어지므로 당분간 주택의 수요는 완만한 증가 추세를 유지할 것이다.

　주택 수요의 양을 보여주는 분포곡선을 살펴보자. 분포곡선은 주택 수

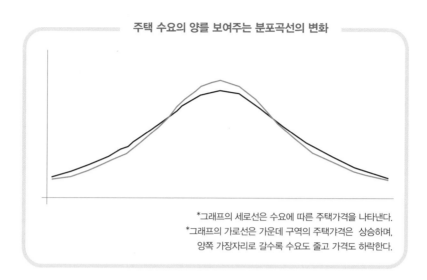

주택 수요의 양를 보여주는 분포곡선의 변화

*그래프의 세로선은 수요에 따른 주택가격을 나타낸다.
*그래프의 가로선은 가운데 구역의 주택갸격은 상승하며,
양쪽 가장자리로 갈수록 수요도 줄고 가격도 하락한다.

요에서 나타날 질적 변화를 잘 보여준다. 이때 곡선의 아래쪽은 주택 수요의 양을 의미하며, 사람들의 선호와 가치가 높은 주택이 분포의 중심에 위치한다.

인구가 감소하면 주택 수요를 보여주는 곡선의 아래쪽 면적이 줄어들고, 곡선은 아래로 이동한다. 이에 따라 수요는 줄어들 수밖에 없다는 것이 일반적인 주장이다. 과연 그럴까. 이런 주장은 두 가지 측면에서 오류가 있다. 첫째, 앞에서 말한 대로 인구 감소는 지역에 따라 다르게 나타나며, 둘째, 사람들의 주택에 대한 선호는 변하고 있다는 점이다. 이에 따라 주택의 수요곡선이 보이는 형태는 그동안 알려진 것과는 다른 새로운 모양을 보일 것이다. 수요곡선의 중심 부분은 위쪽으로 날카롭게 올라가고 양쪽 꼬리 부분은 아래로 내려간다. 주택 수요의 양을 보여주는 분포곡선의 전체 면적은 인구 감소로 줄어들 수 있지만, 분포의 모양은 완만한 곡선 형태에서 가운데 봉우리가 계속 높아지는 날카로운 형태로 변할 것이다.

이런 변화는 중요한 시사점을 준다. 시장의 선호 지역 또는 중심 지역은 점점 수요가 강해지지만, 변두리 지역은 소외될 수 있다. 지난 몇 년 동안 나타났던 주택시장의 차별화 또는 양극화 현상이 더욱 뚜렷해지고 있다.

시장의 중심에 있는 주택의 가치가 계속 높아진다

주택가격은 가치에 의해 정해진다. 주택의 가치를 결정하는 여러 요인 중에서 앞으로 중요해지는 요인을 찾고, 이런 잠재된 요인을 많이 가진 주택을 찾아야 한다. 이런 주택은 여타 주택과 차별화되면서 점점 가치가 높아질 것이다. GTX 환승역세권, 첨단 테크노밸리 등의 요인은 내 집 마련이나 주택 비즈니스에서 중요하다.

시장에서 양적 추세보다 중요한 내용은 수요의 질적 변화에서 나타난다. 주택시장은 저성장과 양극화로 계층화되는 소득 그룹에 따라서 차별화되는 질적 변화를 겪고 있다. 이는 한국뿐 아니라 여러 선진국과 빠르게 성장하는 국가를 포함한 세계적인 현상이며, 시간이 지나면서 점점 뚜렷해지고 있다.

이는 지난 몇 년 동안 나타났던 주택시장의 차별화 또는 양극화 현상이 더욱 뚜렷해질 가능성을 제시한다. 시장의 중심에 있는 주택의 가치가 계속 높아지는 양상을 보이며, 이런 격차는 점점 강하게 자리를 잡을 것이다.

인구, 경제, 사회 등 3가지 요인이 주택시장의 미래 모습을 좌우한다

팬데믹 이후 사람들은 건강과 편안함을 추구한다

주택시장의 흐름을 결정하는 세 번째 요인인 사회적 현상을 살펴보자. 한국 사회는 팬데믹을 비롯해 과거에 겪지 못했던 많은 상황에 직면하고 있다. 팬데믹은 주택에 대한 인식과 행동을 변하게 만들고 시장의 질적 변화를 가져왔다. 경제적 상황은 차치하고라도 어떤 지역에 살고 싶은지, 주택의 구조와 공간 형태는 어떤지, 어떤 용도로 사용할지 등에 대한 선호의 변화는 주택의 물리적, 공간적인 질적 변화를 초래한다.

주택의 공간에는 내부 공간과 외부 공간이 있다. 내부 공간은 설계에 따라 고정되어 있고, 이미 가격에 거의 반영되어 있다. 새로 건설되는 주택의 내부 공간은 더욱 좋아지고 발전하겠지만, 현재 시장에 있는 주택에는 해당하지 않는다. 그런데 주택의 환경 같은 외부 공간은 지역 상황에 따라 계속 변하고 있다. 선호되는 외부 공간을 가진 주택은 점점 효용이 높아지면서 가치가 올라간다. 스스로 가치를 만들어 내는 외부 공간을 많이 가진 주택 또는 주거단지가 주목받을 수밖에 없다.

팬데믹 시대 이후 사람들은 건강과 편안함, 그리고 즐거움과 재미를 추구한다. 특히 주택시장에서 새로운 축인 청년층은 주택의 관점이나 주거 소비에 있어서 이전과는 차별화된 행태를 보인다.

청년을 비롯한 주택시장의 새로운 축이 주거생활에서 원하는 이런 만족과 효용은 어떻게 찾을까. 이 중의 하나는 즐거움과 재미, 편안함이 있는 주거 공간이다. 사람들은 자신만의 프라이빗한 생활을 누리면서, 또 사회적 고립에서는 벗어나고 싶은 이율배반적 생각을 가진다. 이를 실현하는 공간을 가진 주택이 사람들이 원하는 주거생활이다. 이런 욕구를 충족해 주는 주택이 앞으로 시장의 중심이 될 것이다.

주택의 새로운 가치를 창출하는 오아시스가 필요하다

서울대 소비트렌드분석센터의 《트렌드 코리아 2023》에서는 일상 속 오아시스라는 개념이 나온다. 오아시스는 사막에서 갈증을 해소하고 편안히 쉬는 공간이며, 교역이나 이동할 때 휴식 등 중요한 역할을 했다. 생활의 오아시스는 사람들이 살아가는 주변 곳곳에 널려 있다. 주택의 내부 공간뿐 아니라 아파트단지, 공원이나 하천 같은 자연환경, 문화공간, 놀이공원 등에서도 수많은 오아시스를 찾을 수 있다.

주택이나 아파트단지에서도 건강과 즐거움 같은 생활의 가치를 창출하는 잠재력 있는 오아시스를 갖춘 장소가 필요하다. 이런 지역은 시장의 질적 변화에서도 중요한 위치를 점하게 될 것이다. 유럽의 축구구단을 유치한 런던의 밀턴케인스(Milton Keynes) 신도시나 디즈니랜드를 유치한 파리 주변 등의 주거지가 인기를 끄는 것도 같은 맥락이다.

주택시장의 미래 모습을 보여주는 네 번째 요인은 청년층의 부상이다. 새로운 축의 하나로 떠오르는 청년층은 주택의 수요 행태를 이전과는 다르게 만들 것이다. 이들은 학습효과를 통해서 주거 사다리를 올라가야 한다는 중요성을 체득했으며, 어떤 사다리를 어떻게 올라갈지를 신중하게 판단하고 있다.

청년층이 주택시장 참여를 확대하면서 처음으로 내 집을 마련하는 기간은 줄어들 수 있다. 전에는 결혼 후에 얼마 동안 전세를 살다가 저축한 돈이 모이면, 부족한 부분은 대출로 마련해서 주택을 매입했다. 지금이 주택 매입이 필요한 시점이라고 판단되면, 상당수 청년은 가능한 범위까지 자금을 끌어모아 주택을 매입하려는 성향을 보인다. 이는 결혼 후에 주택을 마련하는 기간은 점차 줄어들고, 주택 수요가 증가하는 요인으로 작용할 수 있다. 물론 주택 매입의 여력이 부족한 청년들은 시장 참여가 쉽지 않지만, 학습효과로 인해 청년층의 내 집 마련에 대한 욕구와 적극성은 확대되고 있다.

청년층의 위상 증가는 주택의 질적인 변화를 불러온다

이와 함께 시장의 변화에 대응해 주택 매입을 위한 준비를 미리 하고, 기회가 왔을 때 적극적으로 행동하려는 흐름도 강해졌다. 따라서 주택정책에 관한 반응도 민감해지고 주어진 기회를 최대한 활용하려고 노력한다. 청년층이 보이는 이런 자세는 시장의 단기적 변동에도 영향을 주고 있다.

청년층의 위상 증가는 주택의 질적인 측면에서도 여러 변화를 불러온다. 주택의 기능은 편안하게 쉬면서 생활하는 공간을 넘어서서 자신의 가치를 창조하고, 그리고 프라이빗한 생활을 만들어 가는 공간으로 변할 것이다. 이에 따라 주택의 내적 공간은 편안함과 즐거움, 독립성, 그리고 가치 창조를 이끌어 주는 공간으로 변할 것이다. 외부 공간의 중요성은 더욱 높아진다. 이런 욕구를 충족해 주는 주택이 앞으로 각광을 받을 것이다.

청년층은 나 홀로 공간을 강하게 선호하면서도 적당한 범위의 공유 공간에도 관심을 가진다. 차별화와 공동체 의식을 동시에 추구하는 행동이다. 혼술이나 혼밥을 좋아하면서도 일정 부분 어울리기를 좋아하는 성향은 젊은층의 새로운 흐름이다. 이를 잘 보여주는 사례가 공유주택이다.

주택시장의 차별화 또는 양극화는 더욱 뚜렷해진다

인구 요인, 경제 요인, 사회 요인 등에 따른 시장의 양적 질적 변화는 주택의 선호와 수급 형태를 변하게 만들고, 미래의 가치를 결정한다. 주택시장의 모습은 지금과는 크게 달라질 것이다. 이런 상황에서 주택 거래를 위한 의사결정은 미래가치의 잠재력을 많이 가진 주택을 선택하는 접근이 중요하다.

주택시장이 앞으로 보여줄 미래의 모습을 간략하게 정리하면 다음과 같다.

첫째, 주택시장의 무게추는 양적 성장에서 질적 변화, 그리고 동조에서 차별화로 빠르게 옮겨가고 있다. 그리고 시장에는 새로운 축이 나타나고 있다. 둘째, 양극화에 따라 주택시장은 럭비공 같은 타원형 모양으로 변하고 있다. 양극화와 함께 같은 생활권이나 인접한 지역들의 그룹화 현상도 나타난다. 셋째, 인구의 이중성으로 인해 전반적인 인구 감소에도 불구하고 특정 지역에서는 인구 집중을 가져오며, 수도권 시장과 지방 시장의 차별화와 질적 변화를 심화시킨다.

넷째, 저성장으로 전반적인 주택시장이 위축한다는 주장은 평균의 오류에 빠질 수 있다. 좀 더 강하게 표현하자면, 앞으로 주택시장에서 평균은 없다. 다섯째, 주택시장의 차별화 또는 양극화는 더욱 뚜렷해지며, 오르는 시장은 계속 오른다. 시장을 선도하는 중심에 있는 주택의 가치는 더욱 높아진다. 중심에서 벗어나 있는 시장은 선도하는 시장을 따라가지만, 격차는 더 벌어질 수도 있다. 여섯째, 사람들의 선호 변화는 주택의 물리적, 공간적인 질적 변화를 초래한다. 내적 공간은 편안함과 즐거움, 독립성, 가치 창조의 공간으로 변하며, 외부 공간이 주는 효용성이 커지면 커질수록 외부 공간의 가치와 중요성도 더욱 높아진다.

Who

· 2장 ·

주택시장을
움직이는 힘

나침반과 속도계로 주택시장을 읽는다

주택시장에서 청년층이 새로운 축으로 떠오르고 있다. 그동안 겪었던 학습효과를 바탕으로 청년층은 내 집 마련을 실현하려는 의지가 강하며, 시장에서 중요한 역할을 할 것이다. 노인가구도 초고령사회를 맞아 주택시장의 영향력이 점차 높아질 전망이다.

주택시장의 흐름은 넓은 바다 또는 격랑이 흐르는 강물과 같다. 많은 혼란이 따르지만, 기회도 주어진다. 이런 시장에서 목표를 달성하고, 좋은 성과를 얻기 위해서는 나침반과 속도계의 두 가지 도구가 필요하다. 나침반이 없으면 원하는 목표에 가기 어려우며, 속도계는 적절한 시점을 잡는 데 필수적이다. 주택시장의 나침반은 상승과 하락, 호황과 침체를 가리킨다. 속도는 빠르기와 방향이다.

주택시장에 새로운 축이 등장하고 패러다임이 전환되고 있다

청년층이 내 집을 가지려는 욕구가 강해지고 있다

주택시장에 새로운 축이 나타나고 있다. 뚜렷한 축의 하나는 신혼부부를 비롯한 청년층이 내 집을 가지려는 욕구가 강해지고 있다는 사실이다.

호황기를 지난 주택시장은 급격한 침체에 들어섰다가, 2023년 들어 수도권 등지의 시장을 중심으로 점차 회복되고 있다. 이는 특례보금자리론 지원 등에 따른 청년층의 주택 매입에 힘입은 결과이다. 전셋값의 지속적인 상승과 지난번 상승기에 체험했던 학습효과도 수요를 부추겼다. 2024년 들어서 서울을 중심으로 회복 속도가 강해졌다. 그렇지만 지방은 아직 침체 국면을 벗어나지 못하고 있다.

주택시장이 본격 회복될지 다시 침체 국면에 접어들지 여전히 논란이 남아 있다. 몇 년 전과 비교할 때 일부 지역의 가격은 높은 상태이며, 금리는 아직 회복의 걸림돌로 작용한다. 그렇지만 시장의 내적 외적 요인은 뚜렷한 개선 조짐이 나타나고 있다. 서울 강남의 경우 신고가를 보인주택도 있다. 시중금리의 하락 예상, 전셋값 상승, 주택 공급의 감소 등도수요를 부추기는 요인이다.

이런 여건에서 주목할 내용은 주택시장을 이끌어가는 중심축이 확산하고 있다는 점이다. 그동안 시장을 주도했던 자금 여유를 가진 중산층이외에 자기 집의 열망이 높은 청년층, 그리고 노인가구가 중심축의 하나로 떠오르고 있다.

청년은 주택의 소유 여부가 생활에 차지하는 중요성을 인식하면서 적극 시장에 들어오려고 한다. 한국부동산원의 연령별 거래 통계를 보면신혼부부 등 30대 청년층의 주택 매입 수요가 증가하고 있다. 2010년대후반 아파트 매입에서 30대의 비중은 24%에 머물렀으나, 가격이 급등한2021년에는 27.4%로 높아졌다.

시장이 침체를 보인 2023년 이후에도 30대의 비중은 과거 수요의 중심축이었던 40대의 비중을 상회하고 있다. 청년층이 주택시장의 새로운 축으로 자리를 잡고 있다.

자기 집은 있어도 소득이 별로 없는 노인가구가 시장의 다른 한 축으로차지하고 있다. 평균수명이 늘어나면서 노인들은 주택을 이용해서 생활하려는 고민이 많아졌다. 그동안 시장의 중심이었던 중산층은 주거를 옮기려는 교체 수요층이었지만, 세금 부담과 높은 대출금리 때문에 머뭇거리고 있다.

패러다임 변화가 가져오는 6가지 새로운 키워드

이 같은 축의 확산과 전환은 사람들이 겪었던 경험과 맞물리면서 큰 물결을 일으키고 있다. 중산층이 중심이었던 주택시장이나 정책에서 새로운 축인 청년과 노인의 비중이 높아질 것이다. 주택시장에서 이전과 다른 패러다임이 나타나며, 변화와 함께 새로운 기회를 제공한다. 하나의 사례를 들어보자. 시장의 침체가 계속될 거라는 예상을 깨고 2024년 서울 강남 등지의 아파트 가격이 강한 상승세를 보였다. 이는 청년층의 수요에 힘입었다. 주택에 관심을 가진 사람, 특히 새로 주택시장에 들어서는 청년층은 이런 흐름과 기회를 잘 살펴야 한다.

축의 전환에 따른 패러다임 변화는 우선 수요 행태에서 나타난다. 이어서 공급패턴도 변화한다. 수요의 패러다임 변화는 다음과 같은 몇 가지 키워드로 정리할 수 있다.

내 집 마련 사다리 오르기, 학습효과의 실천, 소유와 임차의 장벽 뛰어넘기, 멀어지는 중심과 변두리, 시장의 세분화, 소유효과의 강화 등이 시장에서 새로운 패러다임으로 떠오르고 있다. 이 중에서 내 집 마련 사다리, 학습효과, 소유와 임차는 주로 청년층에서 나타나며, 서로 긴밀하게 연계되고 있다. 뒤의 세 가지인 중심과 변두리, 시장 세분화, 소유효과는 중산층과 노인가구의 주거 행태를 보여준다. 양극화는 모든 축에서 나타나는 공통적인 현상이다. 이들 키워드는 조금 복잡한 전문용어 같지만, 청년층과 노인가구의 주거 수요를 가지고 쉽게 설명할 수 있다.

이런 패러다임은 주택시장에서 뚜렷한 흐름으로 자리를 잡고 있다. 패러다임 변화는 새로운 판단과 행동을 요구한다. 이에 제대로 대응하지 못하면 주택 비즈니스 등에서 성과를 얻기 어렵다.

주택시장의 새로운 축인 청년층의 주거 행태 변화, 이에 따른 주택시장의 변화를 살펴보자. 노인가구의 주거 행태는 나중에 다시 정리한다. 청년층의 주택 패러다임인 내 집 마련 사다리 오르기, 학습효과의 실천, 소유와 임차의 장벽 뛰어넘기 등은 지난 주택가격 상승을 구경만 했던 청년들이 앞으로 반드시 실현하고 싶은 내용이다.

사다리에 오르지 못하고 뒤처진다는 불안, 기회를 놓쳤다는 후회, 소유와 임차 선택의 어려움 등을 겪은 청년들은 주택에 대한 인식과 행동이 크게 달라졌다. 주택가격과 전셋값의 불안이 이어지자 이런 생각은 더 강해졌다. 내 집이 없으면 주거 사다리에 올라가지 못한 채, 사회에서 뒤처질지 모른다는 강박감을 느꼈다.

주택가격이 상승하면 주거 사다리는 가팔라진다

청년층을 비롯해 사람들이 자주 느끼는 감정 중에는 '포모(FOMO, Fear of Missing Out) 증후군'이 있다. 나만 사회에서 소외될지도 모른다는 불안감이다. 포모라는 용어는 마케팅에서 시작되었다. 소비자가 조급한 마음으로 상품 구매를 하도록 자극하는 전략이다. 최근에는 부동산, 주식, 가상화폐 등의 자산 시장에서 혼자 낙오될까 불안해하는 투자심리를 말한다. 소위 벼락 거지를 뜻하기도 한다.

사람이 가진 욕구를 조사한 연구에 따르면, 사회적 생존 욕구는 높은 단계에 속한다. 이는 남에게 뒤처지지 않고 생활을 유지하기 위한 조건들이다. 특히 주거의 안정과 자산 형성을 위한 주택은 포모 증후군에 빠지지 않기 위한 필수조건으로 생각하는 청년들이 많다. 주택은 다른 상품과 달리 평생을 뒤처지게 만드는 상황이 될 수도 있기 때문이다.

주택가격이 상승하면 주거 사다리는 가팔라지기 마련이다. 주택시장이 호황이던 2016년과 2020년에서 사다리의 기울기는 확연히 달라졌다. 사다리는 가파를수록 올라가기 힘들다. 이런 학습효과는 청년들이 무리해서 주택시장에 뛰어들도록 만들었다. 바로 '영끌'이라는 신조어가 생겨난 이유이기도 하다.

장벽 뛰어넘기는 소유와 임차의 선택이다. 집을 살지 세를 들지의 결정에는 많은 의견과 주장이 있다. 일부에서는 무리한 주택 마련보다 임차로 살면서 웰빙을 추구하는 편이 낫다고 말한다. 임차로 살면 얼마나 웰빙을 실현할 수 있을까. 가격이 안정되거나 하락하는 경우, 주택 소유의 비용이 들지 않고 리스크도 없으므로 임차가 유리하다. 시장이 한창 과열되었던 2021년경에 뒤늦게 대출을 받아서 시장에 뛰어들었던 사람들은 급격한 금리 상승으로 어려움을 겪었다. 임차로 살았으면 좋았을 걸 하는 후회도 있다.

물론 소유와 임차의 유불리는 시점과 기간에 따라 다르다. 길지 않은 기간에서는 임차의 선택이 유리할 때도 많다. 그렇지만 주택시장이 보였던 상황을 길게 살펴보면 임차를 선택하기가 생각처럼 쉽지 않다. 임차로 살면 금융비용은 부담하지 않지만, 시장이 안정되었던 시기에도 전셋값은 계속 올랐다.

임차로 살아도 계속 올라가는 임대료는 부담해야 한다. 주택가격에 못지않게 때로는 더 크게 올라가는 임대료를 내기에는 무리가 따른다. 2020~2021년 전셋값은 연 20%가 넘게 올랐다. 사람들이 감당하기 어려운 수준이었다.

소유와 임차의 장벽을 뛰어넘을 기회는 언제인가?

지난 30여 년 동안 아파트 가격은 6배, 전셋값은 9배까지 상승했다. 일부 지역은 더 많이 올랐다. 이런 부담을 가지면서 내 집이 없는 상태에서 웰빙은 현실적으로 힘들다. 2010년대 중반 이후 최근까지 자기 집과 전세의 선택에 따른 각각의 부담을 KB 주택통계를 이용해서 살펴보자. 주택시장이 상승을 시작했던 2016년 서울의 아파트 가격을 5억 원, 전셋값은 3억 5,000만 원 정도였다. 주택시장의 호황으로 2022년에는 각각 8억 7,000만 원, 4억 8,000만 원으로 상승했다. 물론 시장가격은 KB 주택통계보다 더 많이 올랐을 것이다.

당시 전세로 살던 사람이 1억 5,000만 원 대출을 받으면 전세보증금을 보태서 아파트를 살 수 있었다. 가격 상승에 힘입어 대출을 제한 주택의 순자산은 3억 5,000만 원에서 7억 원 이상으로 증가했다. 대출의 금융비용을 제하고도 수익이 매우 높다. 월급 같은 수입으로는 마련하기 어려운 금액이다. 이들은 주택시장, 그리고 중산층으로 가는 사다리에 올라갈 수 있었다. 계속 전세로 살았으면 수익 증가 없이 전세금 마련을 위한 추가 부담이 1억 3,000만 원에 달한다. 이를 감수하기는 쉽지 않다. 도리어 전세대출 같은 빚을 졌을 수도 있다.

주택시장이 안정을 유지하고 있던 시기에는 어땠을까. 2010년에서 2015년 사이에 전국 평균 아파트 가격은 15% 정도, 연 3% 남짓 상승했다. 서울의 아파트는 도리어 7% 하락했다. 그런데 시장의 외견상 안정에도 불구하고 전셋값은 그사이에 50%가 넘게 올랐다. 전세로 살았다면 가격 하락의 리스크를 피할 수 있었다. 그렇지만 매년 10% 정도 상승하는 전세금을 부담하기 위해서 벌어들이는 소득의 상당 부분은 올라가는 전세금 충당에 들어갔다. 물론 전세금은 저축한 돈이지만, 자금 부담은 여전하다. 더구나 이후에 나타난 가격 상승의 기회를 잡지 못했을 수도 있다.

앞으로는 어떻게 될까. 주택 거래는 타이밍이 중요하다. 아무 때나 주택을 살 수는 없다. 2010년 당시 서울에서 아파트를 매입했다면 대출이자를 부담하고, 가격 하락으로 손실을 겪었다. 그런데 2016년이 되자 가격은 회복되었고, 이어서 크게 상승했다. 이때가 소유와 임차의 장벽을 뛰어넘을 좋은 기회였다.

시장 상황에 따라 어떤 때는 임차가 유리하다. 다만 임차를 선택한다면 늘 시장을 주의 깊게 살피면서 양자의 장벽이 높아지기 전에 움직일 필요가 있다. 시장에서 내 집 마련의 기회를 파악하고, 늦지 않게 판단을 내리고 행동하는 지혜가 필요하다.

청년, 중산층, 노인가구가 시장의 3대 축으로 떠오르고 있다

주택시장에서 축의 이동과 확산이 뚜렷해지고 있다

　주택시장에서 축의 이동과 확산은 뚜렷해지고 있다. 시장을 주도했던 중산층과 함께 새로운 축으로 떠오른 청년층, 노인가구는 주택시장의 중심으로 자리를 잡고 있다. 이들 3개의 축이 시장에 미치는 영향과 역할을 살펴보자.

　청년층의 주택 패러다임은 어떻게 형성되었고, 또 이들은 주택시장에 어떻게 접근하고 있을까. 청년층을 중심으로 이런 상황을 살펴보자. 청년층은 주택시장의 새로운 축이 되고 있지만, 경험이나 자금이 충분하지 못한 실정이다. 이들은 시장의 패러다임을 숙지하고, 이런 변화가 시장에 가져올 흐름에 탄력적으로 대응할 필요가 있다.

　주택시장의 급등락 시기에 겪었던 학습효과는 청년들의 인식을 크게 달라지게 만들었다. 시장 호황으로 가격이 상승할 때 주택 매입의 사다리에 올라갈 기회를 놓쳤고, 일부는 뒤늦게 사다리에 올라탔지만, 높은 비용 부담으로 어려운 상태에 빠졌다. 이런 상황을 보면서 청년들은 살아가는데 주택의 중요성을 깨닫게 되었다. 주택시장의 동향과 거래를 언제 할지에 대한 관심이 높아졌다. 기회가 오면 시장에 적극적으로 뛰어들려는 생각도 강해졌다.

청년층이 시장의 한 축으로 자리 잡으면서 시장을 이끄는 역할이 강해지고 있다. 이는 최근의 시장 상황에서도 잘 나타나고 있다. 2003년 중반 이후 주택을 매입한 사람의 절반가량이 특례보금자리론 같은 금융 지원에 힘입은 생애최초 주택 매입자로 조사되었다.

청년의 주거생활 안정을 위해 다양한 주택을 공급

주택금융공사의 특례보금자리론 수십조 원 규모가 소진될 정도로 청년들의 내 집 마련 의지가 강해졌다. 경제 여건이 불안정하고 금리가 아직은 높은 상태에서 청년들이 계속 주택을 매입하기는 쉽지 않다. 그렇지만 최근 주택시장의 변화를 보면서 청년층의 주택을 매입하려는 욕구는 더욱 커지는 양상이다. 금리 하락 등 시장 여건이 개선되면 주택을 소유하려는 청년층이 주택시장에서 차지하는 관심 축은 점점 확대될 것이다.

한국부동산원 통계에서는 2023년 아파트를 매입한 가구에서 30대 연령층의 비중이 가장 높았다. 서울경제신문의 조사는 자금 여력이 있는 무주택자 가운데 29세 이하 청년들이 구매 의사가 높게 나타났다. 주택시장에서 청년층의 위상 확대와 비중 증가는 시장에 활력을 주고 탄력적인 움직임을 가지도록 만든다. 그만큼 시장의 변화도 심해지고, 흐름도 빨라질 것이다.

주택을 매입하는 데는 자금이 많이 필요하고 상당한 시간도 걸린다. 미리 준비하는 자세가 중요하다. 자금을 마련하고 적절한 주택을 탐색하려면 적어도 몇 달 또는 1년 전부터 시장을 살펴야 한다. 그때 가서 움직이면 늦을 수 있다. 이는 전세의 경우도 마찬가지이다. 주택시장은 가격 부담이 있으며 금리도 아직 낮지 않지만, 긍정적인 시그널이 많아졌다.

정책당국은 청년의 주거생활 안정을 위해서 다양한 유형의 주택을 공급하고 있다. 대표적인 정책이 청년원가주택의 공급이다. 청년층 주거 불안의 해소를 위해 신혼부부, 생애최초 구매를 포함한 청년에게 주택을 공급한다. 이 주택은 정비사업, 역세권 도심, GTX 인근 택지 같은, 청년들이 선호하는 입지를 선정해 공급할 계획이다.

청년, 신혼부부, 무주택 서민에게 내 집 마련 기회 제공

청년원가주택은 주변보다 저렴한 분양 가격과 저리 대출을 가지고 청년이나 신혼부부, 무주택 서민에게 내 집을 마련하는 기회를 제공하는 정책이다. 주택의 유형은 나눔형, 선택형, 일반형이 있으며, 자신의 형편과 계획에 맞추어 유리하고 적절한 방식을 선택할 수 있다.

나눔형은 시장가격의 70% 이하인 원가 수준으로 분양하며, 의무 거주 기간은 5년이다. 나중에 공공에 환매하면 시세차익의 70%를 가질 수 있다. 선택형은 저렴한 임대료로 우선 거주하고 6년 후에 분양 여부를 선택할 수 있어, 초기자금이 부족한 청년에게 적합하다. 보증금의 80%를 낮은 금리로 대출받는다. 일반형은 시장가격의 80% 수준으로 공급하며 대출 우대도 있다. 청년원가주택은 원하는 지역에 적정한 부담의 주택이 충분히 공급되는지가 관건이다.

청년과 신혼부부의 주거를 지원하는 정책은 지속해서 추진 중이다. 저출산 극복을 위한 주거 대책은 청년의 '내 집 마련 123' 등 희망의 청년 주거 사다리를 구축하고, 출산 가구에 대한 주택 공급 및 금융 지원을 강화하는 대책을 마련했다. 2024년에 발표한 전주기 청년종합대책에서는 낮은 분양가와 저리 대출의 청년 특별공급 뉴홈 6만 1,000호 공급과 함께 청년층 공공임대, 청년특화공공임대주택, 신생아 특례대출, 청년주택 드림 대출 시행 등의 계획을 포함하고 있다. 청년층을 위한 주거정책은 계속될 것이다.

한편 공공기관이나 지자체는 청년들의 주거 안정을 위해 다양한 임대주택을 공급하고 있다. 매입 자금이 부족하거나 내 집 마련의 준비를 하는 동안 공공임대주택을 이용하면 부담 없이 주거 안정을 얻을 수 있다. LH공사와 SH공사, 지자체 등에서 공급하는 공공임대주택은 행복주택, 청년매입임대주택, 청년전세임대주택, 서울시의 청년안심주택 등이 있다. 자세한 내용은 해당 기관이나 지자체에서 제공하는 정보를 활용할 수 있다.

베이비붐 세대 은퇴 가속, 고령화 비중 급격히 높아질 전망

주택시장의 새로운 다른 한 축은 노인가구를 들 수 있다. 한국 사회는

2025년 초고령사회에 진입하며, 베이비붐 세대가 나이가 들면서 고령화 비중은 빠르게 높아질 전망이다. 이에 따라 노인가구는 주택시장의 한 축을 차지할 것이다. 이들이 자기 집을 가진 비중은 70%로 높은 편이다. 전에는 직장이나 사업에서 은퇴한 이후 20여 년을 살면서 가능한 한 자기 집을 그대로 유지하는 성향을 보였다. 그런데 평균수명이 늘어나자, 고령자는 은퇴한 이후의 노후 생활에 더욱 많은 돈이 필요해졌다.

상당수의 노인은 집 한 채를 가지고 있지만, 금융자산은 많지 않다. 국민연금 이외에는 별도의 소득원은 별로 없는 실정이다. 이들은 소유한 주택을 이용해서 오랜 기간 생활하기 위한 비용을 마련할 방안을 고민하고 있다. 노인가구는 주거의 안정과 생활의 유지라는 두 가지 과제에 직면해 있다.

일각에서 베이비붐 세대의 본격 은퇴로 시장에 공급이 증가하고 가격은 하락한다고 주장하기도 한다. 집을 팔아서 생활자금을 마련하는 편이 낫다는 것이다. 그렇지만 시장이 하락할지는 판단하기 어렵다. 불확실한 상황에서 한 채 가진 집을 선뜻 팔 수도 없다. 이들은 수십 년 동안 주택가격이 상승하는 흐름을 보아왔기 때문에 집을 팔면 손해를 볼 수 있다는 인식이 강하다. 더구나 집을 팔고나면 다시 사기는 어렵고, 세를 살면서 주거가 불안해질 우려가 있다.

자기 집에 살면서 매달 연금을 받는 주택금융공사의 주택연금은 이런 상황에 적절히 대응할 수 있는 상품이다. 이는 역모기지론의 일종이다. 주택연금은 소유한 주택을 담보로 일정한 연금을 지급하고 주택가격과 지급된 연금을 계산해서 나중에 정산하는 상품이다.

부동산 선호 현상과 가격 상승 기대, 자녀에게 상속하려는 성향 등으로 주택연금 가입은 부진한 편이었다. 그러다가 연금 가입 대상의 확대,

부모 세대의 인식 변화, 주택시장의 안정에 따라 가입자가 점차 증가하고 있다. 주택연금은 국가가 지급을 보증하는 안정성이 높은 연금이다. 주택 명의자가 사망해도 배우자는 해당 주택에 계속 거주할 수 있고, 기존 연금과 동일한 금액이 지급된다. 주택가격 제한 등으로 가입 조건이 충분하지는 않지만, 주택연금의 이용 확대를 위해 제도를 개선하고 있어 상당한 호응을 얻을 것이다.

주택연금은 연금 수령자가 모두 사망하면 담보로 제공했던 주택을 주택금융공사가 매각하여 연금으로 지급했던 돈을 보전한다. 주택가격이 하락해서 원금보다 부족해도 자녀에게 청구되지 않고 손실로 처리된다. 주택 처분액이 연금 지급액보다 크다면 잔액은 자녀 세대에 상속된다. 주택연금을 받는 자격이나 조건 같은 자세한 사항은 한국주택금융공사에서 알 수 있다.

실버타운은 도시형, 근교형, 휴양지형으로 구분

노인가구의 생애주기에 따른 주택 수요의 변화를 살펴보자. 자녀가 분가하거나 혼인 등으로 함께 거주하는 가족의 틀에서 벗어난 60대 중반 이후 노인가구는 주택을 매도하거나 작은 집으로 이주하는 방법으로 주거 수요를 줄이고, 생활에 드는 비용을 마련하곤 한다. 주택시장이 안정되고 가격 상승이 별로 없을 때는 이런 현상이 생애주기에 따른 주거 이동의 일상적인 패턴이다. 물론 시장이 불안할 때는 주택을 소유하고 기다리거나 주택연금에 가입하는 방법 등을 생각할 것이다.

노인가구에서 나타나는 주거 패러다임은 고령자의 주택에 대한 인식 변화, 그리고 노인가구 및 중산층의 시장 행태에서 나타날 현상인 소유효과, 세분화와 그룹화, 중심과 변두리 등을 들 수 있다. 소유효과란 주택을 그대로 소유하는 편이 좋다는 생각으로 가능한 집을 가지고 있으려는 현상을 말한다. 다른 두 가지 패러다임은 주택시장에서 나타나고 있는 현상이다. 이런 흐름은 증가하는 고령층을 대상으로 하는 관련 비즈니스에서 중요하게 다루어져야 한다.

고령화는 주택시장의 내외부에서 나타나는 뚜렷한 현상인 양극화 등과 맞물리면서 노인가구의 주거 행태에 여러 가지 영향을 미치는 것으로 나타나고 있다. 우선 이들은 평균수명이 늘어나고 있으며, 주택을 소유하는 기간이 길어진다. 집을 팔기보다 그대로 살면서 주택연금을 이용하려는 사람도 늘어날 것이다.

양극화 역시 노인가구의 주거 행태를 변화시킨다. 중심 지역에 있는 주택은 수요가 꾸준하고 가격도 지속적인 상승이 기대되므로 이들 지역에는 매도가 줄어들고, 주택의 대물림 양상도 나타날 것이다. 다른 지역이나 작은 집으로 이주하는 경우도 주택을 팔지 않고 임차를 주는 성향이 강해질 것이다. 이는 지역시장에서 주택을 팔려는 매물이 줄어드는 잠김 현상을 불러올 수도 있다.

고령화에 따라 주목을 받는 주택으로 시니어 주택 또는 실버타운이 있다. 실버타운은 은퇴한 고령자들이 집단으로 거주하도록 주거, 여가, 휴양, 병원, 커뮤니티센터 등 다양한 서비스 기능을 갖춘 주거단지를 말한다. 입지에 따라 도시형, 근교형, 휴양지형 등으로 구분되며, 주거 유형 기준으로는 단독 주거형, 공동 주거형 등이 있다.

일찍이 고령화가 나타난 외국에서는 노인 주거를 위한 다양한 정책이 시행되고 있다. 핀란드는 고령자들이 공동체를 형성해서 자립적 노후 생활을 지낼 수 있는 로푸키리(Loppukiri) 제도를 운영하고 있다. 로푸키리는 '마지막 질주'라는 의미가 있으며, 액티브 시니어를 위한 주거 공간이다. 식당, 도서관, 세탁실 등의 공용 공간과 개개 가구의 생활 공간으로 구성되어 있다. 주민들은 자기 집을 가지고 개인의 독립적 생활을 유지하면서 체육 활동, 문학, 연극, 예술 등의 다양한 공공 활동을 즐긴다. 이런 활동을 바탕으로 사회와 단절되지 않고 활발하게 살고 있다. 헬싱키 인근 지역에서 새로운 프로젝트도 추진되고 있다. 헬싱키에 있는 코티사타마 시니어 주택은 로푸키리 방식을 적용한 공동주택이며, 순번제로 식사와 청소를 맡는 등 자립에 기반을 둔 노인 주거지이다.

고령 인구의 증가와 첨단기술의 발전이라는 새로운 기회

영국은 민간기업이 고령 친화 주거지를 건설해서 은퇴자에게 공급하고 있다. 요크라는 소도시 근교에 위치하는 하트리그옥스는 마을 중앙의 공동시설을 둘러싸고 주택을 분산형으로 조성했다. 각각의 주택은 독립 생활을 보장하면서 하나의 건물처럼 공동시설을 활용하도록 연결한 방식이다. 이는 공간의 독립성과 생활의 연계를 함께 추구하는 실버 커뮤니티의 일종이다.

미국은 대학 연계형 UBRC(University Based Retired County)가 활성화되어 있다. 스탠퍼드 대학의 클래식 레지던스, 플로리다 대학과 연계한 오크 해먹 등은 분산과 집중을 조화한 노인 주거 공간이다. 오크 해먹의 경우 대학병원의 노인 건강관리와 대학 교육기관의 평생교육, 노후 활동 프로그램을 제공해서 노인들의 사회 참여와 지적 활동을 할 수 있도록 기회를 제공한다. 노인들은 신체적 쇠약뿐 아니라 정신적 쇠퇴 문제를 겪고 있다는 점에서 많은 호응을 얻고 있다.

증가하는 노인가구를 생각할 때 실버타운은 많은 잠재력이 있지만 아직은 큰 관심을 끌지 못하는 실정이다. 실버타운이 시장에서 자리 잡지 못하는 원인은 높은 가격과 주거비용 부담 그리고 실버타운의 고립성에 기인한다. 비용 문제를 별도로 생각하더라도 멀리 떨어진 외딴섬에 산다는 인식을 벗어나지 못한다면, 실버타운이 사람들의 호응을 받는 데는 한계가 있을 것이다. 초창기 실버타운의 콘셉트이었던 조용하고 목가적인 주거는 노인이 원하는 생활과 거리가 있다. 나이가 들면 도리어 주변과 멀어지는 일은 피하려고 한다. 사회적 고립은 주거에서 노인들이 가장 피하고 싶은 상황이다.

사회적 고립은 사람들이 어떤 집단이나 가족을 비롯한 사회적 관계에 참여하지 못하고 소외되는 현상이다. 지역이 멀리 떨어진 실버타운에서 살면 가족의 접근성과 친밀도가 낮아지며, 그동안 만나던 사람과도 멀어진다. 실버타운의 거주자와 새로 인간관계를 맺어야 하는 부담도 생긴다. 노인들이 활력있는 생활을 하려면, 남녀노소가 어울려 사는 공간이 중요하다.

실버타운이 가진 문제를 해결하기 위해서는 과감한 발상의 전환이 요구된다. 문제를 해결하는 실천 전략으로 실버 빌딩 같은 물리적 집단공간이라는 개념에서 벗어나, 소프트한 네트워크에 기반을 두는 넓은 범위의 실버타운을 형성하는 방안을 모색할 수 있다. '소프트한 공간'이란 반드시 한 공간에서 사람들이 모여서 살지는 않으면서도 취미, 운동, 교육 등을 통해 함께 생활하면서 고립성에서 벗어나는 효과를 누리는 생활 범위의 결합 방식이다. 노인가구의 생활 공동체적 성격을 가지는 주거 형태의 하나라고 할 수 있다.

이는 넓은 생활 공간의 범위를 가진 공동체 같은 실버 커뮤니티를 형성하는 접근방식이다. AI를 비롯한 스마트 시티, 스마트 홈 같은 첨단기술의 발전은 이런 전략의 실천을 뒷받침할 수 있다. 고령 인구의 증가와 첨단기술의 발전 같은 흐름은 앞으로 주택 비즈니스에서 노년 주거 공간이라는 개념으로 접근하면 새로운 기회를 제공할 것이다.

병원과 돌봄 등 시니어 거주의 서비스 생태계를 조성

오늘날 서구 등지에서 추진하는 시니어 주거의 개념은 '에이징 인 플레이스(AIP, Aging In Place)' 또는 '에이징 인 커뮤니티(AIC, Aging In Community)'이다. 나이가 들수록 살던 곳에서 계속해서 거주하면서 돌봄 등 주거 서비스를 받는 시스템이 새롭게 급부상하고 있다. 병원 등 지역 자원을 활용해 시니어 거주의 서비스 생태계를 조성하는 것이 효과적이라는 개념에서 출발했으며, 현재 활발한 논의와 실천 방안에 관한 연구가 전개되고 있다. 우리 사회에서도 도입을 위한 방안이 다각도로 검토 중이다.

정부는 고령사회의 급격한 진행에 대응해 서민과 중산층을 위한 실버타운 조성을 추진하고 있다. 생활의 고립을 피하려는 노인가구 성향에 맞추어 실버타운은 수도권 신도시, 그리고 전국의 인구 감소 지역 등에서 공급할 계획이다.

검토 중인 실버타운 공급 활성화 방안에는 헬스케어 리츠의 활용, 개발택지의 실버타운 부지 배정, 학교 유휴시설을 활용한 실버타운 지원 등을 포함한다. 그동안 저소득층을 위한 노인요양시설, 양로시설, 노인복지주택, 공공임대주택 등을 공급하던 노인의 주거 대책을 확대해서 소득 3~8분위의 가구를 대상으로 실버타운이 공급된다.

헬스케어 리츠를 활용한 실버타운 시범사업은 입지, 자금 조성, 사업자 등을 조기에 확정해 성과 가시화에 속도를 내고 있다. 헬스케어 리츠는 병원, 요양시설 등의 부동산에 투자하는 리츠 유형이다. 헬스케어 리츠 실버타운의 입지는 수도권의 동탄지구에 있는 의료복지시설 용지를 이용한다. 그리고 실버타운의 부지 확보를 위해 공공택지의 공급에서 실버타운 용지를 포함할 예정이다. 지역의 인구 감소로 인해 발생하고 있는 학교 유휴시설의 이용, 지역 활력 사업의 활용도 검토 중이다.

실버타운 조성 정책은 복합시설의 운영과 함께 커뮤니티 개념을 포함한다. 높은 비용과 주거 고립성으로 인해 활발하게 추진되지 못하고 있는 실버타운을 활성화해 노인의 주거정책을 해결할 것으로 기대된다. 이와 함께 리츠 방식의 적용은 부동산에 관심을 가진 사람에게 투자 기회도 만들어 줄 것이다.

금융 · 경제 · 정책의 3개 나침반으로 부동산시장의 방향을 읽는다

주택시장을 움직이는 두 가지 힘은 방향과 속도이다

시장에 영향을 미치는 요인은 다양하다. 이런 여러 요인에 따라 시장에서 수급이 변동하고 가격이 움직인다. 앞에서 설명한 선행지표를 비롯한 요인을 살펴보면 시장의 방향과 흐름을 파악할 수 있다.

주택시장을 움직이는 힘에는 시장 외부요인인 금리, 유동성 같은 금융여건, 소득과 경제성장, 주택정책, 그리고 시장 내부에서 나타나는 요인인 수급 동향과 전셋값 및 매물 동향, 미분양 추이, 중장기추세, 기대심리 등이 있다.

이들 힘 가운데 금리, 소득, 전셋값, 중장기추세 등은 나침반, 즉 오늘날의 내비게이션 역할을 한다. 수급 및 기대심리, 정책 등은 시장의 빠르기를 보여주는 속도계라고 할 수 있다.

나침반은 지구에서 방위, 즉 방향을 알아내는 도구이다. 고대 중국에서 자연적으로 자기화된 광물의 자기 특성을 가지고 일정한 방향을 가리키는 나침반이 발명되었다. 나침반은 모르는 지역을 지도로 표시하고 방향을 탐색할 수 있었기 때문에 길을 가거나 넓은 바다를 항해할 때 중요한 도구였다.

나침반을 비롯한 각종 측정기구는 대항해 시대를 여는 원동력이 되었다. 대항해 시대에 유럽은 발전한 항해술과 나침반으로 인도에서 수입되는 차와 향료의 새로운 항로를 찾았고, 세계를 일주하는 지리적 발견을 이루었다. 대서양과 태평양을 지나가는 대항해 시대는 포르투갈, 스페인 등 유럽국이 바다를 이용한 해외 진출에서 시작되었다. 크리스토퍼 콜럼버스가 아메리카 항로 개척, 바스쿠 다가마의 아프리카 남단을 통한 인도 항로 개척, 페르디난드 마젤란의 세계 일주 항해가 이루어진 1500년을 전후한 시대를 말한다.

그전까지 가까운 지역끼리 한정된 교역에 그치거나 서로 존재를 알지 못했던 여러 문명권과 대륙이 비로소 긴밀하게 연결되기 시작했다. 나침반을 이용한 대항해 시대에 포르투갈과 스페인은 영토 확장을 통해 세계를 양분했다.

나침반이 없었다면 콜럼버스의 신대륙 발견도 불가능

나침반이 동양에서 처음 발명되었지만, 막상 나침반을 이용해서 많은 영토를 점령하고 이익을 챙긴 것은 서양의 여러 국가라는 사실은 아이러니한 일이다. 나침반 없이는 길을 찾거나 항해할 때 방향을 잃고 엉뚱한 곳으로 가거나 헤매는 어려움을 겪는다. 콜럼버스의 신대륙 도착도 거의 불가능했을 것이다.

유럽에서 비싼 값으로 거래되는 향신료의 무역이 콘스탄티노플을 점령한 이슬람 세력으로 막히자, 향신료 가격은 폭등했고 구하려는 사람이 줄을 이었다. 콜럼버스는 둥근 지구의 서쪽으로 항해하면 인도에 가서 향신료를 구할 수 있다는 과감한 생각을 가졌다. 그는 스페인의 이사벨 여왕을 설득해서 1492년 향신료를 찾기 위한 선단을 구성했다. 스페인의 카디스에서 출발한 그는 나침반과 지도에 의존해서 서쪽으로 계속 항해했다. 마침내 콜럼버스는 인도라고 여겨지는 땅에 도착했다. 사실 그가 도착한 곳은 카리브해의 바하마 지역이었다. 그러나 콜럼버스는 자신이 찾은 지역이 새로운 대륙이 아니라 인도라고 계속 생각했다.

유럽인의 기준으로 볼 때 아메리카대륙을 처음 인지한 사람은 아메리고 베스푸치였다. 그렇지만 수천 년 전부터 아메리카대륙에는 아시아 동북부에서 빙하기로 얼어붙은 베링해를 건너온 원주민이 살았다. 그들이 아메리카대륙을 최초로 발견한 사람들이다. 이들은 오늘날의 미국과 캐나다의 북아메리카대륙뿐 아니라 멕시코, 페루 등의 중남미에도 살면서 마야문명, 아즈텍문명과 잉카문명을 만들었다.

북아메리카대륙을 인도로 착각했던 유럽인은 그곳에 살고 있던 사람들을 인디언이라 불렀다. 오늘날에도 인디아 사람이 아닌 이들을 인디언이라고 부르는 것은 아이러니하다. 사실 콜럼버스는 인도에 가지도 못했다. 그렇지만 탐험의 목표를 가지고 나침반으로 방향을 잡으면서 대서양을 건넜다는 점에서 인정받고 있다. 세계 일주의 항해를 시도한 마젤란이나 인도 항로를 만든 바스쿠 다가마 역시 마찬가지이다.

마젤란은 세계 일주로 지구가 둥글다는 사실을 입증

서쪽으로 계속 가면 인도가 나온다고 주장한 콜럼버스와 달리 바스쿠 다가마는 아프리카를 돌아 동쪽으로 인도에 가는 항로 개척을 시도했다. 1497년 바스쿠 다가마가 이끄는 4척의 범선으로 구성된 함대가 포르투갈 리스본에서 출발했다.

이 함대는 아프리카 남쪽의 희망봉을 돌아 인도 캘리컷에 도착했다. 이로써 이슬람 제국으로 막힌 육지를 피해서 바닷길을 통해 유럽에서 인도로 가는 동쪽 항로를 개척하게 되었다. 그는 인도에서 3개월 정도 머물면서 무역하려고 했지만, 지역 통치자는 유럽 상품에 별로 관심을 보이지 않고 향신료를 사고 싶으면 금을 가져오라고 주문했다. 당시 인도는 최고의 면직물을 생산하는 지역이었다. 통상교역에 실패한 함대는 소량의 상품들만 가지고 리스본으로 귀국했다. 다만 귀환 도중에 아프리카와 중계무역을 하면서 상당한 수익은 올렸다.

최초의 세계 일주를 시도한 페르디난드 마젤란은 1519년에 스페인의 지원을 받아 구성한 5척의 탐험대를 이끌고 대서양으로 향했다. 항해 도중에 선상 반란, 배의 침몰 등 많은 어려움을 겪었지만, 마침내 험난한 마젤란 해협을 통과해서 태평양에 이르렀다. 마젤란 해협은 남아메리카의 남단과 티에라델푸에고 제도 사이의 태평양과 대서양을 잇는 해협이다. 마젤란이 인도로 가는 항로를 탐험하던 중에 발견했다. 악천후의 험난한 해협을 겨우 빠져나오자, 그들은 넓고 잔잔한 대양을 만났고, 이를 태평양이라고 불렀다. 나침반이 없었다면 험난한 해협을 빠져나오지 못했을지도 모른다.

그는 동쪽으로 귀향하지 않고, 동남아시아 지역으로 가기 위해 위험을 무릅쓰고 계속 서쪽으로 향했다. 태평양에 대한 지식이 없던 시절의 태평양 횡단은 목숨을 건 모험이었다. 탐험대는 갈증과 굶주림에 시달리며 항해를 지속해 필리핀에 도착했다. 이 항해로 마젤란은 세계를 일주하는 항해를 통해서 지구가 둥글다는 사실을 입증할 수 있었다. 마젤란은 항해 중도에 필리핀에서 사망했지만, 그의 세계 일주 항해는 동료였던 후안 세바스티안 엘카노에 의해 마무리되었다.

나침반으로 상승과 하락, 호황과 침체의 4개 방향을 판단

이처럼 나침반은 중요하다. 주택시장이라는 바다에는 바람도 있고, 파도도 치며 빠르고 급격한 해류도 있다. 잠잠하다가도 때로는 심한 풍랑과 태풍이 불기도 한다. 시장을 보여주는 나침반이 없다면 좋은 기회를 놓치거나 뒤늦게 판단 착오로 위험한 상태에 처하기도 한다. 주택시장도 마찬가지이다. 나침반을 이용해서 방향을 잡아도 제때 판단과 결단을 내리지 못하면, 낭패를 보거나 적은 이익을 얻는 데 그칠 뿐이다.

나침반이 동서남북을 가리키는 것처럼 주택시장의 나침반은 상승과 하락, 호황과 침체의 4가지 방향을 가리킨다. 이를 결정하는 요소들은 시장 외적인 금리, 소득, 정책, 그리고 시장 내적인 중장기추세, 전셋값 동향 등이 있다.

금리와 주택가격, 전셋값은 주택의 비용이다. 소득과 유동성, 그리고 중장기추세는 주택시장을 움직이는 힘이다. 비용과 힘은 주택시장에서 나침반이 가리키는 방향을 결정한다. 이들 요인을 살펴보면 나침반의 방향을 알 수 있다.

2010년대 들어 금리가 낮아지고 전셋값은 계속 오르면서 2016년경에는 주택 매입의 비용이 낮아졌다. 주택시장의 나침반은 강한 가격 상승을 예고했다. 주택을 살 만한 기회라는 시그널을 보였다. 이를 제대로 살피지 못한 사람들은 주택을 매입할 좋은 기회를 그냥 지나쳤다. 시장의 상승 국면이 계속되다가 2021년에 들어서자, 이번에는 주택시장의 나침반이 위험신호를 보내기 시작했다. 금리, 전셋값, 세금 같은 비용이 증가하고 시장과 중장기추세의 괴리가 심해졌다. 나침반은 아래쪽을 가리키기 시작했다. 그렇지만 위험신호를 제대로 알아차리지 못하고 시장에 뛰어들었던 사람들은 어려움을 겪고 있다. 상승의 막바지 시장에 뛰어들었기 때문이다.

금리의 나침반은 주택시장이 나아가는 항로를 알려준다

나침반은 주택시장을 움직이는 힘의 흐름, 즉 항로를 알려 준다. 내 집 마련이나 투자, 그리고 주택사업 같은 비즈니스에서 나침반은 성공을 위한 지름길을 보여준다. 시장의 방향성을 결정하는 나침반의 역할이 시장에 어떤 영향을 미치고, 어떻게 움직이는지를 살펴보자. 물론 금리 외에도 나침반의 방향을 정하는 지표는 많이 있다.

금리는 주택에 드는 비용을 결정한다. 비용에는 이자 부담의 비용과 기회비용이 있다. 이자 부담은 대출 비용이며, 기회비용은 자금을 다른 곳에 투자할 때 얻는 이익을 포기하는 비용이다. 금리는 비용과 기회의 두 가지 성격을 가지고 시장의 방향성을 보여준다. 주택시장 금리에는 대출금리와 시중금리가 있다. 대출금리인 주택담보대출혼합형 상품의 지표

금리는 5년 은행채 금리, 주택담보대출 변동금리인 코픽스(COFIX)로 정해진다. 시중금리는 3년 회사채 금리가 주로 인용된다. 대출금리는 시중금리의 영향을 받으므로 3년 회사채는 주택시장 금리를 대표하는 지표로 사용한다.

금리는 다양한 경로로 주택시장에 영향을 미친다. 높은 금리는 비용을 증가시켜 매입 여력이 떨어지고 주택 수요는 줄어든다. 자금은 상대적으로 수익이 높은 곳으로 이동한다. 금융자산의 수익성이 높아지면 주택시장의 자금이 줄어든다. 이는 IMF 사태 당시 금리가 치솟으면서 시장이 크게 침체했던 상황에서 잘 알 수 있다.

IMF 같은 사태는 일단 논외로 하더라도 2000년대 초중반의 주택시장 호황, 그리고 2010년대 중반 이후 계속된 시장 상승의 두 가지 상황을 금리라는 나침반을 가지고 설명해 보자.

첫 번째 상황은 금리의 빠른 하락이다. IMF 사태 직후 20% 가까이 올

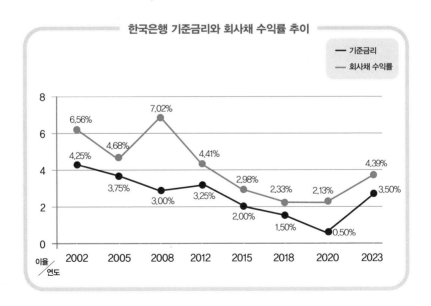

한국은행 기준금리와 회사채 수익률 추이

━ 기준금리
━ 회사채 수익률

랐던 금리는 크게 하락해 5%대로 낮아졌다. 이는 사상 초유의 낮은 금리였다. 유동성이 증가하면서 주택 매입의 비용은 크게 줄었고, 구매력이 늘면서 사람들은 집을 사려고 했다. 수요가 증가하고 가격은 상승했다. 이후 글로벌 금융위기가 발생하고 금리가 8%에 이르자, 주택 매입의 금융비용이 증가하고 가격은 상승을 멈추었다.

금리와 비용의 흐름은 시장이 움직이는 방향이다

두 번째 상황을 살펴보자. 금리는 2013년쯤에 3% 수준으로 낮아졌다. 그러나 금리 하락이 수요로 바로 이어지지는 않았다. 금리는 상당히 낮아졌지만, 주택가격은 소폭 떨어지는 정도에 그쳤으므로 금융비용이 높은 편이었다. 2000년대 초반 시장의 상승이 시작했던 때와 비교할 때 부담되는 수준이었다. 금리 하락의 실질적 메리트가 없었고, 시장에서 수요로 이어지기는 힘든 환경이었다. 주택시장의 나침반은 금리 이외에 세제 규제 등 다른 요인의 영향도 받는다. 금리는 하락했지만 다른 요인을 함께 고려할 때 매입 비용은 여전히 높았고, 나침반의 방향은 상승을 가리키지 않았다.

중요한 사실은 금리는 일차적으로 전세 수요에 영향을 미친다는 점이다. 금리가 하락해도 사람들은 주택을 매입할지 바로 결정하지는 않는다. 금리 말고도 고려할 사항이 많기 때문이다. 그렇지만 자산 변동의 리스크가 별로 없는 전세의 경우는 전세대출 비용이 경감되면 수요가 증가한다.

당시에도 금리 하락의 효과는 전세시장에서 먼저 나타났다. 전셋값은

2013년 하반기부터 빠르게 올라갔다. 이런 현상은 IMF 사태 직후에도 나타난 바 있다. 이후 금리 하락과 지속적인 전셋값 상승 등과 맞물려 주택 매입의 상대적 부담이 줄어들자, 나침반은 상승 방향을 가리켰다. 정책당국도 시장을 지원하는 정책을 펼치면서 주택 매입을 장려하던 시기였다.

금리 하락에 따른 비용의 감소 효과가 비로소 나타났다. 사람들은 집을 사기 시작했고, 주택가격은 상승했다. 2010년대 중반부터 매수세가 나타나는 조짐이 일었으며, 이는 주택시장의 상승으로 이어졌다.

많은 전문가가 주택시장은 금리 영향이 크고 금리를 주목하라고 말한다. 사실 나침반에서 금리는 중요하다. 사람들도 금리 동향을 열심히 쳐다보고 있다. 최근의 시장 하락세가 금리의 급격한 상승 때문이라는 인식이 널리 퍼진 만큼, 금리 하락은 시장에서 반대 방향의 효과를 가져온다는 생각이다.

그렇지만 나침반의 방향을 정하는 요인은 금리 이외에도 소득, 정책 등 다양하다. 금리의 수준만을 보면서 판단하고 행동하면 잘못된 결과를 얻을 수 있다. 금리 수준에 못지않게 금리의 방향이 중요하다. 케인스가 '미인투표론'에서 설명한 것처럼 주택은 장기의 가치투자 성격이 강하므로 금리의 방향에도 큰 영향을 받는다.

거주할 집이든 투자를 생각하든 주택에 관심을 가진 사람이 우선 주목할 시장의 힘은 금리 변동, 그리고 이에 따른 금융비용의 흐름이다. 사람들은 현재 금리가 몇 %인지, 앞으로 어떻게 될지에 관심을 가진다. 금리는 피부로 느끼는 상대적인 부담이다. 실제로 시장을 움직이는 힘은 명목 금리와 금리의 변동 속도, 그리고 소득, 성장, 물가와 대비한 실질금리 수준이다. 이런 내용을 주목해야 한다.

경제성장과 소득도 주택시장에서 나침반 역할

실제 사례를 들어보자. IMF 사태 이후에도 금리는 큰 폭으로 하락해 6%대를 보였다. 지금보다는 훨씬 높았지만, 그 전과 비교하면 절반 정도였고 소득, 물가와 비교한 실질금리는 2% 정도에 그쳤다. 게다가 금리의 하락 속도가 빨랐기 때문에 사람들이 느끼는 체감도가 높았고, 기대치는 상당히 높아졌다. 금리 나침반의 방향이 주택을 비롯한 부동산과 자산시장의 상승을 강하게 가리켰고, 사람들은 주택시장에 뛰어들었다.

금리 이외에 경제성장과 소득도 주택시장에서 나침반 기능을 가진다. 그렇지만 성장이나 소득은 변동이 적고 장기적으로 일정한 추세를 보이면서 움직이는 성향이 있다. 주택시장의 나침반에 미치는 영향은 적은 편이다. 한국 경제가 2000년대 중반 이후 저성장 시대에 접어들면서 성장률은 3%를 밑도는 수준에서 점차 하락하고 있지만, 비교적 안정적으로 움직이고 있다.

소득 역시 비슷한 흐름을 보인다. 흔히 주택시장의 지표로 연소득 대비 주택가격 배수인 PIR(Price Income Ratio)을 사용한다. 이 지표는 소득을 몇 년 동안 쓰지 않고 모아야 집을 살 수 있는가를 보여주는 주택 구매 능력이다. KB 국민은행 자료에서 PIR은 10배를 상회한다. 10년 이상 소득을 전부 모아야 가능한 수치이고, 과연 집을 마련할 수 있을까, 라는 고민에 빠지게 한다.

그런데 PIR에 의한 판단은 일부 착각을 불러온다. 하나는 자기 자금만 가지고 주택을 매입하는 사람은 거의 없다는 사실이다. 대출을 받거나 전세보증금을 활용할 수 있다. 또 한 가지 중위소득인 사람이 중위가격 주택을 매입한다는 가정도 애매하다.

상위 계층의 소득 변화는 주택 수요를 판가름할 수 있는 변수

소득의 나침반에서는 평균소득이 아니라 계층별 소득의 변화를 살피는 일이 중요하다. 주택의 구매 능력은 소득에 따라 상당한 차이가 있으며, 실제 구매로 이어지는 유효 수요는 상당수가 중위 또는 상위 계층에서 발생한다. 따라서 계층별 시장의 판단에는 계층의 PIR이 중요하다. 계층별 소득 흐름을 보면 2003년 상위 5분위 계층의 소득은 평균소득의 1.8배 정도였으며, 최근에는 2배 정도로 조사되고 있다.

가구의 자산으로 살펴본 계층 격차는 상위 20%와 하위 20% 간에 상당히 심한 편이다. 이는 소득 상위 가구의 주택 구매력이 더 높아진다는 의미이며, 이들 계층이 선호하는 주택의 수요는 계속 증가할 것을 시사한다. 주택시장의 나침반은 주로 상위 계층의 소득 변동이 방향을 결정한다. 이는 시장의 차별화, 양극화가 앞으로도 이어진다는 것으로 해석할 수 있다.

한편 시장을 움직이는 또 하나의 힘은 주택정책이다. 이는 시장이 처한 상황, 즉 호황기와 침체기에 따라 영향이 다르게 나타난다. 대책의 세부 내용이 시장에 미치는 영향력에서도 차이가 있다.

과거 사례에서 보듯이 일단 불이 붙은 주택시장은 대책을 추진해도 크게 좌우되지 않는 경우가 많다. 거의 매달 대책을 내놓았지만. 효과가 없었던 시기도 있었다. 그렇지만 대책과 금융 여건 같은 힘이 맞물리면 정책의 힘은 강하게 나타난다. 세제 강화, 대출 억제, 거래 규제 등이 시행되는 중에 금리가 상승하면 주택시장은 흔들리면서 가격이 떨어지기도 한다.

침체 상태의 주택시장 안정을 위한 대책 역시 다른 요인과 시너지효과를 가지면 효력을 기대할 수 있다. 금리 등의 여건이 호전되면 시장은 정책의 뒷받침을 바탕으로 힘을 보일 수 있을 것이다.

금융, 경제, 정책 등 주택시장을 둘러싼 여건을 고려할 때 주택시장의 나침반은 앞으로 어떻게 움직일까. 나침반의 방향을 결정하는 시장의 힘이 아직 불확실할 수도 있다.

주택시장의 추가 하락을 말하는 의견도 여전히 남아 있다. 일본의 거품 붕괴를 언급하는 주장도 있다. 그러나 일본과 한국은 엄연히 다르다. 일본은 엔고라는 충격을 가져온 1985년 플라자합의를 기점으로 인구, 경제, 금융, 부동산 등의 악재가 한꺼번에 겹치면서 소위 말하는 복합불황이 발생했다.

거품 기간에 밀접하게 엉켜 있던 부동산, 특히 주택뿐 아니라 상업용 부동산과 금융시장이 서로 악영향을 미치면서 붕괴의 악순환이 발생했던 특별한 상황에 가깝다. 특히 일본 정부의 판단 착오와 뒤늦은 과잉 대응으로 시장에서 실기하는 바람에 회복의 기회를 놓쳤다.

1980년대 말, 일본 부동산 붕괴의 주범은 부실 대출

1980년대 말, 일본의 거품 붕괴는 흔히 가격이 너무 올랐기 때문에 거품이 터졌다고 말한다. 그러나 일본에서 거품이 붕괴한 원인은 시장 내부의 불합리한, 어쩌면 터무니없는 메커니즘 때문이었다. 일본의 주택을 포함한 부동산금융은 사상누각이란 말처럼 모래 위에 무리하게 쌓아 올린 부실 건물이었다. 언제라도 무너질 수밖에 없었다.

단적인 예를 들어보자. 통상 주택담보대출은 평가가격의 70~80% 수준에서 실행된다. 그런데 일본의 금융기관에서는 평가가격의 120%까지 대출을 실행했다. 앞으로 상승할 예상 가격을 평가에 미리 반영하는 어이없는 방식이었다. 이런 식으로 시중에 풀린 자금은 다른 부동산의 매입에 사용되었고, 가격은 자꾸만 올라갔다.

상황의 심각함을 느낀 일본 중앙은행이 대출을 규제하고 금리를 단기간에 몇 배씩 인상했다. 대출이 규제되자 과도한 대출을 받은 부동산 소유자에게 상환을 요청했고, 이들은 주택 등 부동산을 팔기 시작했다. 그러나 돈줄이 막힌 사람들은 아무도 부동산을 사려고 하지 않았고, 팔려는 물건만 쌓여갔다. 부동산에 대출한 금융기관마저 위기에 처하자, 주택금융 전문회사에 이어 지방은행, 증권사 등이 연이어 도산하기 시작했다. 일본 부동산의 거품 붕괴의 실상이다.

한국은 과거 IMF 사태를 겪으면서 위기 대응능력을 키웠다. PF(Project Financing)의 부실이나 가계부채 문제는 있지만, 부동산과 금융의 연결고리가 위험할 정도는 아니다. 부실의 확대를 차단하는 방화벽도 마련되어 있다. 이런 점에서 부동산시장과 금융시장이 함께 위기에 빠지면서 일본처럼 붕괴하는 상황은 나타나지 않을 것이다. 때때로 양치기 목동처럼 시장의 위기론이 거론될 때도 있지만, 그때마다 해프닝으로 끝났다는 점도 주목할 필요가 있다.

PF 부실화 문제 등 주택시장의 불안 요인이 완화되고, 금리가 진정되면 주택시장의 나침반 방향은 상당히 달라질 것이다. 최근의 여러 시장 대책도 시장의 안정을 유도하는 역할을 할 수 있다. 금리 하락, 그리고 규제 완화에 따른 비용 경감은 시장의 불안을 줄여준다. 이는 나침반의 방향을 변하게 만든다. 물론 시장이 전반적인 상승 추세로 전환하는 에너지가 축적되려면 시간이 필요하다.

시장 전체 흐름과 세분화된 시장 물결의 엇박자를 읽어라

주택시장 판단에서 특히 유의할 사항은 앞에서 말했듯이 시장의 전체 흐름과 세분된 시장의 흐름이 달라진다는 사실이다. 세분된 시장의 여건에 따라서 상황은 달라지며, 세부 시장별로 나침반의 방향이 다르게 움직일 것이다. 바람의 방향이 지역에 따라 다르듯이, 주택의 지역시장 역시 환경에 따라 다르게 나타나는 특성을 가진다.

시장의 내부에서는 전체 흐름과 다른 차별화된 움직임이 강해진다. 시장이 강세를 보이거나 가격이 하락하는 경우라도 세분된 시장들은 다른 양상을 보이는 상황이 뚜렷하게 나타날 것이다. 차별화되고 양극화된 주택시장에서는 올라가는 시장도 있고, 계속 내리는 시장도 있다. 이런 현상은 이미 나타나고 있다.

주택시장에서 주목할 점은 바로 이런 현상이다. 앞서 강조했듯이 숲이 아니라 나무를 보아야 한다. 주택경기가 침체한 상황에서 상승을 준비하는 시장이 있고, 호황일 때도 곧 하락할지 모르는 시장도 있다. 주택시장 전체를 가리키는 나침반이 아니라 세분된 시장을 보여주는 나침반이 필요하다. 지역별 소득별 나침반을 만들고, 이를 활용하면 세분된 시장의 판단에 도움을 준다. 주택시장에서 성공을 위한 좋은 기회를 찾을 수 있을 것이다.

빠르기와 변화를 보여주는 속도는 시장을 움직이는 큰 힘이다

빠르기와 변화로 성공한 손흥민과 쿠팡의 사례

속도는 나침반과 함께 시장을 움직이는 또 다른 힘이다. 특히 주택사업의 비즈니스에서 속도는 반드시 명심할 전략이다.

흔히 속도라고 하면 빠르기만으로 잘못 생각하곤 하지만, 속도는 속력과 변화를 함께 가진다. 이는 중요한 개념이다. 수학적으로 설명하면 속력은 스칼라(Scalar)이며, 속도는 벡터(Vector)라고 할 수 있다. 벡터는 크기와 방향을 함께 가지는 물리적 양이며 변위, 속도, 가속도, 힘, 운동량, 충격량 등이 있다. 스칼라는 크기를 나타내는 물리적 양으로 길이, 넓이, 시간, 온도, 질량, 속력, 에너지 등이 있다. 이처럼 속도와 속력은 다르다.

이는 축구 시합과 100m 달리기 경주를 비교하면 알 수 있다. 단거리 경주는 앞으로 빠르게 달리면 된다. 누가 빨리 달리는가에 승패가 달려 있다. 그런데 축구 시합은 선수들이 단지 빠르게 달린다고 이기지는 않는다. 빠른 속도와 다양한 전술을 모두 갖추어야 시합에서 승리할 수 있다. 달리기가 스칼라라면 축구 시합의 승패는 벡터인 속도에 의해서 결정된다.

영국의 토트넘에서 활약하고 있는 손흥민 선수는 EPL(잉글랜드프리미어리그)에서 여러 차례 10-10을 기록한 월드 클래스의 선수로 꼽히고 있다. 그의 강점은 순간속도의 빠르기와 상황에 기민하게 대처하는 변화 능력이다. 그가 2020년 FIFA의 푸스카스상을 받았던 슛에서 보여준 놀라운 동작은 속도가 가지는 의미를 잘 보여준다.

그는 EPL의 번리 FC(Burnley Football Club)와 경기에서 많은 상대 선수를 제치고 70m를 단독으로 질주하면서 골을 만들었다. 단지 빠르게 공을 드리블한 것이 아니라 변화라는 움직임을 가지고 앞을 막는 여러 선수를 돌파했다. 그는 좁은 공간에서 서너 명에게 둘러싸인 상황에서도 날카로운 변화로 수비에서 빠져나온 다음, 빠르게 상대방 골문으로 치고 들어가 슛하는 뛰어난 능력을 보였다. 이는 빠르기와 방향을 모두 가진 속도의 축구라고 할 수 있다.

이를 기업경영에 적용해 보자. 속도는 기업경영을 비롯한 사회와 경제 전반에서 중요하게 다루어진다. 많은 기업이 빠르게 변하는 시장환경에 맞추어 속도경영을 강조하고 있다. 속도경영으로 성공한 사례의 하나로 쿠팡을 생각할 수 있다. 쿠팡이 한국의 아마존으로 불리면서 성과를 이룬 배경에는 빠르기와 타이밍이라는 속도가 있다.

쿠팡은 속도와 편의성, 맞춤형 마케팅, 기간 한정 프로모션과 세일 이벤트, 소셜 커머스와 사용자 생성 콘텐츠를 들 수 있다. 빠른 배송 서비스는 상품 판매의 포인트로 주목받고 있다. 단지 빠르기가 아니라 고객이 원하는 시간에 원하는 장소에서 상품을 받아서 사용하는 마케팅으로 소비자의 호응을 받았다. 이와 함께 기간 한정 방식의 상품 판매는 고객들의 욕구를 자극해 '니즈(Needs)'를 '원츠(Wants)'로 변화시키는 성과를 거두었다.

주택 비즈니스는 속력이 아니라 속도가 중요하다

대개 사람들은 필요성을 느끼면서도 구매 의사결정은 망설이는 성향이 있다. 쿠팡은 기간 한정과 맞춤형 마케팅 전략으로 지금 구매하지 않으면 기회를 놓칠 수 있다는 인식을 갖도록 만들고, 니즈에 머물던 욕구를 원츠로 변화시키는 성과를 얻었다. 특히 소셜 커머스와 스토리텔링의 기법을 적용한 마케팅은 소비자의 경험과 감정을 부추기는 접근으로 경쟁력을 가질 수 있었다. 이는 '사용자경험(User Experience)'에 기반을 둔 전략이다. 사용자경험은 어떤 제품이나 서비스를 이용하면서 느끼는 총체적 경험을 말한다.

주택시장 역시 속도의 영향을 많이 받는다. 특히 주택건설은 시작에서 마무리까지 오랜 시간이 걸리고, 사업을 하는 동안 많은 변화를 겪게 된다. 주택 비즈니스는 속력이 아니라 속도가 중요하다. 변화에 주의하지 않고 빠르기만 생각하다가 실패한 경우도 상당히 많다. 지난 수십 년 동안 누구나 알만한 많은 주택업체가 명멸을 거듭한 배경에는 속도의 함의를 정확하게 이해하지 못한 데도 원인이 있다.

주택시장이 좋은 상황에서 사업을 시작했지만, 막상 마무리하고 성과를 얻으려는 시점에는 경기가 나빠져 어려움에 부닥친 경우가 자주 있다. 주택 비즈니스에서 속도경영은 차질 없는 사업 추진뿐 아니라 시장 상황의 변화를 늘 주시하고, 변화에 대응하는 능력을 확보하는 것이 관건이다. 연간 5,000가구 정도를 공급하던 주택업체가 호황 분위기에 휩쓸려 한꺼번에 물량을 늘리다가 한계에 봉착하게 되는 사례가 다반사이다. 따라서 주택 비즈니스에서는 속도에 영향을 미치는 시장의 요인을 잘 파악할 필요가 있다. 이런 요인으로는 시장의 중장기 흐름과 금융 상황, 경제 여건, 정책과 제도의 변화 등을 생각할 수 있다.

주택 거래를 하려는 소비자도 마찬가지이다. 시장에서 가격은 천천히 움직이기도 하고, 빠르게 움직이기도 한다. 예기치 않은 경제, 금리 등의 변화와 세계는 물론 국내 정치 상황까지 여러 가지 변화가 나타날 수 있다. 시장이 보여주는 속도에 잘 대응할 수 있어야 기대한 성과를 얻는다.

기대심리는 주택시장의 속도를 좌우하는 핵심적 요인

속도에서 또 하나 고려할 사항은 기대심리가 있다. 기대심리는 주택시장의 속도를 좌우하는 핵심적 요인이다. 기대심리는 시장 흐름을 빠르게 만들고, 또 움직이는 범위를 확대한다. 시장이 안정되거나 변동 초기에는 당연히 기대심리의 영향은 많지 않고, 주로 금융이나 경제 상황에 따라서 주택시장이 움직인다. 그러다가 시장이 호황 국면을 이어가고 가격 상승의 기대심리가 자리 잡으면 사람들이 주택시장에 계속 들어오고 확증편향(Confirmation Bias)이 널리 퍼지게 된다. 이러한 확증편향 또는 확신은 가격을 계속 오르게 만든다. 가격이 내릴 때도 비슷한 상황이 나타나 투매가 발생하고 낙폭은 더 심해진다.

확증편향은 여러 가지 상황이 발생할 때 자신의 판단, 생각과 부합하는 내용만 믿으려는 성향을 말한다. 자신과 맞지 않은 의견이나 현상은 일부러 외면하는 행동이다.

확증편향이 가지는 오류에 관해서는 역사적으로 많은 어록이 있다. 로마의 정치인이자 군인이었던 율리우스 카이사르는 사람은 자기가 보고 싶은 현실밖에 보지 않는다고 말했다. 그는 오늘날에도 인구에 회자하는 유명한 어록들을 남겼다. 로마의 귀족에 맞서기 위해 루비콘강을 건너면서 "주사위는 던져졌다"라고 외쳤으며, 원로원에서 반대파에게 암살당할 때는 "브루투스, 너마저도 배신했나"라고 절규했다. 그의 가장 유명한 어록은 북쪽의 전투에서 승리한 후 원로원에 보낸 편지에 쓴 '왔노라, 보았노라, 이겼노라'라는 말이다. 이 말을 부동산시장에다 적용하면 '왔다, 보았다, 성공했다' 정도로 해석할 수 있을 것이다.

자유론을 집필한 19세기 영국의 철학자이자 정치가인 존 스튜어트 밀(J. S. Mill)은 사람들은 자신이 속한 집단에 강한 믿음을 갖고 있다고 확증편향을 설명했다. 자신에게 소중하고 옳다는 생각과 반대편에 있는 집단을 무시하고, 관용을 베풀지 못하며, 심지어 이들의 오류를 고쳐야 한다는 생각을 가진다고 말했다. 밀은 자유론에서 다수의 횡포에 대한 개인의 자유를 옹호하면서 사상과 토론의 자유를 지지했다.

기대심리가 확증편향이 되면 비이성적 과열, 투기를 유발

시장에서 가격이 과도하게 움직이는 비이성적 현상은 기대심리의 영향이 크다. 기대심리가 확증편향이 되면서 투자와 투기를 유발하고, 또

가격이 계속 오르는 현상은 역사적으로 자주 나타났다. 가장 널리 알려진 사례로는 네덜란드에서 발생한 튤립 투기를 들 수 있다.

뛰르키예, 즉 터키가 원산지로 알려진 튤립이 유럽으로 건너간 시기는 16세기 중반이다. 스페인과 오랜 전쟁에서 승리한 네덜란드는 국제적인 금융 중심지로 떠올랐고, 은행과 증권거래소가 설립되면서 유럽의 돈이 몰려들었다. 투자할 대상을 찾던 사람들은 튤립 시장으로 뛰어들었다. 이 꽃은 사람들의 관심을 끌면서 부의 상징으로 부각되었고, 돈이 있는 사람들이 너도나도 꽃을 사려고 하자 가격이 크게 상승했다.

좋은 품질의 튤립 구근은 가격이 비정상적으로 상승했고, 투기의 대상으로 부상했다. 65달러에 산 튤립 뿌리가 얼마 후는 800달러까지 치솟기도 했다. 투기적 거래의 규모는 점차 커졌고 거래를 위한 상설시장도 생겼다. 선물거래까지 도입되자 투기는 더욱 심해져 가격이 8,000달러를 넘어섰다. 튤립은 실제로 보지도 않고 종이 서류를 거래하면서 사람들은 거래의 열풍에 휩싸였다.

그러다가 어느 날 불시에 종말이 찾아왔다. 갑자기 아무도 사려는 사람은 없고, 오직 팔겠다는 사람만 줄을 이었다. 가격은 순식간에 10분의 1, 100분의 1까지 폭락했다. 네덜란드의 경제와 금융이 휘청할 정도로 충격은 심각했다.

투기 사건은 오랫동안 곳곳에서 반복해서 나타났다. 대표적 버블현상으로는 영국의 남해회사 투기, 미국 플로리다의 토지 투기, 대공황과 2차 세계대전을 불러온 미국 주식시장 폭락, 일본의 거품경제 붕괴 등을 들 수 있다.

남해회사(South Sea Company)는 중남미 등지와 교역하는 영국의 무역회사였다. 이 회사는 유럽 대륙국들과 벌인 전쟁 비용의 부담으로 생긴 적자를 만회하려고 중남미에서 대규모 은광을 개발했고, 투자하면 큰 이익을 얻을 수 있다고 선전했다. 당시 많은 사람이 이 말을 믿고 시장에 뛰어들었고, 저명한 인사들도 주식에 투자했다. 남해회사 주식의 거래에는 만유인력을 발견한 과학자인 뉴턴도 참여했다. 그러나 남해회사의 은광 개발은 가짜 뉴스였다는 사실이 알려지면서 주식은 폭락했다. 당연히 투자에 뛰어들었던 사람들은 큰 손실을 피할 수 없었다. 주식투자로 어려움을 겪은 뉴턴은 이후 부동산에 투자해서 많은 수익을 얻었다.

플로리다의 토지 사기는 투기에 관한 유명한 사례라고 할 수 있다. 플로리다에서 부동산 중개업을 했던 펀디라는 사업자는 이 지역의 따뜻하고 온화한 기후를 좋아하는 사람을 대상으로 휴양지를 개발하는 붐이 일어나자, 네티라는 도시에서 잭슨빌 교외의 이름을 내세운 토지 개발사업을 벌이면서 많은 투자자를 모집했다. 처음에는 땅값이 올랐고, 투자하려는 사람이 줄을 이어 돈을 가져왔기 때문에 많은 이익을 낼 수 있었다. 그런데 알고 보니 이 도시는 지도상에 없는 가상의 지역이었다. 부동산 사기였다. 이런 사실이 알려지고 설상가상으로 플로리다에 허리케인이 몰아쳐 해변 지역이 황폐해지면서 투자에 참여했던 사람들은 서둘러서 발을 빼기 시작했고, 가격은 순식간에 폭락했다.

튤립 투기라는 사건은 경제와 사회에 심각한 부작용을 가져왔고, 매우 우발적으로 발생한 사건이었기 때문에 다시는 일어나지 않으리라고 사람들은 생각했다. 그러나 네덜란드에서는 불과 백 년이 지난 이후 다시 한차례 투기의 열풍이 발생했다. 이번에는 히아신스라는 이름의 식물이었다. 네덜란드를 휩쓸었던 투기의 광풍이 모두 관상용 식물이었다는 점은 아이러니하다. 과거 튤립 사건으로 인한 심각한 피해의 기억이 사람들에게 아직 남아 있었기 때문에 위험한 투기에 대한 경고가 쏟아져나왔다. 그런데도 다시 뜨거워진 투기 열풍은 쉽게 식지 않았고, 결국 시간이 지나고 사람들이 이성을 찾자, 히아신스의 가격은 폭락했다.

주택의 투기적 성격이 시장의 변화와 속도를 좌우한다

투기의 여부는 재화 또는 상품이 실체가 있는가 또는 사용 가치가 충분한가에 달려 있다. 주택에서 사람들은 비용을 지불하고 거주를 통해서 효용을 얻는다. 이런 점에서 주택은 기본적으로 투기상품은 아니다. 그렇지만 주택이 제공하는 사용 가치 또는 효용 이상으로 가격이 높아지고 빠르게 상승하는 경우 주택시장에는 투기의 성격이 나타나기도 한다.

수도권 5개 신도시의 건설에도 주택시장의 투기적 요인이 작용했다. 88년 올림픽으로 시중의 유동성이 커진 상황에서 주택 공급은 항상 수요에 미치지 못했다. 이것이 폭발한 게 1988년 가을 성남 운동장에서 벌어진 주택청약 사태이다. 당시 민영아파트의 청약은 추첨제였는데 가격 상승을 우려한 수요자가 한꺼번에 몰리면서 성남 운동장은 인산인해를 이뤘다.

이날의 소식은 전국으로 퍼졌고, 투기 확산을 우려한 정부는 서둘러 청와대에 기획단을 꾸리고 대응에 나섰다. 1989년 4월, 분당 일산 평촌 산본 중동 등 5개 지역에 수도권 1기 신도시 건설계획을 발표했다. 이런 흐름은 분당신도시의 첫 분양까지 이어져, 모델하우스단지에 가는 논둑 길이 인파로 메워졌다. 도로가 막히자, 오토바이 배달 퀵서비스가 처음으로 등장한 것도 이때였다.

주택시장의 변화와 속도를 좌우하는 현상은 기대심리를 비롯한 투기적 성격의 영향이 크다. 주택에 관심을 가진 개인이나 기업은 시장이 움직이는 속도에도 주의를 기울여야 한다. 자칫 과속에 빠지면 속도를 위반하고 방향도 놓치는 리스크를 겪을 수 있다.

주택시장에도 때때로 이런 과열 현상이 나타난다. 주식시장의 경우 위대한 과학자인 뉴턴이나 저명한 경제학자 케인스도 시장에 뛰어들어 한때 상당한 손실을 보았다. 주택은 사용에 따른 실제 가치가 있으므로 주식과는 다르다. 주택에서 얻는 효용은 주식의 배당과는 큰 차이가 있다. 그렇지만 주택시장의 변동과 속도를 늘 유의해야 한다는 것은 분명하다.

빠르기와 방향성은 주택사업과 투자의 승패를 좌우한다

주택시장을 움직이는 힘인 속도는 앞서 말한 대로 빠르기와 방향으로 구성된다. 이는 두 가지 측면에서 살펴볼 수 있다.

하나는 내 집 마련이나 투자를 생각하는 개인의 입장이다. 앞의 설명처럼 개인 입장에는 적절한 속도를 지키는 일이 중요하다. 무리하게 자금을 끌어들여 주택을 마련할 경우, 예기치 않은 경기침체나 개인 상황이 발생하면 낭패를 당한다. 다른 하나는 주택 비즈니스나 시장 대책에서 속도가 성패를 좌우할 때 어떤 전략을 세우고 추진할지를 판단하는 일이다. 주택 비즈니스의 경우 분양으로 갈지, 임대 사업으로 갈지에 대한 결정을 해야 한다. 그리고 정부 대책은 목표를 어디에 두고 추진할지를 세밀하게 분석한 다음 정책의 수립과 집행에 집중해야 한다.

특히 주택시장 대책의 성패를 좌우하는 관건은 정책 목표를 충분히 달성해 내느냐의 여부에 달려 있다. 만약 수급 불균형으로 인해 시장 불안이 우려되는 상황이라면 적재적소의 빠른 주택 공급이 필요하다. 공급 실현을 위한 효율적인 전략을 세우고, 성공적으로 추진하는 노력과 능력은 매우 중요하다. 주택사업을 비롯한 비즈니스에서도 마찬가지로 적용할 수 있다.

사례를 살펴보자. 부영 그룹은 임대주택 사업으로 회사를 키운 주택업체이다. 대부분 주택업체는 취약한 자본과 많은 대출의 리스크를 줄이기 위해 자금 회전이 빠른 분양주택에 치중한다. 90년대 들어 정부는 임대주택 확대 공급을 위해 저금리 정책자금까지 적극 지원까지 나섰지만, 대부분의 업체가 외면할 때 부영 그룹은 놀라운 틈새 전략을 구사했다. 과감하게 정책자금을 적극 활용해 임대주택 사업에 뛰어들었다. 이런 전략은 부영을 대형 건설 그룹으로 키우는 결정적 요인이 되었다. 임대주택은 캐시 박스가 되었으며, 게다가 주택가격이 크게 오르면서 임대주택의 분양 전환으로 대박이 터졌다. 빠르기뿐만 아니라, 방향성이 맞으면서 큰 성과를 얻을 수 있었다.

알렉산드로스는 적을 알았고, 한니발은 적을 몰랐다

알렉산드로스와 한니발은 역사상 가장 뛰어난 전술가

주택 비즈니스에서 속도의 중요성은 해외 사례와 역사를 통해서도 살펴볼 수 있다. 속도의 중요성을 인식해 역사적 성과를 거둔 인물로는 알렉산드로스 대왕과 한니발 장군을 들 수 있다. 이들은 유럽과 아시아, 유럽과 아프리카 간의 전쟁을 이끌었다. 알렉산드로스와 한니발은 역사상 가장 뛰어난 전술가로 알려져 있다. 이들은 수많은 전투를 치르면서 놀라운 전술로 승리를 거두었다. 그런데 두 사람이 최종적으로 이룩한 성과는 크게 달랐다.

알렉산드로스는 페르시아와 벌인 전쟁에서 승리하고 인도까지 진출했다. 그는 최초로 동서양에 걸친 거대한 왕국을 건설했다. 한니발 역시 당시 지중해를 지배하던 로마군을 여러 차례 격퇴하는 성과를 얻었다. 그러나 한니발은 초기의 눈부신 승리에도 불구하고 로마를 정복하지 못했고, 로마의 스키피오 장군에 패해서 결국 본국으로 후퇴했다. 두 사람 모두 전투에서 비슷한 전술을 사용했지만, 전쟁의 결과는 크게 달랐다. 알렉산드로스 대왕은 위대한 정복자로 역사에 이름을 남겼지만, 한니발 장군은 천재적인 전술가로 인정받을 뿐이다. 이런 차이를 가져온 원인은 무엇이었을까.

알렉산드로스 대왕은 최초로 동서양에 걸친 제국을 세운 인물이다. 그의 동방 원정은 역사상 육로를 이용해서 진출한 최초의 탐험이자 정복이라고 할 수 있다. 그가 죽은 후 정복했던 영토는 이집트와 시리아 등 몇몇 나라로 갈라졌지만, 동서양에 걸쳐 세웠던 제국을 바탕으로 그리스 문화와 오리엔트 문화를 융합시킨 새로운 헬레니즘 문화가 탄생했다.

그는 자신이 세운 영토에 알렉산드리아라는 이름의 수많은 도시를 건설했다. 이 도시들은 도로망과 화폐를 통해 문화, 교통, 상업 분야에서 지역의 교류와 발전을 이루었다. 이런 교류를 바탕으로 곳곳에 있는 알렉산드리아 도시들은 헬레니즘 문화의 형성과 발전에 큰 역할을 맡았다. 유클리드, 에라토스테네스, 프톨레마이오스 등 많은 학자를 배출한 산실이 되었다.

알렉산드로스는 망치와 모루 전술로 페르시아군 격파

그는 마케도니아를 중심으로 구성된 그리스 군대를 이끌고 동방 원정에 나서면서 승리를 위한 두 가지 전략을 세웠다. 하나는 망치와 모루 전술이다. 다른 하나는 기병을 이용한 속도전이다.

그라니코스 전투와 이소스 전투에서 페르시아군을 연이어 물리치고 승리를 거둔 알렉산드로스는 계속 서쪽으로 진격했다. BC 331년, 소아시아의 가우가멜라 평원에서 페르시아와 벌인 전투는 페르시아 정복을 마무리하기 위한 전투였다. 앞선 두 차례의 전투에서 패해 궁지에 몰린 페르시아의 다리우스 3세도 전력을 다해 전투에 임했다. 페르시아가 지배하던 많은 부족의 병력을 모두 끌어모았다.

가우가멜라 평원에서 맞부딪친 양국은 병력의 수에서 페르시아가 서너 배 많았고 유리한 입장이었다. 정면으로 격돌해서는 승리가 힘든 상황에서 알렉산드로스가 내린 과감한 결정은 속도에 승부를 거는 전략이었다. 그는 보병으로 페르시아군의 움직임을 억제하면서 빠른 기병으로 상대를 우회해서 페르시아의 다리우스 군대를 직접 공격하는 전술인 망치와 모루 전략을 세웠다.

이 전투에서 승리의 관건은 빠르기와 변화에 달려 있었다. 팔랑크스 진형을 갖춘 그리스 보병이 튼튼한 모루 역할을 하면서 페르시아의 공격을 버티는 동안 알렉산드로스가 직접 이끄는 헤타이로이 기병은 빠른 속도로 강력한 망치처럼 적진을 휩쓸었다.

페르시아 기병이 뒤늦게 추격해 왔지만, 그리스 기병은 일직선의 돌격이 아니라 빠른 속도에 변화를 더해서 상대를 우회했기 때문에 페르시아 기병은 쫓아올 수 없었다. 훨씬 많은 병력을 가졌지만, 여러 종족으로 구성한 군대는 느린 움직임으로 변화에 제대로 대응하지 못한 채 알렉산드로스의 빠른 공격에 속수무책으로 당했다. 위험을 느낀 다리우스가 부하들을 버리고 도망갔고, 전투는 알렉산드로스의 일방적 승리로 마무리되었다.

이처럼 속도는 중요하다. 물리 법칙에 의하면 힘은 질량과 속도에서 나

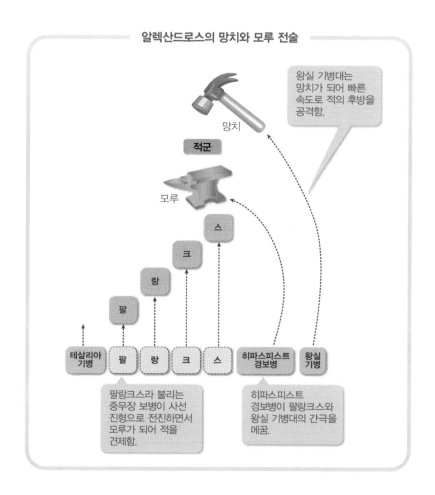

알렉산드로스의 망치와 모루 전술

왕실 기병대는 망치가 되어 빠른 속도로 적의 후방을 공격함.

망치

적군

모루

스

크

랑

팔

테살리아 기병

팔 랑 크 스

히파스피스트 경보병

왕실 기병

팔랑크스라 불리는 중무장 보병이 사선 진형으로 전진하면서 모루가 되어 적을 견제함.

히파스피스트 경보병이 팔랑크스와 왕실 기병대의 간극을 메꿈.

온다. 유명한 $E=mc^2$ 공식이다. 알렉산드로스는 병력이 페르시아보다 적었지만, 속도인 빠르기와 변화에서 월등했기 때문에 승리할 수 있었다. 알렉산드로스가 길지 않은 시간에 넓은 영토의 제국을 건설할 수 있었던 성과는 속도에 달려 있었다.

그는 인도에 도착할 때까지 끊임없이 나아갔다. 나중에는 장군들이 그만 고향으로 돌아가자고 말할 정도였다. 인도로 진격한 마케도니아군은 인도 서북부의 작은 나라들과 싸워 승리했고, 계속 진격해서 인도를 모두 점령하려고 했다. 인도가 세상의 끝이라고 여긴 알렉산드로스는 갠지스강 너머의 영토까지 공격을 준비했으나, 오랜 이동과 전투에 지친 부하들이 더 진격은 무리라고 전투를 거부했다. 고민하던 그는 마침내 회군을 결정하고, 고향으로 돌아가는 도중에 바빌론에서 심한 열병에 걸렸다. 그는 자신이 수립한 제국의 번성을 못 보고 중도에 사망했다.

알프스산맥을 넘은 한니발은 로마 정복에 실패했다

한니발의 경우는 어땠을까. BC 3세기경 지중해는 1차 포에니전쟁에서 승리한 로마가 지배하고 있었다. 로마의 압박과 위협을 받고 있던 카르타고는 한니발 바르카를 앞세워 지중해의 패권을 다시 차지하기 위해 로마와 전쟁을 벌었다. 그는 1차 포에니전쟁에서 패한 하밀카르 바르카의 아들이었다.

전쟁에 앞서 한니발은 페르시아와 전쟁에서 승리를 거둔 알렉산드로스의 전략을 철저히 연구했다. 한니발은 로마를 직접 공격하지 않고 스페인에 상륙해 로마의 식민지를 정벌한 다음, 기병을 포함해 4만 명이 넘는 병력을 이끌고 알프스산맥을 넘어 이탈리아반도로 진격했다. 한니발의 군대가 알프스를 넘어올 줄은 아무도 생각하지 못한 놀라운 전략이었다. 지중해의 시칠리아와 로마의 방어에만 신경을 쓰다가 북쪽에서 기습당한 로마군은 수적인 우세에도 불구하고 패퇴했다.

한니발은 이탈리아 북부에 있는 로마와 동맹인 도시들을 점령했고, 계속 남쪽으로 쳐들어갔다. BC 216년에 로마와 일전을 벌인 칸나에 전투에서 한니발의 전술은 기병을 앞세워 빠른 속도로 적진을 돌파하는 것이었다. 알렉산드로스가 즐겨 사용했던 전략을 사용한 한니발은 크게 승리했다.

이후 그는 진격을 멈추고 주변의 작은 도시들을 점령하면서 알렉산드로스의 방법처럼 로마가 스스로 무너지기를 기다렸다. 그러나 로마는 페르시아와 달리 스스로 무너지지 않았다. 페르시아는 다리우스가 사망하면서 제국이 붕괴하였지만, 로마 동맹은 탄탄한 결속력을 가졌고 도리어 끈질긴 저항을 계속했다. 기다림에 지친 한니발은 로마를 정복하지 못했고, 카르타고가 공격받는다는 소식을 듣고 결국은 카르타고로 후퇴할 수밖에 없었다.

알렉산드로스와 한니발이 사용해 큰 성과를 거두었던 망치와 모루 전술의 핵심은 두 가지이다. 하나는 모루로 버티는 힘이며, 또 하나는 망치인 타격하는 힘이다. 타격의 힘은 병력과 속도에서 나온다. 병력이 적어도 속도가 빠르면 힘은 강해진다. 즉 $E = mc^2$ 공식이 여기서도 적용된다.

지피지기의 실천, 고객 성향에 맞는 사업 전략 짜기

알렉산드로스와 한니발의 차이는 상대를 충분히 파악하지 못했다는 점이다. 지피지기(知彼知己)면 백전불태(百戰不殆)라는 손자병법의 고사를 한니발은 지키지 못했다. 페르시아와 로마의 차이를 충분히 알지 못했고, 로마가 가진 강점을 간과했다. 한니발의 오판은 전쟁의 패배로 이어질 수밖에 없었다.

알렉산드로스와 한니발의 전술을 주택 비즈니스 차원에서 검토하면 시사점을 얻을 수 있다. 알렉산드로스가 주택업체의 CEO라고 하자. 그는 주택시장의 상황을 정확하게 파악하고, 수요자의 성향과 특성에 맞추어 사업 전략을 세웠다. 무엇보다도 어디를 공략할지를 잘 알고 있었다. 알렉산드로스의 목표는 페르시아 군대의 격파가 아니라 다리우스를 직접 공격하는 데 있었다. 그는 페르시아군을 우회해서 빠르게 다리우스를 공략하는 전략으로 승리를 거두었다.

다른 주택업체를 운영하던 한니발의 경우를 보자. 그는 사업 전략은 알렉산드로스의 전술을 그대로 따랐지만, 주택시장 수요자의 성향과 특성을 제대로 파악하지 못했다. 좋은 상품을 만들고도 판매를 어떻게 할지 알지 못했다. 무엇보다도 한니발은 카르타고가 로마의 공격으로 어려운 상태에 처하자, 후퇴를 결정할 수밖에 없었다. 업체 내부의 부실이 사업의 실패로 이어졌다.

한편 알렉산드로스는 전투에서는 빠르기와 방향이라는 속도의 전술을 뛰어나게 사용했지만, 영토의 경영에서는 빠르기에 치우친 나머지 방향을 소홀히 생각했다. 따라서 그가 세운 거대한 제국은 분열의 길을 걸었다. 시장 대책이나 주택 비즈니스에서도 마찬가지이다. 빠르기만 강조하다 보면 넘치거나 실패할 수도 있다. 목표를 정확하게 정하고, 빠르기와 방향이라는 속도를 잘 조절하면서 추진한다면 실패할 우려를 줄이고 좋은 성과를 얻을 수 있다.

주택 비즈니스의 성패는 속도와 변화에 달려 있다

주택 비즈니스의 경우 사업의 진행을 결정하고, 택지 매입에서 건축, 분양까지에는 상당한 시일이 걸린다. 사업하는 동안 소요되는 금융비용이나 자재 가격, 인건비 등 생산원가를 생각할 때 적정한 기간에 사업을 마무리하는 일이 중요하다. 자재비나 임금 상승으로 비용이 증가하거나 분양 시점의 경기가 변하면 여러 가지 사업 리스크가 발생할 수 있다.

최근 주택산업은 높은 금리와 자금 운용의 어려움, 자재비와 인건비의 상승, 지역 주택경기의 침체, 미분양 주택의 증가, PF의 부실 우려 증가 등 몇 겹의 어려움에 부닥친 실정이다. 물론 외부요인의 영향이 크지만, 정확한 나침반을 가지고 방향을 잘 살피면서 빠르기와 변화라는 속도경영을 충실히 하지 못한 데도 원인을 찾을 수 있다.

주택 비즈니스의 성패는 망치와 모루라는 버티는 힘과 속도, 즉 빠르기와 변화에 달려 있다. 부침이 심한 주택경기에 대응하려면 튼튼한 모루를 가지고 있어야 한다. 그리고 변화에 대응하려면 정확한 예측과 탄력적인 판단을 실행하는 망치가 필요하다. 빠르지 않으면 뒤처지고, 변화하지 않으면 위기에 부닥친다.

특히 주택 비즈니스처럼 초기 비용이 많이 들고 사업 기간이 긴 경우 속도경영이 중요하다. 어쩌면 속도는 사업 승패의 관건이라고 할 수 있다. 이를 간과해서 대형 건설업체가 하루아침에 부도와 파산으로 내몰린 경우가 적지 않다는 점에서 적절한 속도와 변화에 대응하는 경영의 지혜는 기업 생존에 필수 요소라 할 수 있다.

Where

· 3장 ·

어디에서
살아갈까?

주택시장의 핵심은 지역의 선택과 거래 시점이다

주택시장의 핵심은 두 가지이다. 하나는 입지, 즉 지역의 선택이며 다른 한 가지는 거래 시점이다. 주택은 지역이 중요하다. 좋은 지역은 가격이 일시 하락해도 길게 보면 가치를 유지한다. 지역의 선택을 위한 다양한 지표가 있지만, 좋은 지역의 기준은 발전할 수 있는 잠재력으로 평가한다. .

주택시장에서 평균의 관점은 사라지고 있다. 지역이나 주택의 선택에 따라 주택가격의 상승률은 큰 차이가 난다. 20대 80의 법칙이 적용되는 것이다. 차별화, 양극화, 그룹화는 다른 국가에도 나타나는 공통된 현상이다.

지역의 선택은 자신뿐만 아니라 자녀 미래에까지 영향을 미친다

지역 차별화는 주택시장의 뉴노멀

한국 사회는 경제, 사회, 지역, 생활의 각 분야에서 차별화를 넘어 양극화가 빠르게 진행되고 있다. 저출산과 고령화, 저성장, 소득과 자산의 양극화, 인구 감소와 지역 편중, 1인 가구의 증가 같은 사회적 현상이 나타나고 있다.

지역에서는 수도권과 지방, 대도시와 중소도시, 농촌도 지역 간의 차이가 심해지고 있다. 시간의 관점에서는 MZ 세대와 실버 세대의 단절, 그리고 세대 내의 무관심도 증폭하고 있다. 기술 측면에서는 얼리 어답터와 디지털 문맹의 격차로 인한 사회적 경제적 손실 등이 중요한 트렌드로 사회에서 자리잡았다. 코로나19로 인한 팬데믹은 이런 트렌드를 더욱 가속화했다.

이런 현상은 주택시장에도 뉴노멀로 자리를 잡고 있다. 주택의 수요는 소득별, 연령별, 지역별로 이전과 확연히 달라지고 있다. 주택은 매입하면 한 곳에서 오랜 기간에 걸쳐 사용하는 재화이지만, 시장의 변동성은 심한 편이다. 주택시장에서는 장소(Where)와 시점(When)이 성과를 좌우한다. 특히 지역 차별화의 심화는 주거의 선택을 결정하는 핵심적 요인이다. 내 집 마련이나 주택 비즈니스에서 중요한 일은 언제, 어디서, 그리고 어떻게 의사결정을 할 것인가이다. 주택을 언제 거래할지의 내용은 5장에서 자세히 다룰 것이다. 여기서는 어디에서 어떤 조건의 주택을 거래하고 의사결정을 진행할지를 살펴보자.

사람들은 주거와 투자를 명확하게 구분하기보다 대개 두 가지를 모두 생각한다. 그렇지만 주택 매입에서 지역의 선택은 거주 목적과 투자 목적에 따라 다르게 접근해야 한다. 주택시장이 안정되거나 침체하면 주거에 비중을 두며, 시장 상승기에는 투자에 관심을 기울인다. 시장이 호황을 보이면 투자에 중점을 두고 지역을 선택해서 주택을 사고판다. 그렇지만 시장의 안정기에는 주거에 중점을 두고 지역을 정하는 편이 바람직하다. 지역에 따른 차별화가 심해지는 상황에서 의사결정 판단의 관건은 개개 지역의 주택시장이 어떤 상황에 놓여 있고, 앞으로 어떤 흐름을 보일지에 달려 있다.

지역과 입지에 따라 비용과 수익이 크게 달라진다

주택은 사고파는 시점에 따라 비용과 수익이 크게 달라진다. 이런 성과는 지역에 따라서 차이가 더 심하게 나타난다. 주택시장이 호황이고 가격이 올라갈 때 주택을 매입하면 리스크가 높다. 그렇지만 지금 매입하지 않으면 기회를 놓친다는 불안 때문에 망설이다가 주택을 사는 경우가 많다. 가격이 계속 올라가면 좋겠지만 그렇지 않을 수도 있다. 주택 거래의 리스크는 언제 거래하는가와 함께 어디에서 사는가에 따라 큰 차이를 보인다. 지역과 입지를 잘 선택하면 리스크를 줄일 수 있다.

어떤 지역은 수요가 많고 일시 가격이 하락해도 길게 보면 꾸준히 상승하는 반면, 어떤 지역은 잠시 과열을 보여도 얼마 후에는 다시 침체하고 가격이 하락한다. 예를 들어 서울 강남의 경우 가격이 오를 때는 크게 상승하지만 떨어져도 낙폭이 깊지 않다. 또 일정 시간이 흐르면 다시 오르는 패턴을 보인다. 이에 반해 외곽 변두리 지역은 상승기에 잠깐 올랐다가 하락기에는 낙폭이 깊고 거래도 잘 이루어지지 않는다. 지역의 선택은 그만큼 중요하다. 시점을 잘못 선택해도 시간이 지나면 탄력적으로 회복되는 가치를 가진 지역이 핵심적인 대상이다. 이는 케인스의 미인투표론과 일맥상통하는 내용이다.

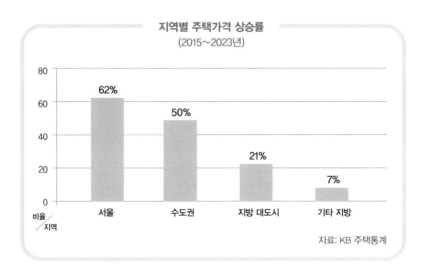

지역별 주택가격 상승률
(2015~2023년)

자료: KB 주택통계

KB 주택통계를 가지고 2015년 이후 현재까지 서울과 수도권, 지방 대도시, 기타 지방의 주택가격 흐름을 살펴보면 시장에서 지역의 중요성을 쉽게 알 수 있다.

시장이 정점에 달했던 2022년 초까지 서울 강남 11개 구의 주택가격은 지수 상으로 70%가 상승한 다음, 잠시 하락했다가 몇 달 사이에 빠르게 회복하고 있다. 그러나 지방 대도시의 경우 상승 폭이 크지 않아 20% 정도 상승에 그쳤고, 아직 침체 국면에서 벗어나지 못했다.

주택시장이 상승을 시작한 2015년과 비교하면 서울은 하락 조정에도 불구하고 60% 이상 상승한 데 비해서 지방 대도시는 20% 상승에 불과하다. 여타 지방의 경우 7% 상승에 그쳤다. 단순히 서울과 지방의 문제에 그치지 않는다. 지역을 세분하면 차이는 더 심하다. 다주택자 규제가 강해지자, 핵심이 되는 주택의 투자가 늘면서 지방 사람들이 서울에 집을 많이 매입했다는 말도 있었다.

주택은 특정한 지역에 위치가 고정되어 있다. 주택의 거주 지역은 주거생활이나 경제 활동은 물론 교육과 이웃 관계를 통해서 자녀 세대에도 영향을 미친다. 주거지를 옮기면 이런 안정된 관계가 사라진다. 주택은 일단 정하면 상당 기간 살아가야 한다. 지역의 선택은 단지 자신의 생활뿐 아니라 자녀의 미래 생활을 결정하는 중요한 사항이다.

《택리지》는 집터 고르는 기준으로 지리, 생리, 인심, 산수 등을 제시

《택리지》는 주거지를 선택하는 혁신적인 지리 지침서

옛날부터 사람들은 살아가는 터를 중요하게 생각했다. 풍수지리 같은 양택론(陽宅論)이 성행했으며, 조선 후기에는 주거지 선택의 체계적인 기준이 다듬어졌다. 양택론은 사람이 살아가는 집터에 관한 이론이며, 조선 후기에는 많은 사람이 관심을 기울였다. 실학자인 다산 정약용은 제자에게 보낸 편지에는 좋은 집터가 가져야 할 조건을 세세하게 언급한 대목이 나온다.

집터에 관한 대표적인 저서가 1752년에 나온 이중환(李重煥)의 《택리지(擇里志)》이며, 《택리지》를 보완한 성해응(成海應)의 〈명오지(名塢誌)〉에 나오는 주거지 선택론, 서유구(徐有榘)가 《임원경제지(林園經濟志)》에 수록한 〈상택지(相宅志)〉 등이 주거지의 선택에 관한 내용을 다루고 있다. 살기 좋은 집터를 '명오'라는 이름으로 정리한 성해응은 명문 세가들이 살아갈 만한 곳을 뛰어난 집터로 꼽았다. 서유구는 〈상택지〉에서 다양한 정보와 지식을 바탕으로 체계적인 주거지의 선택에 관한 이론을 설명했다.

《택리지》는 주거지를 선택하는 혁신적인 지리 지침서이며, 사대부가 거처할 만한 곳이라는 뜻이다. 이 책은 어디에서 살겠는가의 질문에 대답하는 형식으로, 오늘날의 중산층이나 더 나은 삶을 원하는 사람들이 살기 좋은 집의 입지와 환경을 설명했다. 팔도론(八道論)과 복거론(卜居論)으로 구성되었으며, 복거론에서는 주거지 선택의 4가지 주제를 제시했다. 주거지의 관심은 어디가 살기 좋고, 생업을 할 수 있고, 경제 활동이 활발하면서, 시간이 지나면 가치가 높아지는가에 달려 있다. 이는《택리지》가 나온 18세기 중반이나 오늘날도 마찬가지이다.

지리는 위치, 생리는 생활, 인심은 교류, 산수는 자연환경

《택리지》의 내용을 언급할 때 흔히 이중환 개인의 불우한 삶을 배경으로 다룬다. 그는 권력 다툼에서 밀려나 벼슬을 하지 못한 채 지방을 떠돌 수밖에 없었다. 이런 환경에 지친 나머지 안정된 생활을 갈망하게 되었고, 사대부가 편안하게 살 만한 주거지를 찾는 노력으로 이어졌다는 것이다. 그렇지만《택리지》가 나오고 사람들이 열심히《택리지》를 읽었던 배경에는 당시 조선 사회가 처했던 시대적 환경이 큰 영향을 주었다.

18세기 중반은 한양에서 집을 구하기가 어려운 시기였다. 조선이 개국할 때 도읍으로 정했던 한양의 면적은 오랫동안 거의 변하지 않았지만, 한양에 사는 사람들은 계속 늘어났다. 집을 지을 수 있는 빈 땅은 점점 줄어들었다. 권력과 부를 가진 사람들은 넓은 땅을 소유한 채로 떵떵거리며 살았지만, 대다수 백성은 물론 벼슬하는 사람조차 집 한 칸 마련하기가 힘들었다.

조선의 건국 초기에 공평하게 나누어주었던 집터의 배분 기준은 사라졌다. 한양에 거처를 마련하지 못하고, 밀려난 사람들은 한양 근방이나 지방에서라도 살 만한 집터를 찾았다. 이중환의 《택리지》에 이어 〈명오지〉, 〈상택지〉 같은 주거에 관한 책들이 나온 배경에는 심각한 주거난이 자리잡고 있었다. 그때나 지금이나 주거지를 비롯한 부동산에 관한 책은 사람들의 관심을 끌면서 베스트셀러가 될 만한 주제였다.

이중환은 《택리지》에서 살 만한 주거지를 고르는 기준으로 지리(地理), 생리(生利), 인심(人心), 산수(山水)의 4가지를 제시했다. 지리는 위치, 생리는 경제 활동과 삶의 질, 인심은 교류와 네트워크, 산수는 자연환경과 건강을 의미한다. 그는 이들 네 가지 요소 중 하나라도 충족하지 못하면 이상적인 거주지가 될 수 없다고 말했다. 《택리지》를 저술할 당시와 지금은 경제, 정치, 기술, 사회 등의 분야에서 여러 가지 차이가 있다. 그러나 책의 밑바탕에 흐르는 이중환의 가치와 정신은 오늘날 사람들이 주택을 고를 때 판단하는 기준이 상당히 포함되어 있다. 그만큼 《택리지》는 주거지에 대한 혜안을 가지고 저술되었다.

풍수지리는 물론 교역 중심권까지 살펴 주거지 선정

지리는 지역의 풍수를 의미한다. 지리를 살피려면 물줄기의 입구를 보고, 들판의 형세를 보며, 산의 형태, 흙의 빛깔을 본다. 집터는 물줄기가 닫힌 지역에서 주변의 들판을 자세히 살펴본 다음 정해야 한다. 그리고 토질이 굳고 촘촘하면 물도 맑으므로 집터로 살 만한 곳이라고 하였다.

특히 조선 사회의 일반적인 인식과 달리 《택리지》에서는 생리를 중요하게 다루었다. 생리는 살아가는데 이로움이 되는 지역을 말한다. 경제 활동과 생계의 유지에 적합한 장소이며, 비옥한 토지, 해상과 육상의 교통이 편리하고, 사람과 물자가 모여들어 교역이 활발하게 이루어지는 곳이다.

조선 사회에서 많은 사대부는 유일한 사회 활동의 수단인 벼슬에 나가지 못하면 경제적으로 곤궁할 수밖에 없었다. 이들은 농사나 장사를 대놓고 하기도 어려웠으며, 생계를 어떻게 해결할지가 중요한 관심이었다. 《택리지》는 이들에게 생존을 해결하는 방안의 하나로 새로운 주거지 마련을 제안했다. 당시 조선이 처한 상황에서 주거지를 선정하는 기준인 생리는 생활을 윤택하게 할 수 있는 유리한 위치를 말하고 있다. 생리에서는 비옥한 토지, 바다의 생선이나 소금과 내륙의 곡물과 면화가 교역되는 위치, 그리고 해운과 하운의 요지 등이 강조되고 있다.

생활 문제, 재산 축적, 후손 양성에 적합한 주거지

조선 후기에 《북학의(北學議)》를 쓴 실학자 박제가(朴齊家)는 경세론을 펼치면서 재물은 우물과 같아서 퍼내어 쓰면 다시 차오르고, 그냥 두면 말라버린다고 말했다. 이는 오늘날 경제학에서 말하는 우물 효과를 의미한다. 그는 기술이나 교역도 활발해지면 발전하지만, 그냥 두면서 방치하면 사라진다는 주장을 펼쳤다. 이를 실현할 수 있는 적합한 공간을 찾는 것이 생리의 요결이다.

《택리지》에서 제시하는 최적의 주거지는 먹고사는 문제의 해결, 재산의 축적, 후손 양성을 포함해 생활에 적합한 장소를 말한다. 사람이 살아가는 데 필요한 재화를 얻는 생업 수단으로 비옥한 토지와 교역하기 좋은 곳을 제시했다. 조선 시대의 사농공상이라는 관념에서 벗어나 생산 활동과 상업이 부를 이루는 바탕이라고 간파했다. 이런 관점에서 농지가 비옥하고 물자 유통이 활발한 지역이 《택리지》에서 제시하는 좋은 주거지이다. 그는 교역으로 상업적 이익을 얻으려면 배를 통한 대량 운송, 하운과 해운을 겸할 수 있는 지리적 이점의 활용, 국내 상업보다는 해외무역 등을 제시했다. 특히 경제 활동에서 새로 부상하는 장소로서 교통과 물류의 거점, 산과 들의 접경지, 육지와 바다가 통하는 경계 지역 등을 추천했다. 오늘날 말하는 일자리와 교역, 그리고 교통이다.

인심에서는 풍속의 중요함을 강조하고, 지방의 인심을 비교해서 기록했다. 그는 공자의 말을 인용해 "마을 인심이 착한 곳이 좋다, 착한 곳에서 살지 않으면 지혜롭지 않다"라고 강조했다. 특히 인심과 풍속은 자신만 아니라 자손에게도 영향을 미친다고 말했다. 그때 벌써 살아가는 곳이 자녀 교육에 중요하다는 것을 인식했다.

《택리지》는 조선 후기 사대부에게 베스트셀러였다

이중환은 산수가 중요하다는 것을 인식하고, 주요 산계와 수계에서 좋은 산수를 찾았다. 집 근처에 유람하고 쉴 만한 산수가 없으면 정서를 함양하기 어렵다고 생각했다. 멀지 않은 위치에 좋은 산수가 있는 곳에 살면 때때로 근심을 풀고 휴식을 취할 수 있다는 것이다. 오늘날 하천이나 공원 같은 경관을 갖춘 지역의 주택이 휴식과 건강에 중요하고 가치가 높다는 인식과 일맥상통하는 주장이다.

《택리지》는 조선 후기에 좋은 집터를 구하려는 사대부에게 베스트셀러였다. 인쇄술이 발달하지 못한 당시 여러 개의 필사본이 만들어졌고, 많은 사대부가 읽었다. 《택리지》는 지금도 사람들이 겪고 있는 일자리, 교통, 자산 마련, 자녀 교육을 위한 내 집 마련의 어려움은 물론 지역 개발 등의 문제와 해법을 이미 다루고 있었다.

오늘날 이중환의 《택리지》를 바탕으로 살기 좋은 집터, 풍족한 생활이 가능한 지역을 알아보려는 노력의 하나로 《신택리지》, 《다시 쓰는 택리지》 등 다양한 책들이 나와 있다. 이들 책에서는 현재의 관점에서 주거지를 어디에서 고를 것인지에 관한 다양한 접근을 시도하고 있다. 서울의 살기 좋은 마을, 경기도의 좋은 기운을 가진 도시, 지방에서 발전 잠재력을 가진 지역 등을 《택리지》에서 주장한 관점을 가지고 해석하고 있다.

주택시장의 20대 80 법칙에 따른 지역 양극화와 차별화를 주목하라

20대 80 법칙을 발견한 이탈리아 파레토가 양극화 주장의 원조

사회 경제의 모든 분야에서 양극화 현상은 널리 알려졌지만, 실제 판단에 필요한 범위나 방향은 명확하지 않은 경우가 많다. 양극화의 범위와 방향을 설명하는 대표적 이론으로 20대 80의 법칙이 있다.

20대 80의 법칙은 이탈리아 경제학자 빌프레도 파레토(V. Pareto)가 처음 주장했으며, 전체 인구의 20%가 그 사회가 가진 부의 80%를 차지하고 있다는 것이다. 이 현상은 그가 19세기 영국의 부와 소득 유형을 연구하면서 발견했으며, 부의 불균형을 보여주는 대표적인 사례로 널리 인용되고 있다. 사실 파레토는 '파레토 최적'이란 이론으로 널리 알려진 경제학자이다. '파레토 최적'은 자원의 배분이 가장 효율적으로 이루어진 상태를 말한다.

파레토는 재배하던 완두콩을 살피다가 흥미로운 현상을 알아냈다. 완두콩 가운데 20%에서만 좋은 콩이 생산되고, 나머지 80%는 쓸모없거나 빈 콩깍지만 나왔다. 흥미를 느낀 그는 이 결과를 가지고 여러 가지 사회 현상에 적용했으며, 놀랍게도 많은 분야에서 20대 80의 비율이 유지된다는 사실을 발견했다.

20대 80의 법칙은 자연뿐 아니라 사회나 경제의 다양한 분야에서도 나타난다. 예를 들면 회사의 영업 활동에서 직원의 20%가 영업 실적의 80%를 차지한다, 직원의 20%가 회사 문제의 80%를 일으킨다, 프로선수가 받는 전체 연봉의 80%는 20%에 불과한 뛰어난 선수들이 가져간다 등을 사례로 꼽을 수 있다.

재미있는 사례로 개미나 꿀벌 같은 곤충사회를 들 수 있다. 개미와 베짱이의 우화에서 읽었듯이 개미는 열심히 일하는 곤충이다. 그런데 일본의 곤충학자 하세가와는 개미집을 관찰하면서 흥미로운 사실을 발견했다. 개미 가운데 20%만 열심히 먹이를 모으면서 일을 하고, 나머지는 그냥 왔다 갔다 하면서 일은 하지 않는다는 것이다.

꿀벌도 마찬가지이다. 하세가와는 열심히 일하는 20%의 벌을 따로 떼어내 다른 무리를 만들었다. 그러자 그전까지 열심히 일했던 꿀벌 중에서 20%만 열심히 일하고, 그동안 열심히 일했던 나머지 80%는 빈둥빈둥 지내고 있었다.

이는 인간사회에서도 적용된다. 회사에서 근무 성적이 나쁜 20%를 그만두게 했더니, 열심히 일했던 남은 직원 80% 중에서 20%는 역시 제대로 일을 하지 않았다.

상위 20%와 하위 80%의 사회로 양극화된다

20대 80의 법칙은 《세계화의 덫》이라는 책을 통해서 널리 알려졌다. 세계화 시대에는 부유층 20%와 빈곤층 80%로 사회가 양극화된다는 것이다.

파레토 법칙의 예를 들면, 어떤 마을에서 생산한 곡물의 80%를 부유한 20% 사람들이 차지한다는 주장이 있다. 얼핏 1대 4의 차이 같지만, 현실은 크게 다르다. 파레토가 관찰한 내용을 정확하게 설명하면, 마을 사람이 100명이고 곡물 생산이 2,000개라면 부자 한 사람은 각자 80개의 곡물을 소유하는 반면, 가난한 사람은 1인당 5개의 곡물밖에 갖지 못하고 있다. 부자는 가난한 사람의 16배나 되는 곡물을 소유하는 심한 양극화를 보여준다.

20대 80의 현상은 주택시장에서도 적용된다. 이전부터 주택시장은 지역, 소득 등에 따른 양극화 현상을 보여왔다. 이를 넓게 해석하면 상위 20%에 속해 있는 주택은 점점 가치가 높아지면서 시장의 양극화는 심해지고 있다. 이는 주거지의 지역에 따른 차이를 심화시킬 것이다.

주택시장에서 가격이 상위 20%인 주택과 하위 20%인 주택의 가치를

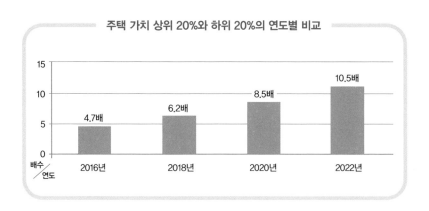

주택 가치 상위 20%와 하위 20%의 연도별 비교

비교한 5분위 배수 값은 20대 80의 법칙을 보여주는 중요한 사례로 들수 있다. 아파트의 5분위 배수의 값은 2015년에는 5배 정도였으나, 지금은 10배를 상회하고 있다. 상위 20%에 속한 주택들이 가진 가치가 하위 20%보다 10배나 높아졌다는 것이다. 이는 고가의 주택은 지속적으로 가치가 상승하는 반면, 저가의 주택은 오름폭이 적다는 것을 의미한다.

서울 강남 등 중심지는 높은 비용, 편익, 수익 등 3고의 표본

전국, 서울, 서울 강남 지역 등에 있는 주택을 대상으로 가격 상승의 차이, 즉 수익의 차이를 간략히 정리하면 지역 선택의 중요성을 알 수 있다. 1987년부터 2022년의 35년 동안 아파트 가격이 얼마나 상승했는지 살펴보면, 전국 평균은 6.6배, 서울은 8.5배, 서울 강남 지역은 10배로 뛰었다. 1980년대 후반에 1억 원의 자금으로 서울 강남 지역에서 아파트를 샀다면, 지금은 가격이 10억 원이 되었다. 실제 시장가격은 지수보다 더 크게 올랐을 것이다. 이에 비해 지방의 아파트 가격은 그동안 3~4배 정도 오르는 데 그쳤다. 그만큼 지역의 선택은 중요하다.

잘 알려진 대로 서울 강남을 비롯한 한강 주변 지역이나 부산 해운대구, 대구 수성구, 대전 유성구, 세종시 같은 지방 대도시의 중심 주거지는 누구나 주목한다. 이들 지역은 집값이 비싸지만 살기가 편리하다. 단지 편하다는 사실을 넘어서 이런 지역은 높은 주거비를 부담할 만한 많은 혜택을 얻는다. 높은 비용에도 불구하고 가격 상승의 수익에서 생기는 효과는 다른 지역보다 높았다. 수익 이외에 다른 경제적 사회적 효과를 기대할 수 있다. 자녀가 좋은 여건에서 교육받고 사회생활에서 얻는 다양한 기회 역시 지역의 중요성을 보여준다.

비싼 주택가격은 주거지의 선택을 제약하지만, 지역의 선택은 자신이 부담할 수 있다면 앞으로 받을 성과를 고려하는 접근이 중요하다. 뒤에서 설명하는 대체 가능성이나 발전 잠재력을 바탕으로 적절한 지역을 선택할 수 있다. 물론 부담할 수 있는 범위를 과도하게 초과하는 선택은 금리나 가격 등 상황 변화에 따른 리스크가 있다.

시장의 양극화는 주요 국가에서 나타나는 공통적 현상

주택시장의 지역과 계층에 따른 차별화 또는 양극화는 많은 국가에서 나타나는 공통적 현상이다. 주요 국가의 수도권에 있는 주택과 지방 주택의 가격 상승률을 비교하면 대부분 국가에서 수도권과 대도시의 주택

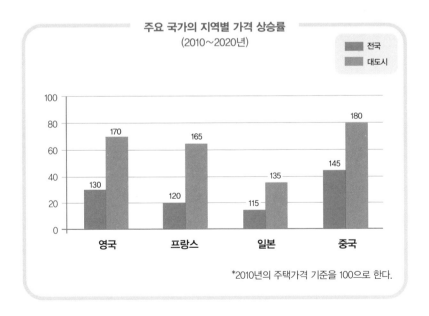

주요 국가의 지역별 가격 상승률
(2010~2020년)

*2010년의 주택가격 기준을 100으로 한다.

시장이 지방보다 훨씬 높게 가격이 상승했다.

2010년의 주택가격 기준을 100으로 하고, 2020년 동안 주요 국가의 시장 양극화 현상을 살펴보자. 각국의 주택시장 동향을 조사해 보면 영국은 전국 평균은 130이고 런던은 170이며, 프랑스는 전국 120이고 파리는 165, 일본은 전국 115이고 도쿄는 135, 중국은 전국 145이고 베이징은 180으로 조사되었다. 이들 국가에서 수도권의 주택가격이 전국 평균 가격보다 2배에서 3배 정도 높은 상승률을 보였다.

미국이나 캐나다, 호주 등의 국가 역시 수도권을 비롯해 인구가 증가하고 경제가 활발한 대도시의 주택가격이 다른 지역보다 더 높게 상승했다. 캐나다의 경우 서부 해안의 중심지인 밴쿠버와 동부 온타리오의 토론토는 다른 지역보다 훨씬 높은 가격을 형성하고 있다. 이들 국가는 땅이 넓은데도 불구하고 경제의 지역 중심지 역할을 하는 도시의 주택가격이 크게 올랐다.

주택시장 양극화의 배경에는 이들 국가에서 빠르게 진행되고 있는 대도시에 대한 인구와 경제력의 집중이 있다. 영국의 런던은 서비스산업, 특히 금융산업의 도시로 성장하고 있다. 도시의 중심인 런던 시티(City of London)와 카나리워프(Canary Wharf)에는 금융기관을 포함해 유럽 500대 기업 중 100개 이상의 본사가 소재하고 있다. 템스강변 도크랜드 지역의 개발지구인 카나리워프에는 씨티은행 등 고층 건물이 밀집해 있다.

현재 런던의 인구는 930만 명으로 영국 총인구의 13%를 웃돈다. 2차대전 이후 오랜 기간 인구가 감소하다가, 2000년대 들면서 지역경제의 빠른 성장에 힘입어 증가 추세를 보이고 있다. 유럽에서 가장 큰 도시이며, 다양한 인종과 문화가 공존하고 있다.

런던의 경제력은 영국의 경제 활동에서 가장 중요한 위치를 차지한다.

금융산업을 중심으로 하는 런던의 지역생산 비중은 영국 전체 경제의 거의 25%에 달한다. 1인당 국민총생산은 전국 평균 수준을 훨씬 상회하며, 도시의 성장에 힘입어 실업률도 다시 감소하고 있다. 런던의 주택시장은 코로나 팬데믹, 금리 상승으로 인해 침체에 빠지기도 했지만, 여전히 높은 수준을 유지하고 있다. 최근에도 런던의 집값은 강세를 보이면서 오름폭이 큰 편이다.

글로벌 대도시에서 일어나는 '그레이트 리셋 현상'

하계올림픽 개최로 주목을 받은 프랑스의 수도 파리는 약 2백만 명의 주민이 거주하고 있는 세계적인 도시로 알려져 있다. 파리 중심을 흐르는 센강을 중심으로 경제, 역사, 문화, 종교, 교육 등 모든 산업이 발달했으며, 오랜 역사를 가진 유럽의 주요 도시로 인정받고 있다. 파리의 인구는 적은 편이지만, 경제 사회적 활동의 비중은 프랑스 경제를 혼자 이끌어갈 정도로 중요하다.

주요한 기업의 본사와 은행의 65%가 파리에 자리를 잡고 있으며, 주요 산업은 의류, 공예품, 기술 기반 산업으로 구성되어 있다. 특히 향수, 모피, 장갑, 보석, 의류 등의 패션산업에서 생산되는 고급 제품은 세계적인 수준이며, 뉴욕과 함께 패션 시장을 이끌어가고 있다. 파리 중심부에서는 책 인쇄와 출판 활동도 활발히 이루어진다.

파리의 외곽 지역에는 자동차, 공작기계, 철도차량, 전기제품 등 중공업을 중심으로 하는 산업이 위치하고 있다. 특히 관광산업은 파리는 물론 프랑스의 경제를 이끌어가는 중심 산업이다. 그렇지만 런던과 마찬가지로 파리 역시 높은 주택가격과 임대료의 부담으로 파리를 벗어나 외곽으로 이주하는 사람들이 늘면서 가격 상승은 주춤하고 있다. 이른바 주거지의 '그레이트 리셋(Great Reset) 현상'이 강하게 일어나고 있다.

　시장의 양극화와 차별화가 계속되면서 주택에서 지역과 입지의 중요성은 아무리 강조해도 지나치지 않다. 누구나 좋은 지역에서 살고 싶어 한다. 그렇지만 높은 가격과 비용 부담 때문에 실행하기가 어렵다. 주택 시장의 미래 모습은 변화한다. 이에 따라 주택이 가진 가치도 변한다. 지금은 가치가 높지 않아도 시장의 변화에 따라 앞으로 주목을 받을 지역이 나타날 것이다. 이런 상황에서 최선의 선택을 하려면 시장의 변화와 미래 모습을 알아야 한다.

주택시장에서 지역·계층의 세분화로 평균의 관점이 사라지고 있다

양극화, 차별화는 일시적 현상이 아닌 구조적 변화이다

시장의 전망은 거시적인 큰 그림과 미시적으로 접근한 맞춤형 그림을 가지고 파악할 수 있다. 먼저 인구와 경제의 흐름을 가지고 시장의 큰 그림을 그릴 수 있다. 주택의 공간적 특성을 바탕으로, 가구 선호에 따라 주거지를 결정하는 맞춤형 전략을 세워보자.

큰 그림은 앞에서 설명한 주택시장의 미래 모습에서 파악한다. 해당 내용을 다시 요약하면 주택시장은 인구 요인, 경제적 측면, 사회적 현상에 따라 지역이나 주택 유형의 차별이 심해지면서 양극화는 빠르게 진행될 전망이다.

여기에 뚜렷한 사회적 트렌드로 자리를 잡아가는 청년층의 나만의 공간, 투자를 생각하는 주거 생활, 복합적인 공간 활용 등은 저성장과 소득

양극화 같은 현상과 맞물리면서 시장 변화를 가속화하고 새로운 흐름을 만들고 있다. 이는 일시적 표면적인 현상이 아니라 주택시장의 구조적 변화로 보인다.

그동안 익숙했던 평균의 관점은 사라지고 있으며, 대부분 시장이 함께 움직이는 시대는 마무리되고 있다. 이전에도 주택시장은 먼저 상승하는 지역과 따라가는 지역으로 나누어졌지만, 길게 보면 동조하면서 비슷한 흐름을 보였다.

앞으로는 수요가 몰리면서 상승하는 지역과 따라가는 지역, 관심에서 소외되는 지역으로 점점 세분화될 것이다. 바야흐로 주택시장에서 양극화와 차별화의 시대가 도래하고 있다. 이는 앞에서 설명한 대로 세계적인 현상이다. 이런 상황에서 내 집 마련의 꿈을 이루고 성과를 높이려면 자신의 판단 기준과 행동이 있어야 한다. 지역, 즉 주거지의 결정을 위한 전략을 정리해 보자.

차별화되는 시장에서 평균의 시각을 벗어난 접근이 필요

첫째, 주택시장에서 평균의 관점은 점점 사라진다. 빠르게 변하면서 분화하고 있는 시장에서 평균이라는 익숙했던 타성은 많은 오류를 가져올 수 있다.

주택은 하나하나가 독자적 특성을 가졌으며, 주택마다 가치와 가격이 다르게 정해진다. 거래도 개개 단위로 이루어진다. 개개 주택의 거래에서 평균은 없으며, 시장에 참가하는 개인은 차별화되는 시장에서 평균의 시각을 벗어난 접근이 필요하다. 물론 주택을 건설하고 분양하는 주택 비즈니스에서는 대량생산을 위한 평균의 관점이 필요하다. 그렇지만 평균에 얽매이는 경우 리스크를 감수해야 한다. 수요자의 성향에 맞는 주택은 주변의 평균과는 무관하게 높게 평가될 것이다.

토드 로즈(T. Rose)가 지은 《평균의 종말(The End of Average)》에서는 그동안 익숙했던 평균이라는 허상이 사회, 교육, 경제, 기업 등 많은 분야에서 얼마나 오랫동안 사람들을 속여왔는지를 다양한 사례를 들면서 설명하고 있다.

로즈가 설명한 하나의 사례를 인용해 보자. 1940년대 말 미국 공군은 제트 엔진을 사용하는 비행기의 사고가 빈발했다. 원인을 찾느라 고심하던 담당자는 비행기 조정석이 20년 전의 설계로 제작되고 있다는 사실을 깨달았다. 그동안 변한 신체조건에 맞지 않은 조정석이 사고의 원인이라고 생각한 공군에서는 공군 파일럿을 대상으로 대대적인 조사를 실시했다. 4,000명이 넘는 파일럿의 손가락 길이, 가랑이 높이를 비롯한 140가지 항목의 치수를 측정하고, 각 항목의 평균값을 바탕으로 새로운 조정석을 제작했다. 당연히 사고는 크게 줄어들 것으로 당국은 기대했다. 결과는 어땠을까.

하버드대에서 체질인류학을 전공한 후 공군 중위로 근무한 대니얼스는 평균치를 적용해서 만든 조정석에 신체조건이 적합한 사람이 얼마나 될까, 라는 의문을 품었다. 그는 조사 항목 중에서 중요하다고 여겨지는 10개 항목을 선정하고, 각 항목에서 평균치와 편차를 30%로 정한 값을 표준범위에 해당한다고 가정했다. 대부분 파일럿이 표준범위에 포함될 것으로 생각했지만, 조사 결과는 전혀 달랐다. 10개 항목 모두가 표준범위에 들어가는 사람은 아무도 없었다. 모든 파일럿이 표준범위보다 팔이 길든지 다리가 짧든지 허리둘레가 굵었다. 결론은 평균적인 파일럿은 없다는 사실이다. 이런 현상은 다른 분야에서도 마찬가지이다. 평균을 기준으로 판단하면 오류를 범하게 된다.

주택가격은 오르는 곳이 있고, 또 떨어지는 곳이 있다

주택시장에서도 평균의 함정에 빠지면 위험하다. 흔히 부동산이나 주택 관련 연구소, 민간 연구기관 등에서는 매년 시장을 전망하면서 주택 매매가격이나 전셋값의 예상 변동률을 발표한다. 또 상·하반기 전망치를 내놓는다. 그런데 1년 후 주택가격이 5% 상승한다는 예측은 지역시장이나 개별 주택에는 거의 적용되지 않는다, 10% 이상 오르는 곳도 있고, 전혀 오르지 못하거나 도리어 떨어지는 지역도 있다. 주택의 유형별로도 마찬가지이다. 지난 몇 년 동안 아파트는 크게 올랐지만, 다른 유형의 주택가격은 별로 움직이지 못했다.

전문가를 비롯한 여러 곳에서 향후 시장이 1년 후에는 어떨 것이라고 주장하지만, 이는 평균이라는 관점에서 벗어나지 못한 분석이다. 이런 전망은 개인에게 별로 도움이 되지 않는다. 의사가 진료하면서 어떤 증상은 환자의 80%가 치료될 수 있다고 말해도 개별 환자의 기운을 북돋울 수 없다. 환자는 자신의 병이 나을 수 있는지가 궁금할 뿐이다.

주택시장도 마찬가지이다. 1년 후 또는 3년 후의 주택시장은 평균과 달리 어떤 지역은 오르고 어떤 지역은 떨어진다. 사람들은 자신이 관심을 가진 지역의 주택시장이 궁금하다. 전반적인 시장과 주목하고 있는 지역의 시장은 흐름이 다를 수 있다. 서울 강남과 화성 동탄신도시의 가격 흐름은 다르다. 해당 지역의 수급이나 인구 소구력 등이 서로 다르다는 점에서 하부 지역시장을 세분해서 살펴야 한다. 전국 평균을 생각하고 행동하면 오류가 생길 수밖에 없다. 이는 주택시장의 속성이며, 양극화 시대에 명심할 내용이다.

중심 지역의 공간적 범위가 확산하는 '풍선효과'

둘째, 양극화와 함께 예상되는 또 다른 현상은 시장을 선도하는 중심 지역이 공간적으로 확산하는 효과가 있다.

시장을 선도하는 중심 지역에는 사람들이 모여들지만, 높은 가격 부담은 지역 진입을 어렵게 만든다. 이런 상황에서 주목할 점은 중심 지역의 공간적 범위가 인근으로 확산하면서 진입장벽을 낮추는 현상이다. 이는 풍선효과의 일종이다. 서울 강남 일대가 오르면 시간이 지나면서 분당신도시가 떠올랐던 과거의 사례가 이를 말해준다.

풍선은 한 곳을 누르면 다른 곳에서 부풀어 오른다. 부동산시장에서 자주 언급되는 풍선효과의 예로는 아파트 대출을 규제하자 오피스텔로 수요가 옮겨가고, 수도권을 규제 지역으로 묶으면 지방으로 수요가 몰리는 현상이다. 풍선의 크기는 그대로이다. 풍선의 중심과 모양만 변할 뿐이다.

그러나 공간적 범위의 풍선이 확장되는 효과는 크게 다르다. 수요 증가로 주택시장이란 풍선에 압력이 높아지는 상황이다. 풍선이 팽창하면서 커지고, 단지 지역의 이동에 그치지 않고 중심 지역의 범위가 확산한다. 풍선 자체가 팽창하는 현상이다. 물론 시장 침체 시에는 풍선이 줄어들 수도 있다.

중심 지역은 재건축 등 일부 공급 이외에는 수요 증가를 충족하기 어렵고, 수요의 초과로 가격이 높아진다. 그렇지만 높은 가격을 부담하면서 이들 지역에 들어가기는 어렵다. 이런 상황에서 주택을 살 때는 풍선이 팽창하면서 지역이 확장되는 효과를 생각할 수 있다.

　선도 또는 중심 지역과 비슷한 조건이면서 상대적으로 가격 부담이 적은 인근 지역은 주택시장이 변동할 때 선도 지역을 따라 움직이는 상황이 자주 발생한다. 일종의 풍선 확장 효과라고 할 수 있다. 물론 풍선이 확장되는 효과는 지리적으로 인접 지역에 국한되지는 않는다. 이런 조건을 갖춘 지역 중에서 발전 잠재력이 있거나 어떤 성장의 계기가 생긴다면 새로운 대체 지역으로 떠오를 것이다.

　2010년대 말에는 강남 3구의 주택가격이 급등하자, 풍선 확장 효과는 지역의 그룹화 현상과 맞물리면서 상대적으로 가격이 높지 않은 마포, 성동 등지에 수요가 몰리고, 다른 지역보다 앞서서 시장이 상승한 바 있다. 소위 '마용성(마포, 용산, 성동)'이나 '노도강(노원, 도봉, 강북)' 등도 풍선 확장 효과의 일종으로 생겨난 것으로 이해할 수 있다.

　강남 등지의 아파트가 빠르게 상승하면, 마용성에 이어 양천구나 노도강도 움직이기 시작하는 현상은 풍선 확장 효과를 잘 보여주는 사례로 볼 수 있다. 다만 풍선 확장 효과의 범위는 시장 상황에 따라 다르다. 따라서 주택 거래는 시장의 상승 강도, 예를 들어 연간 가격 상승률 등을 고려해서 결정할 필요가 있다.

중심 시장의 공간적인 확산은 지역시장의 그룹화로 나타난다

그룹화는 시장 움직임과 특성이 비슷한 지역을 묶는 방식

주택시장에서 중심 지역의 공간적인 확산은 대개 그룹화를 통해서 나타난다. 그룹화는 시장 움직임과 특성이 비슷한 지역을 묶는 방식이다. 지역의 그룹 분류는 주택 거래에서 유용한 전략이다. 이는 가격 탄력성과 시장 안정성의 두 가지 지표로 파악할 수 있다.

시장이 상승한 2014년부터 2022년까지 서울 25개 구의 가격 흐름을 살펴보면 상승률이 75%를 상회하는 지역은 10개 구로 나타났다. 이들 지역은 호황기에 가격이 빠르게 상승하는 그룹이다. 이런 지역에서 침체 상황에도 시장이 안정을 보이는 특정 지역이 바로 중심 지역이며, 탄력성과 안정성을 모두 가진 A그룹에 속한다. 이 그룹은 주택가격의 수준에 따라 초고가 주택과 고가 주택의 지역으로 구분할 수 있다.

그리고 호황기에 가격이 빠르게 상승하지만, 침체기에 불안한 양상을 보이는 지역은 B그룹으로 분류할 수 있다. 호황기에 가격이 뒤따라 상승하지만, 침체 시에 하락 리스크가 심한 지역은 탄력성은 있으나 안정성이 약한 C그룹으로 나눌 수 있다. 호황기에 상승 폭은 낮지만, 침체기에 대체로 안정을 유지하는 지역은 D그룹이며, 호황기나 침체기에 변동이 별로 없는 지역은 E그룹으로 볼 수 있다.

서울특별시 25개 구의 그룹별 분류 사례

가격의 흐름과 지역 특성을 기준으로 서울의 25개 구를 그룹별로 분류하면 주택 거래의 지역 선택에 도움을 준다. 이런 접근은 인천, 경기 등의 수도권과 지방 대도시의 주택시장 등에도 적용할 수 있다. 어디에서나 지역의 차이는 있으며, 주택시장이 움직일 때 세분 지역은 서로 다른 양상을 보일 수밖에 없다.

서울 25개 구를 가격 흐름을 가지고 다섯 그룹으로 나누어 보자. 서울에서 A그룹에 속한 지역은 강남구, 서초구, 송파구, 용산구, 마포구, 양천구 등을 들 수 있다. 이 그룹은 다시 주택가격 평균이 2024년 기준으로 15억 원을 웃도는 지역과 10억 원 내외의 지역으로 나눌 수 있다. B그룹은 영등포구, 성동구, 동작구, 광진구, 강동구 등이 있다.

한편 C그룹으로는 노원구, 강서구, 구로구 등을 생각할 수 있다. 은평구, 성북구 등도 C그룹으로 분류할 수 있다. 나머지 지역들은 대개 D그룹에 속한다. 한편 종로구, 중구는 호황기에 상승률이 50%를 밑돌았으며, 침체 시에 크게 가격이 내려가지 않았다. 이들 지역은 E그룹으로 정할 수 있다. 이런 그룹 분류는 전세시장에서도 적용할 수 있다.

이런 접근은 지난 10여 년의 시장 변동을 중심으로 그룹을 분류한 결과이다. 큰 틀은 유지하겠지만, 주거 선호나 지역의 특성, 발전 정도에 따라 달라질 수 있다. 성동구 등 발전 잠재력을 가진 일부 지역은 시간이 지나면 위쪽 그룹으로 갈 수 있고, 구 내의 일부 지역은 위쪽 그룹과 유사하게 움직이는 곳도 있을 것이다. 특히 이들 지역에서는 소위 가성비, 즉 주택이 가진 잠재 가치에 비해서 현재 가격이 낮은 곳도 찾을 수 있을 것이다.

이들 그룹 분류는 서울의 구 단위를 기준으로 지역 평균의 차원에서 분석한 내용이다. 한 지역 내에서도 그룹은 다시 세분될 수 있다. 사례를 들어보자. 영등포구, 성동구, 강동구, 강서구 등은 지역 내에서도 차이가 있으므로 세분된 지역으로 판단해야 한다. 예를 들어 영등포구의 여의도동, 강서구의 마곡지구 등은 속한 지역과는 다른 움직임을 보이는 경우가 많다.

송파구의 경우 대략 잠실지구, 올림픽공원지구, 문정·장지지구, 마천·거여지구 등으로 나눌 수 있으며, 세분 지역의 주택시장 흐름이나 특성은 차이가 있다. 당연히 주택의 선택은 각 세분 그룹의 특성에 맞추어 판단할 필요가 있다. 지역 그룹화의 세부 분류는 다시 설명할 계획이다.

지역 선택의 문제는 거래 시점의 판단보다 더욱 중요하다

이처럼 지역의 선택은 중요하다. 꾸준히 관심을 받는 지역은 단기적 가격 변동에도 불구하고 길게 보면 상승 추세를 유지한다. 어떤 지역에서 주택을 매입할지를 정하는 문제는 거래 시점을 판단하는 문제보다 더욱 중요하다. 시점 판단의 실수는 시간이 지나면 회복될 수 있지만, 지역의 판단 실수는 여파가 오래간다. 회복이 어려울 수도 있다. 양극화 현상에 따라 앞으로는 더욱 심화할 것이다. 한번 잘못 행동한 사실이 오랫동안 후회로 남을 수 있다.

지역의 선택은 자금 여력이나 주거 목적에 따라서 달라진다. 새로 주택을 장만하는 청년층의 경우 자금 여력이 있으면 A그룹에서 가격이 상대적으로 낮은 지역이나 B그룹 지역에서 주택을 선택할 수 있다. 이들 지역은 가격 탄력성이 높으면서 비교적 안정성을 가진다. 자금 부담이 있다면 C그룹의 주택을 선택하는 전략을 생각할 수 있다. 이 지역은 가격이 낮으면서 호황 시에는 탄력적으로 움직인다. 다만 이들 지역은 침체 시에 가격 하락의 리스크는 있다. 주로 거주 목적으로 주택을 구하는 상황에서 적용할 만한 선택이다. 안정성이 중요하다면 D그룹의 주택을 선택하는 방안을 검토할 수 있다.

양극화라는 개념보다 그룹화라는 현실적 접근이 효과적

그룹의 분류에 적용할 요인에는 가격 이외에도 많은 변수가 있다. 여기서는 주로 시장의 흐름으로 그룹을 나누었지만, 앞서 지적한 대로 지역 잠재력 같은 다른 요인을 고려한 분석이 추가로 필요하다. 지역의 선택은 자신에게 적합한 그룹을 바탕으로 교통, 교육 등의 여건을 충분히 고려해서 결정하면 좋은 성과를 기대할 수 있다.

수도권 주택시장을 대상으로 사례를 살펴보자. 수원의 영통과 화성 동탄신도시는 그런 면에서 좋은 지역이다. 영통은 수도권 남부에서 서울과의 교통이 가장 양호한 지역이다. 교통 노선도 풍부해 서울로 출퇴근하는 젊은층이 많이 거주하기 때문에 소형 중심의 가격 강세가 두드러지는 곳이다. 화성동탄신도시는 인근 삼성반도체 관련 거주자가 많은데, 교육 여건이 양호한 데다 가격 낙폭이 별로 없는 지역이다. 이와 함께 그룹 분류 시에는 평택처럼 발전 잠재력도 중요하게 고려할 필요가 있다.

지역의 그룹화를 바탕으로 접근하는 전략은 단순히 주택시장의 양극화를 기준으로 하는 판단에 비해서는 상당히 실용적이며, 의사결정에 많은 도움을 줄 것이다.

수도권의 사례를 가지고 설명해 보자. 90년대 이후 가장 관심 지역으로 부상한 지역은 용인 일대를 들 수 있다. 대체로 광교신도시를 비롯해 죽전, 동천, 수지, 구성 등의 권역 그리고 구도심인 김량장리 등 시청권, 양지, 백암권역 등으로 그룹화할 수 있는데 이들 권역별 주택시장은 큰 차이를 보인다. 가격은 물론 주택 크기, 개발 잠재력 등에 따라 서부권역은 강세, 동부는 약세 현상이 두드러진다. 주택시장의 분석에서는 양극화라는 개념보다는 그룹화라는 현실적 접근이 효과적임을 보여주는 대목이다. 이런 접근은 다른 지역의 분석에서도 적용할 수 있다.

대체 가능한 지역을 선택하고, 발전 잠재력을 따져라

양극화와 그룹화를 바탕으로 대체할 지역과 주택을 찾기

검토하는 지역이나 주택에서 가격이나 수급의 문제 때문에 접근이 어려울 때는 지역시장의 양극화와 그룹화를 바탕으로 대체할 지역과 주택을 찾아야 한다. 이는 차선의 선택이지만, 시간이 지나면 좋은 결과를 기대할 수 있다. 대체 지역은 어떻게 찾을 수 있을까. 주택시장이 움직일 때 선도 지역을 따라갈 수 있는 지역이 갖출 조건은 대체 가능성과 발전 잠재력이다. 이는 시간과 노력이 필요하지만, 반드시 검토해야 한다. 차례대로 살펴보자.

먼저 대체 가능성은 선도 지역의 주택이나 지역 환경과 대체 관계가 성립하고, 서로 영향을 미치는 지역에서 찾을 수 있다. 시간이 지나면 여건이 비슷해지면서 대체할 조건을 갖춘 지역이다. 이는 풍선 확장 효과가 적용되는 지역을 포함한다. 특히 지역 간의 중력을 바탕으로 선도 지역의 끌어당기는 힘이 미치는 곳이 중요하다.

대체 가능성은 지역 간의 끌어당기는 힘, 즉 중력으로 설명할 수 있다. 중력은 질량이 있는 물체가 서로 끌어당기는 힘인 만유인력과 같은 개념이다. 중력의 크기는 두 물체 사이의 질량에 특정 상수를 곱한 값에 비례하고 거리의 제곱에 반비례한다. 이를 지역에다 적용하면 두 지역 사이의 중력 크기를 알 수 있다. 두 지역 사이의 중력인 당기는 힘이 클수록 대체 확률은 높아진다. 특정 상수는 서울의 경우 한강의 접근성을 사용할 수 있다.

주택시장에서 지역이 가지는 질량은 경제력, 생활환경과 자연환경, 교육여건, 교통상황 등을 생각할 수 있다. 이런 조건이 비슷한 지역이 대체 가능성이 높다. 대체 가능성을 가진 지역과 주거지를 찾을 때 검토할 세부 사항은 일자리, 지하철, 자연공원, 병원, 초등학교와 중학교. 공공시설, 쇼핑센터, 문화시설 등이다.

이런 자료는 지자체의 자료나 부동산정보업체 등에서 찾을 수 있다. 아파트 생활에서 교류와 네트워크의 중요성을 생각할 때 좋은 커뮤니티의 여건도 중요하다. 커뮤니티 사회는 공동체를 이루는 지역이나 공감을 가진 집단이며, 공통적 관심이 밀착된 물리적 가상적 공간이다. 상당수 아파트단지가 커뮤니티 활성화를 위한 시설과 조직을 운영하고 있다.

각 지역의 질량은 정확한 측정이 쉽지 않다. 그렇지만 중력의 요소인 지역 간의 거리 및 한강 접근성을 가지고 파악할 수 있다. 거리와 한강 인접성 등을 고려해서 살펴본 대체 가능성을 큰 그림에서 보면 서울에서는 선도 지역인 강남 3구와 대체 가능성이 많은 지역은 용산구, 성동구, 마포구 등이 있다. 다음으로 동작구, 광진구, 강동구 등이 있다. 이들 지역은 선도 지역과 대체할 만한 조건을 갖춘 지역들이다. 그룹 분류에서 보았듯이, 강남 3구와 비슷한 움직임을 보이는 지역이다. 한편 서울 인근은 성남시, 하남시, 용인시, 고양시, 수원시 등을 들 수 있다.

서울 압구정, 반포 등 주요 한강권의 대체 가능 지역들

한강 조망권을 가지고 지역의 대체 가능성을 다시 한번 정리해 보자. 서울 한강권의 압구정동이 가장 먼저 뜨고 이어 반포 지역, 동부이촌동, 그리고 잠실 지역 등이 서로 영향을 주면서 한강 조망권의 대체 지역으로 변한 사실을 상기할 필요가 있다. 이런 관점에서 보면 성수, 여의도, 마포에 이어 서쪽 권역으로 당산, 염창, 망원, 동쪽 권역으로는 신사, 구의, 암사 등으로 대체 가능지가 부상할 가능성이 크다. 또 수도권에서는 서울과의 접근성을 고려할 때 과천, 광명, 김포에 이어 남양주, 하남 등이 앞으로 대체할 만한 주거지로 부상하는 추세를 보여주고 있다.

그런데 대체 가능성을 가진 지역을 찾으려고 중심 지역과 관심 지역의 대체성을 평가하려면 각 지역이 가진 상황에 대한 많은 조사와 분석이 필요하다. 미래를 예측하는 일이기 때문이다. 따라서 앞서 설명한 몇 가지 중요 요인을 바탕으로 대체할 만한 지역을 찾거나, 아니면 발전 잠재력에 중점을 두고 지역을 선택하는 것이 효과적이다.

지역의 발전 잠재력은 주택을 매입할 때 필수적으로 고려할 사항이다. 이는 지역의 자연조건, 사회적 환경, 그리고 지역 성숙도 등에서 나타난다. 성숙도는 지역을 평가할 때 간과되는 경우가 많다. 겉으로 드러나는 사회적 환경이나 자연조건과 달리 성숙도는 지역의 내적 요인이며 파악이 어렵기 때문이다. 그렇지만 지역의 잠재력 측면에서 성숙도는 중요한 검토 대상이다.

자연조건에는 공원과 하천, 경관 등이 있으며, 이동 접근성을 생각해야 한다. 기후변화를 염두에 둘 때 재해 등도 고려할 필요가 있다. 대부분의 도시 주거지는 심각한 재해 리스크는 별로 없지만, 태풍이나 폭우가 쏟아질 때 도심의 물난리 등에서 알 수 있듯이 재해 가능성을 무시할 수는 없다. 지자체에서 제공하는 재해 지도 등을 살펴보면 지역의 재해 리스크를 알 수 있다.

교육여건은 지역의 사회적 환경을 결정하는 요인

사회적 환경에는 지역의 사회적 레벨, 교육여건을 우선 살펴볼 수 있다. 사회적 레벨을 보여주는 지표로는 지역 주민의 직업, 소득, 연령, 학력 등이 있다. 예를 들어 서초구의 법조타운 인근에 있는 아파트의 경우 법조 공무원이 다수 거주하면서 수요가 증가했으며, 강남에 있는 종합병원 주변에서 주택가격과 전셋값이 크게 오른 바 있다. 이런 양상은 앞으로도 계속 나타날 것이다.

교육여건은 지역의 사회적 환경을 결정하는 요인이다. 가구의 라이프 사이클에 따라 다르지만, 학생 자녀가 있는 가구는 교육이 필수적 요인이다. 개천에서 용이 나는 시대는 점차 사라지고 있다. 중국 고사에는 산서성(山西省)과 섬서성(陝西省) 사이의 협곡에 용문이라는 큰 폭포가 있고, 이 폭포를 거슬러 올라간 잉어는 용이 된다는 이야기가 있다. 어려운 환경에서 스스로 노력으로 성공한 사람을 가리키는 말이다. 그러나 이런 폭포는 점차 말라가고 있다.

사회가 발전하고 복잡해지면서 성공에는 뒷받침이 필요하다. 좋은 뒷받침을 제대로 하기 위해서는 교육여건이 중요하다. 오늘날 용이 날 수 있는 폭포는 교육에서 찾을 수 있다. 제주도의 인구가 증가한 시발점은 바로 국제학교였다. 국제학교가 개교되면서 자녀의 유학을 고려하던 학부모들이 제주 주택시장에 관심을 보이기 시작했고, 이는 제주도의 주택가격을 상승시키는 촉매제가 되었다.

교육여건에서 더욱 중요한 사실은 이런 지역에서 자란 학생들은 친구를 사귀면서 인적 네트워크를 가질 수 있다는 점이다. 사회생활을 하면서 네트워크는 매우 중요하다. 교육여건이 좋은 지역에서 자라면서 형성된 인적 자본은 자녀들이 살아가면서 탄탄한 자산이 될 것이다. 이처럼 교육여건은 자녀를 가진 사람들의 주거지 선택에서 중요한 기준이 된다.

교육 환경의 중요성을 강조한 '맹모삼천지교'

'맹모삼천지교(孟母三遷之敎)'라는 유명한 일화가 있다. 교육의 중요성을 강조하는 말이다. 중국 전한 때의 학자인 유향(劉向)이 쓴 《열녀전(列女傳)》에 나오는 이야기이다. 성선설로 알려진 맹자(孟子)를 길러낸 어머니의 교육열을 잘 보여준다. 맹자의 어머니는 처음에 공동묘지 근처에서 살고 있었다. 어린 맹자는 자라면서 주변에서 늘 보던 대로 상여 옮기는 흉내와 곡하는 흉내를 내면서 친구들과 놀았다. 이를 본 맹자 어머니는 아이의 교육에 좋지 않다고 걱정해 시장 근방으로 이사했다. 시장에서 맹자는 사람들이 장사하는 모습을 자주 보았고, 이번에는 상인이 장사하는 흉내를 내면서 친구들과 놀았다. 맹자의 어머니는 맹자가 장사꾼 놀이를 하는 행동은 아이의 교육에 올바르지 않은 환경 탓이라고 생각했다.

자식의 교육 환경이 중요하다고 생각한 맹자의 어머니는 공자를 모시는 문묘 근처로 세 번째로 이사했다. 그러자 맹자가 문묘에서 관원들의 예절을 따라 하면서 제례를 지내는 시늉을 하며 놀았다. 그리고 글을 읽고 공부하는 놀이에 관심을 가졌다. 맹자의 모습에 만족한 어머니는 그곳에서 계속 거주하였으며, 이후 맹자는 열심히 공부에 매진하고 대학자가 되었다.

'맹모단기지교(孟母斷機之敎)'라는 말도 있다. 공부에 지친 맹자가 학업을 중단하고 고향으로 돌아왔을 때, 맹자의 어머니가 짜던 베를 잘라서 학문을 중도에 그만둔 것을 훈계한 일을 가리키는 말이다. 조선의 명필인 석봉 한호에게 어머니가 했던 교훈과 통하는 이야기라고 할 수 있다. 석봉이 오랜 공부를 마치고 집으로 돌아왔을 때 석봉의 어머니가 등잔불을 끄고 떡을 썰면서 석봉에게 글씨를 쓰도록 했다. 불을 켜자 떡은 가지런히 썰어졌지만, 석봉의 글씨는 비뚤비뚤했다. 석봉이 다시 학업에 매진하게 했던 유명한 이야기이다.

교육여건, 지역 성숙도는 발전 잠재력을 판단하는 중요한 요소

이 이야기의 깊은 맥락을 들여다보면 단지 교육 환경이 좋은 곳에서 열심히 공부하는 데 그치지 않는다. 맹자는 문묘 주변에 있는 집에서 글을 읽고 공부하면서 학문에 뜻을 둔 많은 친구와 어울리고 사귈 수 있었다. 뛰어난 학자가 되는 데는 이런 교우 관계가 큰 힘이 되었을 것이다.

지역의 발전 잠재력에서 중요하게 여겨지는 교육여건은 단순히 공부하기 좋은 지역에 국한되지 않는다. 이들 지역에 있는 학교에 다니면서 얻는 교우 관계, 즉 네트워크는 사회에 나와서도 큰 도움이 된다. 자녀의 학업 성취와 함께 학교 생활을 바탕으로 만들어 가는 네트워크가 중요하다. 맹자의 어머니가 세 번씩이나 이사하면서 맹자에게 주려고 했던 내용은 공부하는 분위기뿐 아니라 좋은 교우 관계를 만드는 환경에서 자라도록 기회를 주는 데 있었다. 맹자가 이사 가지 않았다면 좋은 환경이 아닌 곳에서 혼자 열심히 공부했어도 뛰어난 학자로 인정받는 데는 한계가 있었을 것이다.

지역의 성숙도는 발전 잠재력을 판단하는 중요한 지표로 들 수 있다. 도시의 성장과 마찬가지로 도시를 구성하고 있는 개별 지역도 장기적으로 집중, 확대, 발전, 축소, 쇠퇴의 과정을 거친다. 간략히 표현하면 지역은 성장기, 성숙기, 쇠퇴기를 거치며, 지역의 선택에서 성장기에 있는 지역이 발전할 잠재력이 높다. 당연히 주거지의 선택은 성장기에 있는 지역에서 찾아야 할 것이다.

하나의 사례를 들어보자. 1990년대까지 수도권 남부에서 가장 큰 도시는 안양이었다. 하지만 구도심이 노후화되면서 지역 낙후는 물론이고 주민들도 나이가 들어 활력이 떨어지기 시작했다. 주변의 광명을 비롯해 의왕, 과천, 수원, 성남시에서는 테크노벨트 등을 조성해 신산업 유치에 총력을 기울였으나, 안양시는 제때 제대로 대응하지 못했다. 인구는 50만 명 남짓할 정도로 위축되었고 노인 비중이 높아졌다. 청년들은 직장을 따라 구시가지에서 이탈하는 추세이다. 지역이 쇠퇴기에 접어들면서 집값도 자연히 탄력성을 잃어버릴 수밖에 없다.

지역의 성숙 정도는 주민의 수, 주민 나이, 경제 활동이 활발한 중년층 비중, 초중고등학교의 학생, 인구 대비 학원의 수, 대학 진학률, 사업체 수, 주택 재고, 건축 연령 등에서 파악할 수 있다. 이들 정보를 개인이 일일이 직접 조사하고, 판단하기는 어렵다. 자신에게 중요한 몇 개 지표를 선정하고, 이들 지표에 관한 자료를 구청이나 주민센터 등에서 찾아보거나 담당 직원과 상담을 통해서 파악할 수 있다.

중년층 비중은 지역의 성장 가능성을 보여주는 핵심 지표

이런 정보 중에서 지역의 발전 잠재력을 보여주는 주요 지표로는 중년층 비중, 학원 수, 초등학교와 중학교의 학년별 학생 비중 등을 들 수 있다. 소득이 높은 지역은 주택가격이 비싸며, 비용의 부담도 높다. 이런 점에서 미래에 발전할 잠재력을 가진 지역을 찾는 일이 중요하다.

중년층 비중은 지역의 성장 가능성을 보여주는 핵심 지표로 활용할 필요가 있다. 먼저 소득이 높은 지역을 찾아보자.

통계청이 발표한 전국의 시군구 소득통계에는 서울과 경기도 지역이 대거 상위 순위에 들어 있다. 이 소득통계는 2021년 연말 정산 자료를 이용해 작성되었으므로 자산소득 등은 빠져 있다.

상위 10개 지역을 순서대로 살펴보면 서울의 강남구, 서초구, 용산구, 경기 과천시, 서울 송파구, 경기 성남시, 서울 성동구, 종로구, 마포구, 경기 용인시 등으로 생활환경 등이 뛰어난 지역이다. 서울의 중구, 양천구, 경기 화성시, 인천시 연수구와 서구 등도 순위가 높은 편이다. 지방 대도시에서는 대구 수성구, 대전 유성구, 울산 남구와 중구, 세종 등이며, 고층의 주상복합이 몰려 있는 부산 해운대구는 명성에 비해서 순위가 낮았

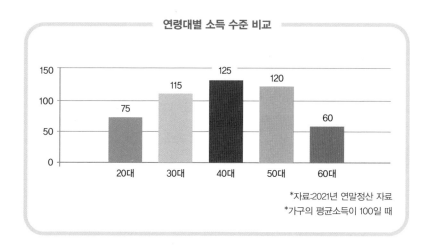

연령대별 소득 수준 비교

*자료:2021년 연말정산 자료
*가구의 평균소득이 100일 때

다. 이외 울산 북구와 중구, 서울 영등포구, 경기 수원, 충남 계룡도 소득
이 높은 지역으로 분류되고 있다.

소득통계는 근로소득으로 조사한 자료이므로 해당 지역의 정확한 소
득은 아니다. 그렇지만 거주 지역을 기준으로 소득을 산출했으므로 안정
적이며, 소비나 경제 활동으로 이어지는 비중이 높다.

특히 지역 발전에서 강조할 지표는 중년층 비중이다. 30대 후반에서
40대, 50대 전반의 연령층은 지역의 활력과 발전을 좌우하는 사람들이
다. 지역을 선택하는 지표에서 흔히 간과되고 있지만, 중년층이 차지하
는 비중은 중요하다. 개략적인 가구소득을 살펴보면 가구의 평균소득이
100일 때 20대는 75, 30대는 115, 40대는 125, 50대는 120, 60대 이상은
60으로 나타난다. 40대와 50대의 가구는 소득이 높고 소비와 투자 활동
이 활발하다. 이런 연령대가 많이 거주하는 지역은 활력이 높고 발전 가
능성이 있는 지역이다. 이런 정보는 지역의 구청 홈페이지 등에서 찾을
수 있다.

대체 가능성과 발전 잠재력을 기준으로 지역을 선정

국토연구원이 서울의 거주환경과 주택가격의 관계를 분석한 연구 결과는 발전 잠재력을 가진 지역을 찾는 일에서 참고할 수 있다. 이는 서울 고가주택의 군집 지역 455개, 저가주택의 군집 지역 1,025개를 선정해서 각 지역의 교통, 생활환경, 보건복지, 교육, 문화체육 등 거주환경을 조사한 자료로 주택가격 격차를 파악한 내용이다.

주택가격의 격차는 보건복지와 교육여건에서 뚜렷하게 나타났고, 문화체육에서도 차이가 있었다. 거주환경별로 살펴보면 병원은 고가주택 지역이 조금 많았으나, 인구당 병원은 고가주택 지역이 훨씬 많았다. 인구당 의사도 고가주택 지역과 저가주택 지역은 2배 넘게 차이가 났다. 중학교 학생의 특목고와 자사고 진학률도 양자 간에 격차가 심한 지표로 조사되었다. 공공도서관이나 체육시설에서도 많은 차이가 있었다. 교통환경 역시 고가주택 군집 지역과 저가주택 군집 지역 사이에 격차가 많이 있었다.

지역이 가진 대체 가능성과 발전 잠재력에 의한 지역의 선정을 다시 정리해 보자.

먼저 대체할 가능성을 가진 지역은 생활환경, 교육여건, 그리고 커뮤니티 형성 등을 파악해서 찾을 수 있다. 이런 방법으로 정리한 지역에서 자연조건, 문화, 교통 같은 사회적 환경, 지역 성숙도 같은 발전 잠재력을 평가하는 과정을 거치면 주택시장에서 관심을 가질 지역을 일단 선정할 수 있다. 이는 지역을 선정할 때 기본조건이다.

다음으로 일단 선정된 지역의 현실적 상황을 파악해야 한다. 기본 여건이나 잠재력이 좋아도 지역의 현 상태는 다를 수 있기 때문이다. 지역의 주택시장이 처해 있는 상황은 어떻게 판단할까. 이는 지역의 인구 변화, 주택 공급과 미분양 등의 수급 상황, 주택 거래비용 같은 매입 여건 등을 바탕으로 살펴볼 수 있다.

인구 증가와 산업 발전 가능성은 주택 선택의 중요한 기준이다

인구는 경제와 함께 주택시장에 영향을 주는 기본요인

주택시장에서 지역의 평가와 선택은 매우 중요하며, 충분한 사전 검토가 뒷받침되어야 한다. 주택은 한번 결정하면 이동이 쉽지 않고 장기간 거주하기 때문이다. 주택 거래에서 주요한 검토 사항은 지역의 인구, 산업, 향후 수급 상황, 전셋값과 매매가격의 동향 비교, 기타 보조지표 등이 있다.

먼저 인구 측면에서 지역을 어떻게 평가하고, 선택할지를 살펴보자. 인구는 경제와 함께 지역 성장을 이끌면서 주택시장에 영향을 주는 기본요인이다.

주택시장 속성과 미래의 모습에서 보듯이 시장의 차별화, 양극화, 그룹화는 꾸준히 진행된다. 여기에 인구 감소와 지역 집중이라는 이중성은 수도권 시장의 중요성을 더욱 높이고 있다.

통계청의 인구 및 가구를 전망한 자료에 의하면, 수도권 인구는 상당한 기간까지 감소하지 않으며, 총인구에서 차지하는 비중은 도리어 높아지고 있다. 수도권 인구는 주로 남부와 서부 지역 등지에 밀집할 것으로 보인다. 이는 테크노밸리 등 신산업 단지가 유치되면서 젊은 인력이 몰려들고 새로운 주거단지가 들어서기 때문이다.

인천 연수구와 경기도의 용인, 화성, 평택, 남양주, 시흥 그리고 수도권에 가까운 청주, 원주 등은 인구가 꾸준히 늘고 있다. 지방에서는 대전 유성구, 세종시, 울산 기업 밀집 지역, 광주 신개발 지역 등이 인구 증가 측면에서 강세를 보이는 지역이다. 특히 화성, 평택은 인구 증가율이 10%에 가까우며, 남양주와 시흥 등도 빠르게 성장하고 있다. 이들 지역의 가구 증가율은 10%를 넘는다.

경기 남부 지역에 있는 용인의 인구는 분당, 판교 등의 영향으로 계속 증가했다가 점차 안정 국면에 들어서고 있다. 화성은 반도체산업의 입지와 동탄신도시 개발에 힘입어 인구가 크게 증가해 100만 명을 넘어섰으며, 남양주도 다산과 별내 신도시의 개발에 따라 인구가 증가세를 유지하고 있다.

평택의 경우 경기도에서 인구의 증가가 가장 빠른 지역이다. 반도체 공장 등 좋은 일자리가 많이 생기면서 사람이 몰려들고 있다. 시흥은 대규모 택지 개발에 힘입어 인구가 늘어나는 지역이다. 이들 지역 이외에 수원, 고양, 성남, 부천, 광명 등도 인구와 가구가 일정한 수준을 유지하고 있다.

인구 증가는 지역의 활력과 지속적인 발전을 촉진

인구 증가는 지역의 활력을 가져오며, 지속적인 발전을 촉진한다. 다만 지역의 자생적 성장이 아니라 대규모 택지 개발에 따른 주택 공급으로 인구가 단기간에 증가한 지역은 지역 발전의 속도와 과정에서 차이가 있다. 주택 공급과 인구 유입으로 일차적인 성장을 이루지만, 해당 지역의 경제, 상업 등이 이차적인 활력을 가지려면 시간이 걸린다. 이런 지역의 경우 단기에 급속히 늘어난 인구가 경제와 사회 활동으로 점차 이어지면서 단계적인 지역 발전이 진행될 것이다. 소위 베드타운 지역은 일시적 인구 증가로 주택의 가치 상승이 생기지만, 자족도시의 기능을 갖추고 지속적인 인구 유입이 이루어져야 지역 생명력이 길게 간다.

인구와 함께 지역의 위치나 발전성 역시 지역 성장에 중요하다. 서울을 연결하는 길목인 과천, 수원 영통, 광명, 하남 등은 서울로 들어가는 통로라는 점에서 지역 자체의 성장과 함께 물류, 인구 이동에 따른 낙수효과를 기대할 수 있다. 분당, 일산, 평촌 같은 수도권 신도시 역시 지역의 중심이며, 스스로 발전할 자생력을 갖추고 있다는 점에서 유망한 지역이다.

이에 비해 지방의 경우 대부분 인구나 가구 증가율이 정체되거나 둔화하고 있다. 수도권에 가까운 청주는 여전히 인구가 증가하는 추세를 보이지만, 창원, 천안, 김해, 전주 등지의 도시는 인구가 정체되거나 약간 감소하는 상황이다. 이는 지역 간의 중력이 작용한 결과로 볼 수 있다. 이런 지역의 주택시장은 인구 같은 양적 측면이 아니라 다른 각도의 접근이 필요하다.

인구 변화에 따라 주택의 수요 역시 서울 생활권 그리고 수도권의 남부

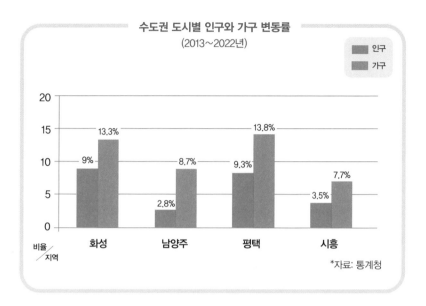

수도권 도시별 인구와 가구 변동률
(2013~2022년)

인구
가구

	화성	남양주	평택	시흥
인구	9%	2.8%	9.3%	3.5%
가구	13.3%	8.7%	13.8%	7.7%

비율/지역

*자료: 통계청

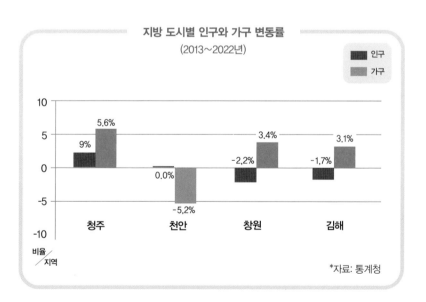

지방 도시별 인구와 가구 변동률
(2013~2022년)

인구
가구

	청주	천안	창원	김해
인구	9%	0.0%	-2.2%	-1.7%
가구	5.6%	-5.2%	3.4%	3.1%

비율/지역

*자료: 통계청

와 서부 지역을 중심으로 나타날 것이다. 이들 지역 중에서 주택가격과 소득에 의한 실질 구매력이 높고, 인구 증가와 지역 발전으로 주택의 잠재 가치가 높은 곳에서 시장은 활기를 보일 것이다. 세부 지역의 상황을 들여다보면 중요한 사실을 알 수 있다.

분당과 같은 시기에 건설된 일산은 장기적으로는 성장이 기대되지만, 주택가격은 분당에 비해서 낮은 편이다. 용인, 판교와 도시 집적을 바탕으로 발전하는 분당과 달리 일산은 주변 지역의 인구와 발전의 잠재력이 낮아 집적효과가 부족하다. 도시계획이나 생활환경에서 일산은 호수와 방사선 도로 건설 등으로 분당보다 우위를 보이지만 가격은 낮은 이유를 생각할 필요가 있다.

지역에서 산업이 발전하면 일자리 증가로 인구 유입

지역의 주택시장에 영향을 주는 다른 요인은 산업이다. 지역에서 산업이 발전하면 일자리가 늘어나고, 인구 유입을 가져와 주택 수요로 이어진다. 지역 성장을 촉진하는 대표적인 산업의 하나가 반도체산업이다. 반도체산업의 전략적 육성이 진행되는 상황에서 수도권 일대에서 추진되고 있는 반도체 클러스터 등은 지역시장의 선택에 중요한 역할을 할 것이다. 용인 기흥 지역이 대표적이다.

반도체산업은 여러 지역에서 추진되고 있으며, 용인에 반도체 클러스터 육성이 지정되면서 이들 지역은 인구가 늘어나고 주택 수요가 활발해질 것이다. 용인시 남사읍 일대의 아파트는 토지거래허가구역으로 묶여 있지만, 이미 가격이 크게 오른 바 있다.

수도권의 경우 성장관리권역의 주택시장이 유망하다. 경기 남부의 용인, 수원, 오산, 화성, 평택, 안성 등의 지역은 지속적인 발전이 기대된다. 또 수도권과 인접한 지역도 발전할 여력이 충분하다. 경기 북부에도 성장관리권역이 있지만, 발전에는 좀 더 시간이 걸릴 수도 있다. 지방의 경우 반도체를 비롯한 첨단산업, 특히 노동력이 필요한 산업을 전략적으로 육성하는 지역은 인구가 증가하고 주택시장은 활기를 띨 수 있다. 다만 첨단산업도 노동의존도가 낮은 산업은 주택시장에 기여도가 낮을 수 있다. 인력 유인력이 약하기 때문이다.

착공 · 미분양 통계와 전셋값 비중, 지역 선택의 지표로 활용하자

착공 통계를 사용하면 공급 예측의 오류를 최소화

주택시장에서 인구와 산업은 중장기지표이며, 현실적으로 지역은 단기지표의 영향을 많이 받는다. 이런 지표로는 수급 상황과 시장 변동이 있다.

첫째, 지역 선택의 지표로 공급 통계가 있다. 주택의 수급 변화에 관한 예측자료는 미래의 지역 상황을 미리 판단하는 중요한 정보 역할을 하고 있다. 주택 공급은 공급에 관한 통계 등을 통해서 파악할 수 있다. 국토교통부 국토통계포털사이트(kosis.kr)의 주택통계에서는 인허가 통계를 비롯한 각종 자료가 발표되고 있다.

주택 공급의 판단에는 착공 통계가 중요하다. 흔히 인허가 통계를 이용해서 2~3년 후의 주택 공급을 알 수 있고, 시장 상황을 판단할 때 중요한 지표라고 설명한다.

그러나 인허가가 주택 공급으로 이어지는 비중은 시장 상황에 따라 차이가 있으며, 편차도 상당히 심하다. 인허가에서 실제로 착공되는 비중은 70%를 웃도는 수준에 그친다. 인허가 통계를 이용해서 향후 주택 공급을 예상하면 판단의 잘못을 범할 수 있다. 자칫 수치에만 집중하면 착시현상을 일으킬 우려가 있다.

이에 비해 착공 통계를 사용하면 공급 예측의 오류를 최소화할 수 있으며, 향후 지역 주택시장의 수급을 파악하는 적절한 통계자료로 사용할 수 있다. 이외에 준공 통계도 작성되고 있지만, 이는 수급의 예측을 위한 지표로 사용하기는 어렵다. 다만 전월세 등 임대시장에서는 준공 물량 파악이 중요하기 때문에 주요 지표로 활용될 수 있을 것이다.

주택시장의 상승 국면이 마무리된 2022년 이후 주택경기가 침체하면서 공급은 크게 위축되었다. 전년과 비교해서 주택 인허가 실적은 35% 정도 감소했으며, 착공 통계는 무려 50%나 줄어들었다. 2022년 하반기부터 주택시장이 빠르게 위축되기 시작한 영향으로 보인다. 한편 준공 실적은 전년 대비 20%가 감소했다. 최근 연이어 발표한 주택시장 안정 대책에 힘입어 주택 공급은 점차 회복되고 있지만, 여전히 공급은 부족한 편이다. 특히 착공 통계에서 큰 폭의 감소는 주택시장의 수급 불안을 초래할 가능성이 있다.

이런 공급 감소는 금융 조달-부지 확보-인허가-시공-준공에 이르는 주택 공급 시스템의 한계에 원인이 있으며, 정상화까지는 시일이 걸릴 것이다. 또한 연 30~40만 가구의 공급이 필요하다는 점에서 기간까지 공급 감소의 후유증이 남을 수도 있다.

매매가격 대비 전셋값 비율의 흐름이 더욱 중요하다

둘째, 흔히 전셋값은 시장을 판단하는 지표라고 한다. 그렇지만 전셋값의 시장 흐름만 보아서는 판단의 오류를 범할 수 있다. 전셋값과 매매가격 비중, 즉 매매가격 대비 전셋값 비율의 흐름이 더욱 중요하다. 이 지표를 가지고 지역시장을 파악할 수 있다. 전셋값과 매매가격 비중은 금리지표와 함께 주택시장 흐름을 좌우하는 중요한 지표로 사용된다. 전셋값과 금리는 주택의 매입과 보유에 드는 비용에 직접 영향을 미치기 때문이다. 2010년대 중반 금리가 낮고 주택가격은 안정된 상태에서 전셋값이 계속 상승하자, 주택에 드는 비용은 크게 낮아졌고 수요를 자극하면서 가격이 상승했다.

주택시장이 안정되었던 2012년 말과 가격이 상승하기 시작한 2016년 말 아파트의 전셋값과 매매가격 비중의 변동을 지역별로 살펴보면 흥미로운 결과를 알 수 있다.

전국의 전셋값과 매매가격 비중은 63.3에서 74.0으로 17%가량 높아졌다. 그런데 지역별로는 큰 차이를 보였다. 서울을 비롯한 인천, 경기 등 수도권은 같은 기간 동안 30% 이상 상승했다. 이들 지역은 주택 비용이 줄어들고 시장에서 상승 압력이 크게 높아졌다. 이는 주택가격의 상승을 촉발했다. 그러나 지방 대도시나 시도 지역의 경우 비중이 거의 변하지 않았다. 자연 이들 지역에서는 가격 상승의 압력이 낮았다. 다만 대전, 충남 등은 비중이 10% 정도 상승했다.

이 비중의 변화는 2010년대 중반에 이미 수도권의 가격 상승과 지방의 안정이라는 주택시장 양극화가 강하게 진행될 것을 예측하고 있었다. 이는 주택시장에 접근하는 전략에서 매우 의미 있는 지표였다. 주택가격이 오를 가능성이 큰 지역과 그렇지 않을 지역을 판단하는 유용한 수치라 할 수 있다.

매매가격 대비 전셋값의 비중이 높아지는 지역은 주거 수요가 증가하고, 주택을 매입하려는 잠재 수요가 많아지고 있다는 것을 시사한다. 이런 흐름을 보이는 지역은 대표적인 저평가 지역이며, 주택 거래를 생각하는 사람에게 좋은 기회를 제공한다.

전세가 오르는 지역에서 주택 수요 유발해 가격 상승으로 연결

특히 전셋값 비중이 높지 않았다가 빠르게 올라가는 지역을 주목할 필요가 있다. 그 지역에서 거주하려는 사람이 많아진다는 의미이며, 주택의 매입으로 이어질 가능성이 높다는 뜻이다. 예를 들어 인천의 경우 이 비중이 2010년경 50에서 2017년에는 77까지 크게 높아졌으며, 대전은 65에서 75로 높아졌다. 이들 지역은 당시 주택시장의 상승 압력이 강해졌고, 매매시장이 활기를 띠면서 가격이 올랐다. 다만 매매가격 대비 전셋값의 비중이 원래 높았던 지역의 상황은 다르다. 따라서 전셋값 비중의 상승이라는 흐름이 중요하다.

전셋값, 즉 매매가격 대비 전셋값 비중의 상승이 주택 수요를 유발하고, 다시 가격의 상승으로 이어지는 시장의 흐름을 사례를 들어 다시 정리해 보자.

당시 전셋값 상승에 따라 서울 아파트에서 전세를 살았던 사람은 주택가격의 25% 정도만 추가로 부담하면 주택 매입이 가능했다. 금리는 여전히 낮았고, 추가 부담에 따른 비용은 크게 줄어들었다. 주택 매입의 부담, 즉 비용이 낮아지자, 사람들이 주택을 사는 데 관심을 쏟기 시작했다. 서울 등지에서는 매매가격 대비 전셋값 비중이 다른 지역보다 빠르게 올라가면서 시장의 수요를 자극하고 가격 상승을 촉발했다. 전국 평균 전셋값 비중도 57%에서 75%로 높아졌지만, 상승 폭은 18%로 서울 31%에 비해서는 적었다. 자연 주택을 매입하려는 자극은 약한 편이었다. 이런 점에서 시장에 관심을 가진 사람은 상승 폭이 큰 지역을 주의 깊게 살펴야 할 것이다.

해당 지역의 총가구와 비교한 미분양 통계가 중요

셋째, 지역 주택시장의 판단을 위해서는 추가로 몇 가지 지표를 살펴야 한다. 이런 지표로는 미분양 주택 호수, 입주 물량, 그리고 공공기관과 민간업체에서 발표하는 부동산통계 등이 있다. 미분양 주택과 입주 물량은 간단한 통계이며, 지역 주택시장의 판단에 자주 쓰인다. 미분양이 많으면 공급초과 상태이고, 미분양이 증가하면 수요가 약해졌다는 것이다.

다음 미분양 주택을 이용한 시장지표를 살펴보자. 미분양된 주택의 수는 2024년 초에 전국 7만 2,000호, 수도권 1만 4,000호, 지방은 5만 7,000호에 달하고 있다. 지역별로 살펴보면 미분양이 심하다고 알려진 대구 1만 호, 경북은 9,000호로 전국 미분양의 4분의 1이 이들 지역에서 발생했다.

그런데 단순히 지역별 미분양을 비교해서는 지역 주택시장의 수급 상황을 판단하기 어렵다. 해당 지역의 총가구와 비교한 미분양 통계가 중요하다. 이때 1만 가구당 미분양 주택 수는 수급 상황을 자세히 보여주는 지표로 사용할 수 있다. 이 지표의 전국 평균은 30호 정도이며, 수도권은 15호에 그친다. 반면 대구는 90호, 경북은 75호로 전국 평균의 3배에 가까운 수준이다. 그만큼 이들 지역은 수급 상태에 따른 주택시장 상황이 좋지 않다는 것이다.

미분양 지표를 이용할 때는 주의할 점이 있다. 미분양 주택이 감소하는 지역을 흔히 유망 지역으로 추천하지만, 미분양을 가지고 지역의 수급 상황, 특히 미래에 나타날 주택시장 흐름을 파악하기는 어렵다. 주택을 공급할 여력이 많은 지역은 미분양이 감소하면 언제라도 주택이 공급되고, 다시 미분양이 증가하는 상황이 나타날 것이다. 더구나 미분양 통계는 각 주택업체가 제대로 자료를 내지 않으면 허수가 될 수도 있다. 해당 지역에서 분양하는 업체의 입장은 분양이 제대로 되어야 미분양이 조기에 소진될 수 있다는 점에서 정확한 자료를 제대로 알리지 않을 수도 있다.

미분양 통계는 주택시장에서 후행지표의 성격이 강하다

지역시장의 판단에서 미분양 지표는 신중하게 사용할 필요가 있다. 주택시장이 수도권을 중심으로 강한 상승을 보였던 2020년을 전후한 지방 대도시의 상황을 살펴보자. 주택경기가 살아나자 이들 지역에 쌓여 있던 미분양이 줄어들고 가격이 상승했지만, 얼마 지나지 않아서 다시 가격은 하락했다. 공급의 증가가 우려되었기 때문이다. 2021년 미분양은 수도권 1,509호, 지방은 16,201호에 그쳤지만, 시장이 침체하자 불과 2년 사이에 미분양은 7만 호로 큰 폭 증가했다. 대구의 경우 미분양이 2,000호 수준에서 1만 호를 넘어섰으며, 인천, 경기, 충북, 충남, 전북 등에서도 크게 증가했다.

미분양은 주택시장에서 후행지표의 성격이 강하다. 어떤 경우에는 시장의 마무리를 시사하기도 한다. 미분양은 시장을 예측하는 판단지표로 사용하기에는 한계가 있다. 미분양은 어디까지나 보조적 후행지표로 사용해야 할 것이다.

입주 물량도 지역시장을 판단하는 보조지표로 사용

입주 물량도 지역시장을 판단하는 보조지표로 사용되고 있다. 착공 통계를 이용하면 2~3년 후의 입주 물량을 알 수 있고, 준공 통계는 현재 시점의 입주 물량을 파악할 수 있다.

입주 물량은 임차시장에서 주로 영향을 미친다. 세를 들려는 주택을 구하거나 전셋값 흐름을 파악하는 지표 역할을 한다. 입주 물량을 보여주는 통계로는 지자체 자료, 민간업체인 부동산 지인, 호갱노노 등에서 찾을 수 있다. 서울시는 지역 주민의 주택 매입과 이사 준비를 지원하기 위해 향후 2년간 입주가 예정된 아파트의 정보를 6개월마다 보완해서 제공한다. 이 자료는 서울시 누리집에서 분야별 정보로 들어가서 찾을 수 있다. 경기도를 비롯해 지자체와 주택건설협회 등에서도 관련 통계를 공표하고 있다.

지역 주택시장을 판단하는 유용성은 해당 지역에 관한 통계자료나 정보를 최대한 활용하는 것이다. 시장 판단에서 전문가나 업계 종사자의 의견에만 의존해서는 정확한 판단이 어렵다. 분위기에 휩싸이면 자칫 실수할 수도 있다. 공공 부문이나 민간업체에서 다양한 객관적인 정보를 제공하고 있으며, 참고할 만한 좋은 자료를 찾을 수 있다.

최근 유튜브가 활성화되면서 부동산 관련 정보를 제공하는 창구가 급증하고 있다. 경제신문 등 언론매체의 뉴스나 분석 기사 등도 매일 쏟아져 나온다. 물론 해당 채널이나 매체, 그리고 전문가, 기자 등에 대한 신뢰성 검증이 필수이다. 자칫 호도되어 투자에 실패를 볼 수도 있다. 분별력을 가지는 게 중요하다. 이런 정보를 활용하는 능력은 자기중심의 의사결정에 많은 도움을 준다.

What

· 4장 ·

무엇이
좋은 주택인가?

주택시장에서 물고기를 잡는 방법을 터득하라

주택시장은 때때로 태풍과 지진 같은 상황을 겪는다. 태풍인가 지진인가에 따라 시장을 보는 눈은 달라져야 한다. 시장의 판단 기준은 임대차 시장, 거래량, 가격, 과거 사례 등이 있다. 주택시장에서 성과를 얻으려면 물고기를 잡는 방법을 터득해야 한다. 물고기를 낚는 타이밍과 방법, 그리고 무엇을 잡을 것인가를 판단해야 한다.

좋은 주택이란 자기에게 가치와 만족이 높은 주택이다. 내게 중요한 효용을 많이 가진 주택을 찾아야 한다. 특히 외부효과는 주택의 미래가치를 높여준다는 점에서 중요하다. 신혼부부 등 청년들이 내 집을 마련하기 위한 여건은 좋아지고 있다. 공급이 늘어날 뿐만 아니라 분양을 받기 위한 자격 기준도 크게 완화되는 추세이다. 주택시장을 둘러싼 상황을 잘 살피고 기회를 잡아야 한다.

금융위기는 주택시장에 태풍,
IMF 사태는 지진의 충격이었다

주택시장이 상승 조짐을 보이기 시작했던 2016년의 상황을 살펴보자. 금리는 2% 전후로 낮았으며, 주택을 사고 보유하는 데 드는 비용은 크게 줄어들었다. 전셋값은 몇 년 동안 꾸준히 상승했고, 주택가격은 별로 오르지 못했거나 도리어 소폭 하락했다. 이에 따라 주택가격 대비 전셋값 비중은 75%까지 높아져 매입에 따른 상대적 부담은 더욱 줄어들었다. 당연히 주택시장에는 좋은 여건이 형성되었다. 시장의 상승 압력은 점점 강해졌다.

그때 대출을 포함해서 주택을 매입한 사람은 가격 상승에 힘입어 자산이 빠르게 증가했다. 최근의 상황을 고려해도 마찬가지이다. 이에 비해 주택 구매를 망설이다가 계속 전세로 거주했던 사람의 성과는 어땠을까.

이 자금을 주식이나 채권 같은 다른 곳에 투자했더라도 수익은 그다지 높지 않았다. 주택을 매입한 사람과 그렇지 못한 사람의 자산 격차는 계속 벌어졌다. 주택의 소유 여부가 경제력과 생활을 좌우하는 상황이 되었다.

당시 주변에서 주택을 사는 사람이 많아졌고, 가격이 점차 오르자 언론이나 전문가 등에서 주택을 사라는 주장이 나왔다. 물론 반대 의견도 있었다. 그런데 사람들은 왜 주택 매입을 망설였을까. 자신의 판단 기준을 갖지 못했고, 확신이 없었기 때문이다. 망설이는 행동과 신중함은 다르다. 주택을 사거나 팔 때는 이것저것 생각해 보고, 가능한 많은 정보와 지식을 구해서 좋은 결과를 얻으려고 노력한다. 실행은 스스로 판단할 때 추진력을 가진다.

경제의 어려움과 저성장 지속은 시장에 악재로 작용

주택시장의 상황을 다시 정리해 보자. 시장은 아직 혼란스럽다. 금융시장 여건이 불안정하고, 경제 회복의 지연, 물가 상승 등 시장의 부정적 요소가 남아 있다. 여전히 많은 미분양 주택, 불안한 PF의 금융시장 리스크도 남아 있다. 반면 서울을 중심으로 아파트 가격은 빠르게 상승하고 있다. 시장 불안을 우려한 정책당국은 규제를 푸는 한편, 시장 안정 대책도 발표했다. 민간 임대를 비롯한 임대주택 공급을 확대하고, 공급 부족 우려를 진정시키기 위해 수도권 등지의 공급 확대를 추진하는 강력한 대책도 내놓고 있다.

주택시장은 당분간 침체를 벗어나기 어렵고, 더 떨어진다고 주장하는 사람도 있다. 물론 지난해처럼 폭락을 주장하는 경우는 별로 없다. 내수를 비롯해 경제의 어려움과 저성장 지속은 시장에 악재로 작용하고 있다. KB 주택가격지수 상으로 80% 이상 올랐던 서울 아파트의 가격은 큰 폭 하락했다가 빠르게 회복되었지만, 지역에 따라 시장의 흐름은 차이가 심하다. 시장 전체를 볼 때는 충분히 조정을 받았는지에 대해 기간과 가격 측면에서 불확실하다. 주택시장이 어떻게 움직일지 모르는 상황에서 섣불리 판단하기 어렵다.

반면에 가격 하락을 기회로 좀 더 환경이 좋고 가치 높은 주택을 구하려는 갈아타기 수요, 그리고 시장 호황 시에 주택을 사지 못했던 청년층의 구매 욕구는 강해지고 있다. 사람들이 느끼는 이런 혼란은 시장 상황의 판단이 어렵기 때문이다.

주택시장의 혼란은 기회를 잡을 수 있는 좋은 여건이다

태풍과 지진이라는 관점에서 주택시장을 판단해 보자. 위기는 기회라는 말이 있다. 혼란 역시 마찬가지이다. 어떤 면에서 혼란은 기회를 잡을 수 있는 좋은 여건이다. 성공한 사람들은 혼란 속에서 기회를 잡았던 많은 사례가 있다. 이는 주택시장에서도 찾을 수 있다. 서울 목동 아파트를 비롯해 강남 타워팰리스, 반포 레미안퍼스티지 등 고가의 아파트 역시 한때 미분양으로 외면받았지만, 혼란에서 기회를 잡은 투자자에게 부를 가져다준 상품이었다.

합리적 판단을 위한 자신의 기준을 가지고 행동한다면 혼란에서도 좋은 기회를 가질 수 있다. 주택시장에서 사용할 수 있는 판단 기준은 전셋값 동향, 주택 매입비용, 거래량, 과거 사례 등이 있다.

첫 번째 생각할 지표는 임대차 시장의 동향이다. 전셋값은 주택가격보다 선행하며, 전셋값을 보면 시장 동향을 알 수 있다는 주장이 있다. 사례를 살펴보자. 2010년 말부터 전셋값은 상승하는 흐름을 보였고, 2013년에 접어들면서 상승세가 뚜렷해졌다. 주택가격도 2016년부터 오르기 시작했다, 상당한 시차는 있었지만, 전셋값이 주택가격을 선행하는 양상을 보였다. 전셋값 상승으로 주거비 부담이 늘어나자, 사람들은 임차보다 주택의 보유가 상대적으로 유리하다고 생각했다. 주택가격과 전셋값의 차액을 투자해 주택을 매입하는 '갭(Gap) 투자'라는 용어가 본격 등장한 것도 이때부터다.

그렇지만 전셋값이 주택가격을 선행하는 관계가 늘 작용하지는 않는다. 그렇지 않은 경우도 많으며, 전셋값이 올라도 경제나 금융 같은 다른 여건이 뒷받침되지 않으면 주택가격은 별로 움직이지 않는다. 2010년부터 전셋값이 올랐지만, 막상 주택가격은 한참 시간이 지난 후에 상승하기 시작했다. 이처럼 주택시장의 침체 국면에는 전셋값이 주택가격을 선행하는 관계가 뚜렷하지 않다. 시장의 침체에도 전셋값은 꾸준히 상승하는 추세를 보이기 때문이다. 이때 고려할 중요한 지표가 매매가격 대비 전셋값의 비중이다.

주택 거래량은 시장에서 가격 변화를 예고하는 선행지표

두 번째는 시장에서 가격의 바닥을 찾는 행동이 최선의 전략은 아니라는 점이다. 누구나 당연히 가장 낮은 가격에 주택을 사고 싶어 한다. 그러나 가격이 언제 바닥인지 알기는 힘들다. 바닥은 지나고 나서야 확인되기 때문이다. 바닥을 기다리다가 자칫 기회를 놓칠 수도 있다. 가격 이외의 다른 판단 기준을 함께 고려해야 한다. 예를 들어 주택 매입이나 보유에 드는 비용이 어떻게 변하고 있으며, 얼마나 되는지를 검토하는 방법이 있다. 비용에 대한 판단은 주택시장에서 성과를 얻는 매우 효과적인 전략이다.

세 번째 기준은 주택의 거래량이다. 흔히 가격은 거래량의 그림자라고 말한다. 주택을 사거나 팔려는 사람이 많아지면 거래가 증가하고 가격이 오르내린다. 거래량은 시장에서 가격 변화를 불러오는 선행지표로 알려져 있다. 시장의 변화를 예상해 사고파는 수요가 많아지기 때문이다. 그렇지만 늘 그런 것은 아니다. 거래량과 가격은 서로 영향을 미치지만, 거래량이 언제나 선행지표 역할을 하지는 않는다. 거래량 증가가 가격의 하락으로 이어질 때도 있다. 또 거래량이 변동해도 다른 여건이 따르지 않으면 시장이 움직이지 않는 경우도 많다.

거래 위축은 시장 회복의 걸림돌이다. 규제 완화와 특례보금자리론 같은 대출 지원에 힘입어 서울 등 일부 지역에서 거래가 늘어났지만, 그 이외의 지역에는 여전히 위축되어 있다. 거래의 위축은 주택시장의 동맥경화 현상을 가져온다. 주택의 거래는 연속적이다. 매매든 전세든 살던 집이 거래되어야 움직일 수 있다. 거래 경색은 시장의 안정과 정상화에 큰 걸림돌이다. 주택시장의 정상화는 거래 위축이라는 동맥경화의 해소에 달려 있다.

지금 주택시장의 상황은 지진일까, 아니면 태풍일까?

시장의 판단이 어려울 때는 과거 사례를 살펴보는 것도 좋은 방법이다. 이는 네 번째 기준으로 활용할 수 있다. 지난 30여 년 동안 주택시장은 1997년 IMF 사태, 2008년 글로벌 금융위기의 충격을 겪었다. IMF 사태 당시 한국은 혼란과 충격에 빠졌으며, 주택시장도 크게 흔들렸다.

기업 도산과 실업, 천정부지로 치솟은 금리는 주택가격과 전셋값의 폭락을 가져왔다. 1년도 되지 않은 사이에 주택가격은 15%가 하락했으며, 서울 지역 아파트는 18% 가까이 떨어졌다. 전셋값도 전국 23%, 서울은 32%가 떨어지는 폭락을 보였다. 수도권 시장도 충격을 벗어나지 못했다. 경기도의 용인 수지지구를 비롯해 동백, 구성, 수원 영통, 오산 운암지구 등은 분양가를 수천만 원씩이나 밑도는 마이너스 프리미엄이 속출했고 미분양이 줄을 이었다.

그러나 얼마 지나지 않아 극적인 반전이 나타났다. 강력한 구조조정과 부양 대책에 힘입어 경제가 회복되고 금리가 급격하게 하락하자, 주택시장은 1년여 만에 빠르게 회복되었다. 2000년에는 주택가격과 전셋값이 사태 이전의 수준으로 올라갔다. 20%를 넘었던 회사채 금리는 2010년 전후해 사상 초유인 5% 이하로 낮아졌다. 이는 주택시장의 10년 가까운 호황을 가져온 배경으로 작용했다.

IMF 사태가 지나고 10년 후에는 글로벌 금융위기가 터졌다. 서브프라임 사태로 알려진 미국의 금융 혼란은 주택가격 하락이 서브프라임 대출의 부실을 가져오고, 여기에 투자했던 베어스턴스의 파산에 이어 리먼브라더스 도산까지 도미노 현상을 보이면서 글로벌 금융위기를 초래했다. 한국도 영향을 받아 미분양 주택이 증가하고 주택시장도 위축되었다. 그러나 IMF 사태와 달리 외부에서 발생한 원인이었던 만큼 시장은 일시 흔들렸지만 큰 충격을 받지는 않았다.

IMF 사태와 글로벌 금융위기는 지진과 태풍에 비유할 수 있다. 주택시장의 상황은 지진일까, 태풍일까. 지진이라면 큰 충격을 받고 회복에 시간이 걸리겠지만, 태풍으로 흔들리고 있다면 태풍이 지난 후에 시장은 안정을 찾을 것이다. 지진의 충격을 받았던 IMF 사태와 달리 글로벌 금융위기의 주택시장은 태풍 정도였다.

얼마 전, 가격 하락의 배경은 금리 급등이라는 태풍이다. 금리의 급등과 함께 가격이 많이 올랐다는 인식은 수요를 위축시켜 시장 침체를 가져왔다. 주택 매입을 고민했던 사람은 결정을 미루었고, 시장이 호황일 때 많은 대출을 받은 사람은 높은 금융비용으로 곤란을 겪었다. 그런데 주택시장에 몰아친 태풍은 피해는 좀 남겠지만 지나가기 마련이다. 현재 주택시장은 태풍이 점차 지나가는 상황으로 보인다. 이는 시장 판단에서 핵심적인 포인트라고 할 수 있다.

앞이 깜깜한 주택시장의
위기와 혼란에서 기회를 잡아라

로스차일드 가문이 영국의 승전보를 먼저 알아내 과감한 투자

주택시장이 처한 상황은 혼란스럽다. 2024년 들어 서울 등 일부 지역의 아파트는 가격이 빠르게 오르고 있다. 그러나 여전히 떨어지는 지역도 많다. 전셋값은 계속 상승하고 있다. 판단이 어려운 상황이다. 시장이 호황일 때 매입하지 못했던 사람들은 가격이 낮아진 주택을 사려고 하지만, 더 떨어질지 모른다는 불안감도 여전하다.

시장의 혼란은 기회를 준다. 흔히 위기는 기회라고 말하지만, 사실 기회는 혼란에서 많이 나타난다. 혼란은 성공을 위한 좋은 기회이며, 한 단계 도약할 수도 있다. 물론 위기에서 기회를 잡기가 쉽지는 않다. 혼란 속에서 성공의 기회를 얻은 사례를 찾아보자.

영국과 프로이센의 연합국과 나폴레옹의 프랑스가 벨기에 워털루에서 격돌했을 때 영국 금융시장은 혼란과 패닉 상태에 빠져 있었다. 나폴레옹이 승리한다면 영국은 고립된 채 큰 고통을 받을 것이라는 생각이 퍼져 있었다.

워털루 전쟁에서 처음에는 프랑스가 우세했지만. 결국은 연합국이 나폴레옹의 프랑스를 격파하고 승리를 거두었다. 이 소식을 가장 먼저 알아낸 곳은 저 유명한 로스차일드 가문(Rothschild family)이었다.

이 가문은 금융업의 달인답게 다른 사람들이 여전히 불안으로 흔들리고 있을 때, 금융시장에서 막대한 이익을 얻고 오늘날 로스차일드 가문의 기반을 마련했다.

세계 최고의 금융 부자인 로스차일드 가문은 이렇게 혼란 속에서도 부를 획득할 기회를 찾았다. 한편 이들은 국제적인 정보에도 아주 민감했다. 그래서 연합국이 전쟁에서 승리했다는 소식도 비둘기를 통해 받았다고 한다.

그들은 전쟁터 근방에 심복을 대기시켜 전쟁의 결과를 바로바로 비둘기에게 전언하도록 한 것이다. 다른 사람들이 막연히 전쟁이 돌아가는 소식을 기다리는 동안 로스차일드 가문은 자신들만의 정보통으로 승리의 소식을 먼저 듣고 과감한 투자를 해서 큰 성공을 거둔 것이다.

물론 조금 다른 이야기도 있다. 비둘기를 통해서 승전 소식을 들은 영국 정부가 사실을 확인하느라 시간을 지체하는 동안, 이 모습을 지켜본 로스차일드가의 사람들은 주식시장과 채권시장에서 과감한 투자로 사람들을 혼란에 빠뜨렸다는 것이다. 또한 이를 본 사람들이 전쟁에서 졌다고 생각하고 우왕좌왕하는 혼란을 이용해서 그들은 더 큰 이익을 챙길 수 있었다는 것이다.

IMF 사태의 위기는 주택시장의 기회였다

주택시장에서 위기와 혼란으로 기회를 잡았던 사례를 들어보자. IMF 사태가 터졌을 때 경제 사회 전반이 크게 휘청거렸고, 주택시장 역시 폭락을 면하지 못했다. 서울 아파트는 1년 사이에 17% 하락했고, 전셋값은 30%나 떨어졌다. 자산가치 하락은 물론 월급도 크게 깎이는 등 그야말로 대혼돈의 시대였다. 다들 주택을 팔지 못해 걱정했고 매물은 쌓여갔다. 주택시장에는 비관적인 전망이 넘쳤다.

그러나 혼란스러운 상황을 좋은 기회라고 판단한 움직임이 일부에서 나타났다. 가격이 크게 떨어진 시장을 좋은 기회라고 생각한 사람들은 소형 아파트를 중심으로 주택을 매입했다. 여러 채를 매입한 사람도 있었다. 대출이나 전세를 이용하면 비용 부담도 높지 않았다. 입주를 앞둔 용인권의 아파트는 분양권 인수 계약서만 작성하면 명의 이전이 가능할 정도였다.

시간이 지나자 경제가 안정되고 외환위기를 극복하면서 시장금리는 10% 이하로 크게 낮아졌다. 대출금리는 계속 떨어져 금융비용이 크게 줄어들었다. 2~3년이 지나자 주택가격과 전셋값은 빠르게 올랐다. 많은 사람이 IMF 사태 이후 L자형의 완만한 회복을 예상했으나, 주택시장은 V자형의 강한 반등을 보였다. 당시 강남 지역이나 수도권 등에서 과감하게 아파트를 매입했던 사람은 큰 이익을 얻었다. 레버리지를 활용했다면 수익은 훨씬 높았을 것이다. 시장의 위기와 혼란에서 기회를 찾고, 또 상응하는 성과를 이룬 사례로 생각할 수 있다.

강남 일대의 재건축 투자도 비슷한 사례로 들 수 있다. 2010년대 초반 주택경기가 바닥일 때 재건축 투자에 나선 투자자는 이후 집값이 오르면서 자산이 크게 불어났다.

이처럼 위기나 혼란 속에서는 늘 기회가 발생한다. 일상적인 시각으로는 찾기가 어려울 뿐이다. 이런 기회를 얼마나 빠르게 찾고 어떻게 성과를 만들 수 있는지가 관건이다. 정확한 결정을 하려면 결단력과 함께 몇 가지 합리적 판단 기준이 필요하다. 2010년대 중반 이후 서울 아파트시장을 대상으로 여러 가지 판단 기준을 적용했을 때, 시장 분석에서 어떤 효과를 얻을 수 있었는지 정리해 보자. 이는 혼란에서 기회를 찾기 위한 접근이다.

전셋값은 가격 상승의 필요조건이지 충분조건은 아니다

첫째, 2010년 중반까지 주택가격의 꾸준한 상승에도 불구하고 장기추세와 시장가격의 격차는 대체로 2~3%를 유지해서 과열 상태는 아니었다. 장기추세는 5장에서 다시 설명한다. 그러나 가격이 계속 상승하면서 2020년에는 격차가 심해졌고, 이런 상태가 1년 반이나 이어졌다. 이는 주택시장의 과열이 누적되었다는 것을 보여준다. 2022년 하반기에 접어들자, 과열의 영향으로 가격이 크게 떨어지고 시장은 급속히 냉각되었다. 이처럼 양자의 격차 심화는 시장 변동의 시그널이다. 다가올 시장을 전망하는 중요한 판단 근거인 셈이다.

둘째, 전셋값은 2013년 하반기부터 2015년 상반기까지 17%가 상승했다. 이에 비해 주택가격은 거의 오르지 않았고, 전세 거주자의 상대적인 부담은 계속 높아졌다. 주택을 사려는 수요가 늘어났고 주택가격이 오르기 시작했다. 전셋값 상승과 전세 비용 부담의 증가는 주택가격 상승을 부추겼다. 다만 누구이 말했듯이 전셋값은 가격 상승의 필요조건이지 충분조건은 아니다. 금리 상승이나 공급과잉 등 주택시장의 요인이 좋지 않은 방향으로 작용한다면 전셋값의 상승이 매매가격 상승으로 이어지기는 어렵다.

셋째, 금리는 2015년 들어 2% 대로 낮아졌으며, 이런 상황이 상당 기간 유지되었다. 낮은 금리는 주택의 수요와 가격 상승을 자극했다. 주택 가격이 계속 올라가자, 시장을 안정시키기 위해 20여 차례에 걸친 시장 대책이 연이어 시행되었다. 그러나 낮은 금리에 기반하는 금융의 힘과 기대심리에 의한 가격 상승을 막지는 못했다. 낮은 금리는 주택 매입과 보유의 비용을 줄이고, 기회비용에도 영향을 미치므로 사람들이 주택을 소유하도록 만들었다.

주택시장의 변동을 판단하는 선행지표는 가격과 추세의 격차, 전셋값 동향, 금리 변동, 거래량 등이다. 이들 지표를 활용하려면 높은 곳에서 살펴야 한다. 땅 위에서는 기회가 제대로 보이지 않는다. 뉴턴의 말처럼 거인의 어깨에 올라서면 시장의 중장기추세 같은 선행지표를 잘 살필 수 있다. 달리 말하면 중장기추세를 보는 일은 거인의 어깨에 올라서서 시장을 판단하는 행동이다.

주택시장 판단의 두 가지 어려움은 지역과 시점이다

지금 주택시장은 어떤 상황에 놓여 있을까. 선행지표를 살펴보면 시장 가격과 중장기추세는 어느 정도 격차가 나타났으며, 수도권 등지의 전셋값은 꾸준히 상승하고 있다. 금리는 하락한다는 예상이 많아졌다. 물론 시장 전체를 보면 시그널이 뚜렷하지 않지만, 지역별로는 상승 시그널을 보이고 있다.

주택시장이 상승 국면을 보이려면 시간이 필요하며, 상당 기간 더 하락할 것이라는 주장도 나오고 있다. 얼마 전까지는 가격이 크게 떨어질 수밖에 없고, 집을 사는 결정은 나중에 하라는 견해도 강했다. 반면 시장의 선행지표 움직임과 공급 감소 등을 생각할 때 지역에 따라 차이는 있겠지만, 상승한다는 의견도 있다. 어디가 바닥인지 언제까지 조정할지 판단이 쉽지 않다. 주택시장이 본격 상승 국면에 들어서려면 당연히 가격과 기간 조정은 필요하다. 과거 사례를 보아도 크게 상승했던 시장이 조정 후에 다시 상승하려면 시간이 걸렸다.

그러나 이런 판단은 지역, 계층, 유형 등에서 구조적 변화가 진행되고 있는 주택시장을 간과한 결과이다. 앞으로 나타날 주택시장에서는 돋보기를 가지고 나무와 숲을 확실하게 구분해 살필 필요가 있다. 양극화와 맞물리면서 지역시장은 상승 국면이 나올 수 있다. 현재 서울 강남 지역의 움직임과 수도권 일부의 상승은 이런 결과로 보인다.

주택 거래를 판단할 때 흔히 두 가지 잘못을 겪는다. 하나는 지역시장은 서로 다른 흐름을 보인다는 점을 간과하는 것이다. 지역의 세부시장은 전국 흐름과 관계없이 수급과 호재에 따라 다르게 나타날 수 있다. 예를 들어 전반적인 시장의 하락 국면에서도 동탄신도시의 역세권 같은 지역은 지속적으로 상승하는 사례도 있었다.

다른 하나는 거래하는 시점의 판단이다. 시장의 바닥 또는 상승 직전에 주택을 사려는 행동이다. 주택을 매입하고 나서 시장이 상승 국면에 들어서면 당연히 좋은 결과를 얻는다. 그러나 이런 접근으로는 기회를 잡을 수 없다. 시장을 바라보는 시각과 판단을 과감하게 바꿀 필요가 있다.

특히 조정이 마무리되고 상승할 때를 기다리는 생각에 묶여 있을 필요는 없다. 바닥에서 사려고 생각하다가 시기를 놓치는 경우가 흔하다. 발전할 여력이나 잠재력이 크면 시장 혼란이 마무리되기 전에라도 과감히 시장에 들어가는 행동이 필요하다. 상승 국면 이전에 시장이 혼란을 충분히 벗어나지 않은 상황에서도 기회는 있다. 시각을 달리하면 기회를 찾을 수 있다.

주택 매입에는 금융비용, 거주 비용, 기회비용이 있다

앞에서 말했듯이, 가격이 바닥까지 떨어지기를 기다리는 것은 합리적 행동이 아니다. 가격이 아닌 다른 판단이 필요하다. 시장 판단에 대한 기준의 하나는 비용이다. 주택 매입과 소유의 비용은 금융비용, 거주 비용, 기회비용이 있다. 가격이 아니라 비용이 낮을 때를 선택해 행동하는 방법이다.

비용의 관점은 주택사업을 비롯한 비즈니스에도 적용된다. 주택 비즈니스에서 비용은 두 가지 관점에서 성과와 직결된다. 하나는 판매 활동이다. 주택 매입의 비용이 낮으면 시장에서 수요가 늘어나므로 분양이 잘 되고 매출이 증가한다. 저분양가 전략으로 분양을 조기에 완료하는 것 등이 대표적 사례이다. 이는 브랜드 이미지가 높아질 뿐 아니라, 다른 분양 사업에도 긍정적 영향을 미친다.

다른 하나는 생산비용이다. 이는 주택 비즈니스의 관점이다. 앞에서 설명한 주택 매입에 드는 비용과 조금 다른 개념이다. 예컨대 조기에 분양이 완료되면 대출에 따른 금융 부담이 줄어들어 생산비용이 낮아진다.

언제쯤 주택시장이 움직일지, 가격이 얼마나 오르거나 떨어질지를 놓고 많은 매체나 전문가의 다양한 견해가 나오고 있다. 그러나 실제 행동에서는 자신의 판단이 가장 중요하다. 혼란한 시장에서는 전문가의 견해도 오류가 생길 수밖에 없다. 다른 사람의 의견을 듣고 행동해도 결과의 책임은 자신이 진다. 자신의 확고한 판단 기준과 행동, 예를 들면 남들이 겉으로 드러나는 가격 동향을 살펴볼 때 자신은 시장의 내면 움직임을 보여주는 비용이란 관점을 가지고 시장을 판단하는 자세가 중요하다.

주택에 대한 판단과 의사결정은 물속의 물고기를 잡는 일이다

물고기 잡는 법을 배우고, 좋은 낚시도구를 장만하라

시장이 혼란한 시기에는 자신의 판단 능력이 중요하다. 남의 말은 참고는 되지만, 자칫 충동적인 행동을 할 리스크도 있다. 게다가 결과에는 아무도 책임을 지지 않는다. 합리적 판단을 할 수 있는 자신의 기준을 세우고 객관적으로 시장의 과거, 현재, 미래를 살펴보아야 한다. 이런 기준은 어떻게 만들 수 있을까. 이는 내 집 마련이나 주택투자, 주택 비즈니스의 성과를 좌우한다.

주택에 대한 의사결정은 흔히 물고기 잡는 일에 비유한다. 물고기는 물속에 있다. 밖에서는 잘 보이지 않는다. 좋은 물고기를 잡기가 쉬운 일이 아니다. 주택시장에서 물고기를 잡기 위한 판단에서 중요한 일은 두 가지를 생각할 수 있다. 물고기를 잘 잡는 방법을 배우기, 그리고 물고기를 잡기 위한 좋은 도구를 갖추는 일이다. 여기에 요리도 잘하면 더욱 좋다.

첫째, 물고기 잡는 법은 어떻게 배울 수 있을까. 어떤 물고기가 좋고, 어디에 많이 있고, 어떻게 움직이고, 어떤 습성을 가지고 있으며, 어떻게 잡을까가 주택시장을 판단하는 기준의 핵심이다. 이런 판단을 스스로 할 수 있도록 공부할 필요가 있다. 주택시장에 대해서는 여러 사람이 많은 이야기를 하지만, 남의 말만 듣고 따라서 행동하면 실패할 가능성이 있다.

자신이 직접 주택이란 물고기를 잡기 위한 낚시의 포인트를 알아야 한다. 남들이 고기를 잘 낚는 곳 옆에 앉아 있어도 허탕 치는 경우가 많다. 특히 시장의 파고가 높고 큰 변화를 보일 때는 더욱 자신의 판단에 따른 행동이 중요하다.

그런데 주택시장의 판단에 도움을 주는 정보를 얻기는 쉽지 않다. 많은 사람이 각종 매체나 전문가를 통해 다양한 의견을 듣거나 조언을 구하지만, 이런 의견이 올바른 판단에 도움이 되는지는 알기 어렵다. 주택이라는 물고기를 잡는 방법을 알고, 직접 물고기를 잡을 수 있는 사람이 혼란한 시장에서 성과를 얻는다.

물고기를 잡기 위해서는 적절한 도구가 필요하다

둘째, 물고기를 효과적으로 잡기 위해서는 적절한 도구가 필요하다. 맨손으로 파도가 치는 물에서 물고기를 잡기는 어렵다. 낚시와 미끼는 물론 그물도 필요하다. 때로는 배를 타고 물 가운데로 나가야 할 때도 있다. 낚시의 도구는 상당히 다양하다. 자신의 목적과 여건에 맞는 도구를 갖추는 일이 중요하다. 이런 도구를 제대로 마련하기 위해서는 주택시장을 비롯한 주택 금융, 세제, 정책 등의 내용도 잘 알고 활용할 수 있어야 한다.

물고기를 잡으려면 어디에 물고기가 많은지, 어디로 움직이고 있는지, 어떻게 해야 물고기에 접근할 수 있는지 등을 잘 알아야 한다. 이를 위해서는 주택시장의 방향을 찾아주는 내비게이션이 필요하다. 단순히 경험이나 감각만 가지고 물고기를 잡기는 어렵고, 시장을 잘 판단하는 과학적 도구도 갖추고 있어야 한다. 요즘처럼 변화가 심하고 불안정한 시장에서는 더욱 그렇다.

주택 비즈니스에서는 나침반과 내비게이션이 필수적이다

주택시장의 나침반과 내비게이션을 이용하여 효과적으로 물고기 잡는 법을 배우는 것은 내 집의 마련뿐 아니라, 주택 건설사업을 비롯한 부동산 비즈니스에서도 명심할 필수적인 요건이다. 특히 택지 매입부터 주택의 판매까지 3~4년, 또는 그 이상의 시간이 걸리는 주택 비즈니스에서는 나침반과 내비게이션이 필수적이다.

물고기가 움직이는 경로와 시점을 제대로 파악하지 못하면 많은 리스크를 겪을 수도 있다. 용도 변경이 어렵거나 사업 기한이 많이 걸리는 땅, 수요가 없는 토지를 매입해 기회와 자본을 낭비하는 사례가 자주 있다. 자본의 회임과 회전, 사업성을 고려할 때 적절한 토지 매입의 판단은 경영 성과와 직결된다.

이 책은 물고기를 잡는 방법을 설명하면서 물고기를 잡기 위한 좋은 도구의 역할을 제공한다.

　물고기를 잘 잡는 법을 정리하면 다음과 같다. 혼란과 기회, 거인의 어깨, 시장을 움직이는 힘, 나침반과 속도계, 지역의 선택, 평균에서 벗어나기, 숲이 아니라 나무 보기, 시장 흐름의 타이밍, 전문가의 오류, 시장가격과 추세의 괴리, 가격과 비용, 가격 조정과 기간 조정, 소유와 임차 등은 물고기를 잡을 때 반드시 명심할 내용이다.

내게 효용가치와 만족도가 높은 최적의 주택은 어떻게 찾을까?

주택의 가치를 결정하는 요인들

평균의 종말에서 언급했듯이 일반적으로 좋다고 여겨지는 주택이 자신에게도 적합한 것은 아니다. 사람마다 상황이 다르고 선호도 차이가 있다. 내 집 마련을 비롯한 주택 거래의 핵심은 자신에게 최적의 만족을 주는 주택을 구하는 일이다. 이는 좋은 지역과 적절한 시점, 적당한 가격에 달려 있다. 전세를 얻는 경우도 마찬가지이다.

주택의 거래에서 관심을 가지고 주목할 지역은 어떻게 찾을 수 있을까. 이는 두 가지 관점에서 접근할 수 있다. 하나는 내 집에 살면서 안정된 생활을 유지하는 일이다. 다른 하나는 주택이라는 자산의 운용이다.

자산의 운용과 주거생활 안정은 주택이 가지는 가치에 달려 있다. 가치가 높은 주택, 특히 미래의 잠재 가치가 높은 주택을 찾아야 한다. 지역의 다양한 생활 여건과 수급 상황, 그리고 발전 잠재력은 주택 가치의 핵심 요인들이다. 발전 잠재력 등은 앞에서 지역의 선택을 다루면서 설명한 바 있다. 주택이 주는 편안함, 안정, 즐거움도 가치를 결정한다. 자신에게 최적인 주택을 찾는 일은 주택에 들어가는 비용과 부담 능력 같은 경제적 측면도 포함한다. 이와 함께 외부효과도 주택의 가치에 영향을 미친다.

첫째, 최적의 주택을 찾기 위한 생활환경에는 문화시설, 의료시설과 공원, 하천 등이 있다. 지역의 선택에는 이런 생활환경의 접근성이 중요하다. 접근성은 두 가지가 있다. 하나는 공간적 거리이며, 단순히 물리적인 거리만이 아니라 도보나 차량 이동 같은 시간의 거리를 의미한다. 다른 하나는 필요할 때 이용이 가능한지에 달려 있다. 흔히 주변에 시설이 얼마나 있는지가 중요하다고 말하지만, 가까운 거리에 있어도 이용 제약이 있으면 접근성은 떨어질 수밖에 없다. 주택의 가치도 자연히 낮아진다. 이는 국토연구원에서 나온 기초지역 생활환경 보고서를 참고할 수 있다. 숲세권이라는 단어에 이어 병세권이라는 신조어까지 유행하는 것도 같은 맥락이다.

둘째, 교육여건은 가구의 라이프사이클에 따라서 중요도가 다르다. 학교에 다니는 자녀가 있으면 당연히 교육여건이 중요하다. 초등학교 상급반부터 지역의 교육 수준을 고려해야 한다. 서울 반포동이나 대치동처럼 유명 중고등학교가 입지한 지역의 선호도가 높은 것은 당연하다. 같은 지역에서도 학교의 인지도에 따라 주거지에 대한 선호도가 예민하게 작용한다. 반면 학생 자녀가 없다면 주거지 선택에서 교육여건의 우선순위는 낮아진다.

발전 잠재력을 가진 지역은 시간이 지나면 주택 가치도 상승

셋째, 교통은 도로 사정이나 지하철 역세권의 영향을 많이 받는다. 역세권이나 도보권 등의 말이 유행하는 것도 이를 반영한 것이다. 교통에 소요되는 단순 시간은 물론 출퇴근에 걸리는 시간까지 세밀하게 파악하는 것이 중요하다. GTX-A 노선의 개통과 함께 경기 북부의 일산 대곡역을 비롯해 남부의 용인 구성역, 동탄신도시 등 새로운 환승권 내지는 역세권이 생겨나 관심을 끄는 것도 눈여겨볼 만하다. 새로운 거점 지역으로 부상할 가능성이 크기 때문이다. 아울러 해당 지역에 얼마나 좋은 일자리가 있는가에 따라 주택의 가치가 정해진다는 사실을 참고할 필요가 있다.

넷째, 주택의 수급 동향과 지역의 발전 잠재력은 단기적 그리고 중장기적으로 지역시장에 영향을 주면서 주택 가치를 결정한다. 발전 잠재력을 가진 지역은 시간이 지나면 주택의 가치가 올라간다. 판교신도시와 광교신도시는 수도권 2기 신도시의 대표 주자이다. 애초 이들 신도시 아파트는 크게 주목받지 못했으나, IT 등 첨단 테크노 산업단지가 활성화되면서 급부상하는 지역이다. 판교신도시는 9만 명가량의 인구가 대거 유입되면서 분당의 집값까지 영향을 미친 것으로 파악되고 있다.

다섯째, 주택을 선택할 때는 들어가는 비용과 부담 능력 같은 경제적 측면도 충분히 고려해야 한다. 좋은 지역의 주택을 매입하기 위해 무리한 선택을 하는 것은 곤란하다. IMF나 글로벌 금융위기처럼 경제에 심각한 타격이 발생한다면 무리한 선택은 후유증을 낳게 된다. 자칫 손실까지 겪는 상황이 발생한다면 평생을 두고 자산 상의 어려움을 겪을 수밖에 없다.

자기에게 효용가치와 만족도가 높은 맞춤형 주택 찾기

사람에 따라 중요한 요인은 차이가 있고, 선호하는 요인은 많이 다르다. 그렇지만 앞에서 설명한 요건을 갖춘 주택 중에서 가격과 비용이 적당한 주택을 선택하는 접근이 효과적이다. 자신에게 별로 중요하지 않은 요인 때문에 가격이 높은 주택은 고려 대상에서 제외한다. 주택에서 얻는 만족인 효용가치는 주관적이며, 사람마다 효용가치는 차이가 있다. 확실한 자신의 선택 기준을 세운다면 투자 성과가 높고 만족할 수 있는 주택을 고를 수 있다.

누구에게나 가치 있는 요인을 대부분 갖춘 주택은 가격이 높을 수밖에 없다. 그래서 자신에게 중요한 요인을 가진 맞춤형 주택을 찾아야 한다. 자녀 교육이 중요한 사람은 교육여건은 좋지만, 다른 요인이 충분하지 않아 상대적으로 가격이 낮은 지역의 주택을 선택하면 높은 효용가치를 얻을 수 있다. 출퇴근 시간이 중요한 사람은 교통 여건이 좋은 주택 중에서 다른 요인으로 가격이 낮은 주택을 찾으면 높은 만족을 얻는다.

도심과 거리가 있는 자연 속의 주택도 마찬가지이다. 자신이 선호하는 자연에 대한 만족도가 큰 만큼 다른 요인은 다소 불리할 수 있다. 다만 나머지 요인이 지나치게 부족한 여건이라면 가치의 상승에 제약이 있으므로 신중한 판단이 필요하다.

2010년 후반 주택가격이 계속 상승하자 대출을 받아서 상대적으로 가격이 낮은 주택을 매입하려는 수요가 늘어났다. 이들 주택은 가치 요인이 적은 만큼 가격도 낮았다. 이후 시장이 침체 국면에 접어들자, 이들 주택의 가격은 크게 하락했고, 거래도 빠르게 위축되었다. 금리 상승까지 겹치면서 그때 무리하게 주택을 장만한 사람은 어려움을 겪었다. 가격이 낮은 것은 이유가 있다.

지역이 가진 다양한 요인에 관한 정보는 각종 사이트나 전문기관 등에서 쉽게 찾을 수 있다. 예를 들어 학군 등 교육여건의 정보는 아실과 부동산지인, 상권 정보는 호갱노노, 일자리나 자연환경은 지자체 홈페이지를 참고하면 된다.

그리고 주택시장과 가격의 통계는 국토교통부, KB 주택통계, 한국부동산원, 주택도시보증공사 등의 자료에서 찾을 수 있으며, 시장 동향은 민간 연구소를 비롯해 부동산지인, 주택 공급이나 매물 등은 직방과 다방 등 많은 사이트에서 제공하고 있다. 필요한 정보를 수집해서 정리하고, 활용하는 방법 등은 뒤에서 정리하겠다.

주택의 외부효과는 숨겨진 보물, 어떻게 찾아야 하나?

부동산 주변의 환경 변화는 가치에 영향을 미친다

주택을 비롯한 부동산이 가지는 외부효과는 중요하다. 어떤 의미에서 외부효과는 부동산 주변에 숨겨져 있는 보물이라고 할 수 있다. 좋은 외부효과는 주택의 가치를 꾸준히 높여준다. 외부효과를 찾는 일은 보물찾기와 비슷하다. 숨겨진 보물을 찾기가 쉽지는 않지만, 사회적 트렌드나 주택시장의 중심축 변화를 살펴보면 앞으로 주목받을 외부효과를 알 수 있을 것이다.

외부효과는 어떤 행동이나 경제 활동이 외부에 영향을 미치거나, 또 외부 여건이 사물이나 행동에 영향을 주는 현상이다. 부동산의 주변에서 일어나는 환경의 변화는 가치에 영향을 준다. 외부효과를 가져오는 환경에는 사회, 경제 및 정책 등이 있다.

외부경제 효과와 외부불경제 효과를 살펴보자. 팬데믹이 크게 유행할 때 사람들이 코로나19 백신을 접종하면, 백신을 맞지 않은 사람도 코로나에 걸릴 확률이 낮아지는 효과를 얻는다. 이는 긍정적인 외부효과이다. 부정적인 외부효과도 많다. 상수원 주변의 공장에서 폐수를 버리면 인근 주민은 오염된 물을 마시게 된다. 자신은 강에다 아무 행동을 하지 않았지만, 공장 때문에 예기치 않은 불이익을 받게 된다.

어떤 지역에서 도로 개설이나 편익시설 같은 사업이 이루어지면 주변의 부동산은 혜택을 받는다. 구체적인 사례를 살펴보자. 어떤 지역에 호텔을 신축하려는 개발업자는 인근 환경은 물론 주변 건물도 살펴보아야 한다. 호텔의 가치는 제공하는 서비스뿐 아니라 주위 환경의 영향도 받기 때문이다. 인근에 좋은 관광지가 있으면 호텔은 외부경제 효과를 누리지만, 주변에 낡은 건물이 있다면 호텔의 가치는 물론 이용도도 떨어질 수 있다.

그런데 주변의 건물은 신축한 호텔의 이용자가 많아지면 외부효과를 얻는다. 이때 낡은 건물을 개량하면 노후한 건물의 가치가 높아지고, 주변 지역이 깨끗해지면서 신축 호텔도 외부불경제(부정적인 외부효과)가 사라지는 긍정적 효과를 얻을 수 있다. 이런 경우는 외부효과를 이용한 상호 윈윈의 성과가 나타난다. 신도시가 생기면 주변 지역의 토지 가치가 상승해 상대적인 이익을 보는 이치와 같다.

숨겨진 외부효과를 많이 가진 지역과 주택을 선택하는 방법

외부효과가 주택시장에 미치는 영향은 어떻게 될까. 사회 트렌드 변화에 따라 사람들은 삶의 질에 영향을 미치는 외부효과에 관심이 높아졌고, 주거생활에 미치는 영향은 점점 중요해지고 있다. 지역과 주택을 선택하는 요인, 즉 생활환경, 교통, 교육 등과 공원, 경관 같은 무형의 외부효과는 지역 가치를 결정하는 요인들이다. 생활환경과 건강이 중요해지면서 숲과 조망, 병원 등이 중요한 주거요건으로 자리잡았다. 이런 외부효과는 주택시장의 양극화와 그룹화를 더욱 촉진할 것이다.

내 집 마련이나 투자에서 긍정적인 영향을 미치는 숨겨진 외부효과를 많이 가진 지역과 주택을 선택하는 접근법이 중요하다. 외부효과는 직접 비용이나 투자를 부담하지 않으면서 지역의 가치가 높아지는 효과를 기대할 수 있다. 외부효과의 활용은 비용 절감은 물론 투자 성과를 높이는 좋은 접근이다. 분당신도시를 개발한 이후 용인, 판교 등의 주변 지역에서 나타난 활발한 개발은 분당이라는 외부효과를 활용한 결과였다.

지역이나 주택이 잠재적 외부효과를 가지고 있으면 더욱 좋다. GTX 노선의 신역세권이나 3기 신도시의 새로운 교통망의 핵심 지역은 긍정적으로 잠재적 외부효과를 누릴 수 있는 지역이다.

외부효과는 주택의 가치를 좌우하는 요인의 하나로 작용

다만 경제적 편익이 가시화되지 않은 외부효과는 당장 주택가격에 반영되지는 않는다. 그러나 이런 외부효과를 가진 주택은 시간이 지나면 가치가 올라가기 마련이다. 외부효과가 주택이나 지역에 미치는 영향은 시간이 지나고 사람들의 선호가 달라지면서 변한다. 이는 외부효과를 생각할 때 중요하게 고려할 사항이다.

서울 강남 지역의 한강변에 있는 아파트는 강을 바라보는 경관 때문에 가격이 높다. 그런데 이들 아파트는 한강의 경관을 즐기려면 북쪽을 보아야 한다. 이들 아파트의 거실은 대개 남쪽을 향한 방향으로 되어 있고, 자연 비좁은 공간에서 한강을 바라보아야 한다. 한강 경관을 중요하게 생각하는 사람은 강변 북편에 있는 아파트를 선호할 수 있다.

남향을 중요하게 생각하는 사람은 한강 북쪽에 있는 강변이면서 강남과 인접한 지역인 성동구, 용산구, 마포구 등을 선호할 것이다. 이들 지역의 주택시장이 최근 주목을 받는 배경에는 경관이라는 외부효과에 남향을 선호하는 성향이 강해졌다는 점에서 한 가지 이유를 찾을 수 있다.

한국 사회의 트렌드를 생각할 때 외부효과는 주택의 가치를 좌우하는 요인의 하나로 작용하고 있다. 이전에는 같은 단지에 있는 같은 평형 아파트의 가격 차이는 10% 정도였다. 그러나 주택 규모 이외의 다른 요인인 환경, 경관 같은 외부효과가 미치는 영향이 많아지면서 같은 지역 같은 규모인 아파트의 격차도 점점 벌어졌다.

이 같은 외부효과에 따른 가격의 격차가 갈수록 더 커지고 있으며, 시간이 지날수록 영향력이 강해지고 있다. 지역이 가진 외부효과의 차이가 있는 경우 격차는 점점 커질 것이다. 이처럼 외부효과는 주택의 가치를 결정하는 중요한 요인이며, 지역의 선택에서 중요하다.

주택의 선택은 울창한 숲에서 튼튼하고 잘 자란 나무 찾기이다

교육, 환경, 교통 등 미시적 측면의 시장 분석이 필요하다

내 집 마련이나 투자, 주택 비즈니스는 어떻게 접근할 것인가. 흔히 나무가 아니라 숲을 보는 자세가 중요하다고 말한다. 그러나 주택시장이 혼란하고 판단이 어려울 때 숲이 보여주는 겉모습을 살펴서는 좋은 의사 결정을 내리기가 힘들다. 잘못된 판단에 빠질 수도 있다. 주택시장이란 숲에서 튼튼하고 잘 자라는 나무를 찾는 일이 중요하다. 숲은 울창해 보일지라도, 숲속에는 시들어 가는 나무도 있다.

나무를 보는 자세, 즉 미시적 측면의 시장 분석은 일자리, 환경, 교육, 문화, 상권, 교통 같은 요인과 발전 여력, 개발 재료 등을 바탕으로 좋은 주택을 찾는 작업이다. 이런 작업은 숲을 보아서는 제대로 알 수가 없다. 숲을 쳐다보면 주택시장의 개괄적인 흐름은 보이지만, 어떤 지역과 주택이 좋고 자신에게 적합한지를 살펴보기는 어렵다. 주택 비즈니스를 할 때도 얼마나 성과를 얻을지 판단이 쉽지 않다.

첫째, 어디에서 살아갈지의 입지는 가족의 형태에 따라 다르다. 학교에 다니는 자녀가 있는 경우 우선 고려할 사항은 교육여건이다. 교통과 이동 수단의 발달로 일자리, 문화생활 등은 거리에 그다지 상관없이 접근성이 좋아졌다. 그러나 학교, 학원 등은 도보로 생활하는 공간 내에 있어서 자녀들이 많은 시간을 들이지 않고 다닐 수 있어야 한다.

일단 이런 조건을 충족한 주택 중에서 추가로 고려할 여건은 자녀의 학교생활과 향후 사회생활에서 좋은 바탕이 되는 터전을 가졌는지를 생각할 수 있다. 중학교 학군이 좋고 학원 등이 잘 갖추어진 지역은 주거지 선택에서 중요하다.

바쁜 맞벌이 직장생활에 아이까지 학교와 학원을 챙겨야 하는 일상을 고려하면, 가장 근접지에서 집과 학교, 학원의 트라이앵글 권역을 갖춘 주택을 구하는 일이야말로 중요한 일이다. 학군이나 학원에 관한 정보는 민간업체에서 제공하는 다양한 자료를 이용할 수 있다. 부동산정보업체인 호갱노노, 아실, 부동산지인 등에서는 학원 밀집 지역, 학업 성취도 등이 잘 정리되어 있다.

문제는 이런 조건을 갖춘 지역은 이미 가격이 비싸고 진입이 어렵다는 점이다. 이런 경우 교육 이외의 다른 요인은 고려 비중을 낮추는 방식으로 적정한 비용의 주택을 찾을 수 있다. 예를 들어 교육여건을 좋지만, 환경 등의 다른 요인이 뒤처져서 가격이 상대적으로 낮은 주택은 교육에 관심이 높은 사람이 주목할 만한 지역이다.

건강이 이슈로 부상하면서 자연환경이 좋은 지역 선호

둘째, 사회적 트렌드를 충족할 수 있는 주거지가 좋은 나무라고 할 수 있다. 코로나19 이후 건강은 중요한 사회 트렌드로 자리를 잡았다. 자연환경은 대부분 사람에게 중요한 조건이다. 주변에 공원이나 하천이 있는 아파트는 누구나 살기를 원한다. 건강이 중요한 이슈로 부상하면서 자연환경이 좋은 지역을 걷거나 운동하는 사람들이 부쩍 늘어났다. 따라서 단지의 쾌적성을 우선으로 꼽는 경우도 속속 등장하고 있다.

최근 들어 주거지 인근에 소규모 공원이 많이 조성되는 일도 이런 흐름을 반영한다. 하천은 공원의 기능도 함께 하므로 쉽게 접근이 가능한 하천이 있는 주거지는 점점 가치를 인정받을 것이다. 주변에 호수공원을 가진 주거지는 자연과 문화생활, 상권 이용을 함께할 수 있으므로 사람들에게 선호되고 있다.

건강, 환경과 함께 재미와 즐거움을 가진 공간, 자신만의 공간도 주거지 선택에서 중요한 고려 사항이다. 그동안 집 안에서 이런 공간을 추구했다면, 이제는 집 바깥에서도 이런 공간을 원하고 있다. 숲길 걷기, 운동하기, 동호회 활동 등은 자신의 독립성을 추구하면서도 사회적 고립에서 벗어나고 싶은 욕구의 표출이다.

셋째, 발전 잠재력을 가진 지역은 주택 가치의 상승을 기대할 수 있다. 지역의 발전 잠재력은 찾기가 쉽지 않다. 보통 지하철 같은 교통 여건 개선, 대형 병원이나 쇼핑센터 설립 등은 지역의 인구 유입과 경제 활동 증가를 통해 성장을 이끄는 동력이다. 물론 이런 개발을 미리 알기는 어렵지만, 개발의 발표 이후 시장 흐름을 주의 깊게 살펴보면 좋은 타이밍을 찾을 수 있다. 개발사업은 대개 2단계에 걸쳐서 지역 발전을 촉진한다.

처음 발표된 시점, 그리고 공사가 마무리되고 비즈니스가 임박한 시점에 또 한차례 관심이 높아진다. 전철 등 교통망이나 청사 건립 등 공공사업은 물론 스타필드나 타임빌라스와 같은 민간의 대형 유통·판매 복합시설 등이 건립되는 경우도 마찬가지 효과가 발생한다.

일단 개발계획이나 사업이 추진되면 지역 부동산시장은 활기를 띠고 가격도 상승 추세를 보인다. 주택의 매입 시점을 판단하려면 개발이 시장에 미치는 파급효과를 살펴볼 필요가 있다. 이때 해당 지역의 주택시장과 함께 다른 지역의 변화를 비교하면서 흐름을 파악해야 한다. 해당 지역의 주택시장이 상대적으로 강한 움직임을 보인다면 발전 잠재력이 높은 유망한 지역이다.

지역의 발전 또는 상승 잠재력을 파악하는 방법의 하나는 지역 또는 주택이 기본가치 또는 내재가치보다 얼마나 저평가되어 있는지를 판단해서 알 수 있다. 주택의 가치, 즉 가격은 시장의 객관적 평가를 바탕으로 정해지기 때문에 일시적 변동은 있지만, 길게 보면 대체로 적정한 수준을 유지한다.

주택가격의 저평가를 판단하는 몇 가지 방법

주택가격의 저평가 여부는 지역 차원 및 개별 주거지 차원에서 파악할 수 있다. 먼저 지역 차원에서는 새로 발생한 외부요인의 효과가 아직 반영되지 않은 지역, 주택시장의 변화에 늦게 반응하는 지역 등이 있다. 예를 들면 3기 신도시 지역을 유심하게 살펴볼 필요가 있다. 개발사업이 가시권에 들어왔지만, 아직 본격 개발이 되지 않은 상황이므로 지역별로 외부효과 반영 여부와 아직 반응이 본격화되지 않은 저평가 지역을 파악할 수 있을 것이다. 개별 아파트에서는 선도 아파트와 중위권 아파트의 가격 차이 변화를 살펴볼 수 있다. 선도 아파트에 관한 자료는 KB 주택통계에 나와 있다.

상승 잠재력에 기초한 주택의 선택 방법을 자세히 분석하면 다음과 같다. 주택시장이 상승 추세를 보일 때 관심을 가진 몇몇 지역시장별 가격 상승률을 비교하면 상대적으로 가격의 상승률이 낮은 지역을 찾을 수 있다. 이런 지역 가운데 수요자가 주로 원하는 특성, 예를 들면 자연환경이나 교통, 교육여건이 잘 갖추어진 지역에서 주택을 선택한다. 이런 접근으로 자신에게 만족을 주는 특성을 많이 가진 주택을 상대적으로 낮은 가격을 부담하면서 구할 수 있다.

주택시장의 상승 국면에서 선도 아파트와 중위권 아파트의 가격 차이가 생기면 중위권 아파트의 메리트가 상대적으로 높아진다. 주택시장의 차별화, 양극화로 인해 선도와 중위권 아파트의 격차가 심해진다는 주장도 있지만, 동일한 생활권역이나 인접 지역에 있는 주택들은 하나의 그룹을 형성하면서 비슷하게 움직인다.

그룹에서 선도와 중위권의 가격 격차를 활용하는 방법

앞에서 설명한 것처럼 주택시장은 양극화와 그룹화가 함께 진행되고 있다. 따라서 두 가지 관점에서 판단할 수 있다.

하나는 주택시장이 가지는 미래의 모습, 즉 양극화와 그룹화 바탕으로 주택의 가격과 주거의 만족, 즉 비용과 효용의 측면에서 자신에게 적합한 그룹에 속한 주택을 선택하는 방법이다. 다른 하나는 그룹 내에서 나타나는 가격의 격차를 활용하는 방법이다. 그룹에서 선도와 중위권의 격차는 길게 보면 그룹이라는 범위 내에서 일정한 수준을 유지한다. 한 그룹 내에서 발생하는 격차의 확대는 조만간 다시 축소되고, 중위권 아파트의 가격이 상승할 가능성이 있다. 단 가격 격차의 축소를 이용한 시장 판단은 하나의 그룹 내에서 적용하는 것이 효과적이며, 다른 그룹 간에는 적용하기 어렵다. 다른 그룹과는 별개의 시장으로 움직이는 성향이 있기 때문이다.

상대가격을 이용하는 방법도 있다. 관심 있는 지역이나 주택을 선정하면 해당 지역과 주변의 지역에서 선도하는 아파트를 고른 다음, 자신이 선택한 아파트와 가격 변동의 추세를 비교한다. 이를 통해 상대적 가격 수준을 알 수 있다. 상대가격이 낮으면 저평가 상태로 여겨진다.

예를 들어 초기 시점의 가격을 100으로 가정할 때 시장의 호황으로 선도 아파트의 가격은 120, 선정한 아파트의 가격은 110으로 상승했다고 하면 양자의 상대가격은 91.7로 계산된다. 시간이 지나면 선정한 아파트의 상대가격은 저평가를 해소하고 다시 100에 가깝게 될 것이다. 물론 시장의 양극화를 고려할 때 상대가격의 격차가 남아 있겠지만, 적어도 자신이 원하는 아파트의 평가 상황을 알고 대응한다는 점에서 의사결정에 도움을 준다.

지역의 선도 아파트 또는 시세 견인단지 등의 정보는 아실 등의 자료에서 찾을 수 있다. 매입을 원하는 아파트 지역에서 선도 아파트와 중위권 아파트의 가격 추세를 비교해 조사하면 적절한 거래 시점을 판단할 수 있다.

주택시장의 새로운 축으로 떠오른 신혼부부의 내 집 마련 일지

신혼부부를 비롯한 청년층은 주택시장에서 새로운 축

　최근 경제 사회의 현안으로 청년 문제가 떠오르고 있다. 이는 한국 사회에서 나타나고 있는 현상인 저출산, 고령화, 양극화 등과 맞물리면서 반드시 해결해야 할 사회적 과제가 되고 있다. 주택시장도 마찬가지이다. 신혼부부를 비롯한 청년층은 주택시장에서 새로운 축으로 자리를 잡고 있다. 주택 문제는 이들이 부닥치고 있는 가장 중요한 현실이며 현안이다. 그러나 돈과 경험이 부족한 청년들이 자력으로 주거 문제를 해결하기는 쉽지 않다.

　정책 당국은 저출산 같은 이슈에 대응해 신혼부부 등에게 다양한 주거 지원을 추진하고 있다. 청년과 신혼부부의 주거 지원에 관한 내용은 여러 기관에서 제공하고 있다. 자세한 내용은 국토교통부의 마이홈 포털에서 '청년·신혼부부 주거 지원' 항목에서 찾을 수 있다. 마이홈 포털의 내용을 살펴보면 공공 부문의 신혼희망타운, 민간 부문의 신혼부부 특별공급이 있다.

이와 함께 저금리 대출 등 금융 지원도 시행되고 있다. 다만 여전히 공급 규모가 적은 편이고 외곽지 중심으로 공급되며, 자격 기준이 강화되는 제약이 있다. 시간이 지나면 도심권 유휴지나 수요가 감소하는 호텔, 학교 등 기존 시설의 용도 전환 등을 통한 공급이 늘어나고 자격도 완화될 것이다. 그만큼 꾸준한 관심이 필요하다.

요즘 관심을 끄는 단지는 공공 부문의 신혼희망타운이다. 여건이 좋은 도심 지역에 어린이집, 공동육아방, 실내 놀이터 등 육아시설과 통학길 특화 같은 신혼부부 맞춤형 공간을 반영한다. 스마트홈 기술을 적용하여 안전하고 쾌적한 친환경 주거환경을 조성하기도 한다. 이처럼 신혼부부 맞춤형 주거 서비스가 폭넓게 제공되고 있어 호응도가 높다. 주택 유형은 주로 공공 분양형이며, 일부를 장기임대주택으로 공급한다. 특히 신혼부부의 자금 부담 경감을 위해 연 1.6% 고정금리로 최장 30년간 집값의 70%까지 대출하고 있다.

신혼 특별공급으로 민영 국민평형 아파트 우선 분양 받기

민간 부문의 신혼부부 특별공급은 특정 자격을 갖춘 사람에게 일정한 규모 이하의 민영주택을 우선 공급한다. 분양받는 자격은 입주자 모집 공고일 현재 혼인 기간이 7년 이내이고, 무주택이면서 월평균 소득이 일정 기준 이하인 사람이다. 신혼부부 특별공급은 민간업체가 건설해서 공급하는 85㎡ 이하 주택의 일정 비율을 우선 공급하게 되어 있다.

신혼부부 지원 대책에서 핵심의 하나는 특례대출이다. 특례대출의 금리는 1.6~3.3% 수준이다. 특례대출에서 적용하는 최저금리의 경우 일반 담보 대출금리의 절반에 불과하다. 특례대출의 금리를 적용할 때 주택 매입에 드는 비용이 크게 낮아진다. 주택 매입의 좋은 시점이었던 2010년대 중반보다는 높지만, 전셋값이 상승하고 있는 상황을 고려할 때 주택 매입의 상대적 비용은 점차 줄어들 것이다.

주택을 매입할 적기였다고 생각되는 2010년대 초반의 상황을 다시 살펴보자. 10년쯤 전에 수도권 아파트의 평균 가격은 3억 5,000만 원 정도였고, 전셋값은 2억 원을 밑돌았다. 당시에는 2000년대의 시장에서 주택가격이 급등한 여파가 남아 있었고, 리먼브라더스 사태로 인한 글로벌 금융위기를 맞이한 직후였다. 주택 수요는 위축되어 있었고, 미분양 주택도 빠르게 증가했다. 주택가격은 하향 안정을 유지했지만, 전셋값은 계속 올랐다. 2015년에 들면서 전셋값은 2억 7,000만 원까지 상승했다. 5년 사이에 연평균 상승률이 10%를 웃돌았다. 반면 주택가격은 그때까지도 3억 6,000만 원에 그쳤다. 수도권 아파트의 매매가격 대비 전셋값 비중은 74%로 높아졌다. 여기에 금리는 여전히 낮은 수준을 유지하고 있었다.

이때가 좋은 기회였다. 2012년에는 전셋값의 2.5~3%를 금융비용으로 지불해야 주택을 매입할 수 있어 부담이 있었다. 2015년이 되자 주택가격 대비 전셋값의 비중은 높아지고 금리는 여전히 낮았다. 전세 가구가 대출을 받아 주택을 매입할 때 비용, 즉 금리 부담은 연 200만 원에 불과했다. 이는 전셋값의 1% 미만이었다. 주택 매입에 들어가는 추가 비용은 크게 낮아졌다. 그만큼 주택을 매입하는 편이 유리한 상황이었다.

전세보다는 주택을 사는 것이 유리하다는 생각이 확산

당시 전세를 살던 신혼부부의 내 집 마련 사례를 들어보자. 이들은 내 집을 마련할까 계속 전세를 살까, 하는 고민에 빠졌다. 주택시장에서 전셋값은 오르고 있고, 아파트 가격은 별로 움직이지 않았다. 대출을 받아서 집을 사고 싶은 마음도 있었지만, 혹시 집을 사고 난 다음에 가격이 하락할지 모른다는 걱정도 되었다.

신혼부부는 주택시장에서 가격만 들여다보고 있던 생각을 바꾸어 주택을 매입하면 비용이 얼마나 들어가는지를 검토했다. 그러자 주택 매입의 비용이 크게 낮아졌고, 그다지 부담이 되지는 않는다는 점을 알게 되었다. 금융비용은 전셋값의 1%를 밑도는 상황임을 파악한 이들은 대출받아 과감하게 내 집을 마련했다. 이때 주택을 매입하지 않았다면 여전히 집을 마련하기 어려웠을 수도 있다.

그때 전세를 살던 사람 가운데 상당수가 이런 판단을 내리면서 대출 등

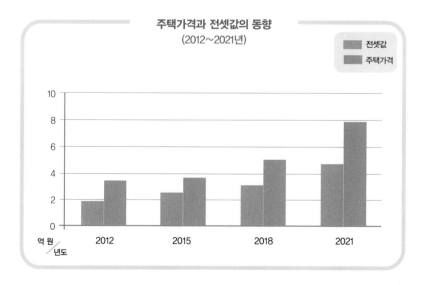

으로 자금을 조달해서 내 집 마련을 하기 시작했다. 계속 올라가는 전셋값을 부담하기보다는 주택을 사는 것이 유리하다는 생각이 확산하였기 때문이다. 이후 주택가격은 본격적으로 올랐다. 그래프는 2012년 이후 주택가격과 전셋값의 시장 동향을 정리한 내용이다. 처음에는 전셋값이 오르고, 이어서 주택가격이 급등한 시장의 흐름을 잘 보여준다.

수도권 중소형 아파트의 가격은 현재 7억 원 수준이다. 금융비용과 세금 부담을 제하고도 그동안 가격 상승은 3억 원을 넘는다. 시장이 조정을 받는 상황을 고려할 때 이들 가구는 라이프사이클에 따라 좀 더 나은 주택으로 이사할 수 있는 바탕도 만들어졌다. 주택의 사다리에 올라타게 된 것이다.

주택시장 동향, 대출 금리와 정책 등을 검토한 후 행동

지금의 상황은 어떨까. 결혼생활을 시작한 신혼부부의 큰 고민은 살아가는 터전이 될 내 집 마련이다. 대개 전세나 월세로 시작하지만, 이들은 자기 집이 있어야 행복하게 살 수 있다는 인식이 강하다. 주택가격이 오르는 상황을 보면서 포모 증후군에 빠지기도 한다. 주변 친구나 동료의 말을 들어도 주택을 샀던 선배와 계속 세를 살아가고 있는 사람과는 생활하는 자세가 달라 보였다.

이들도 내 집 마련을 고민했지만, 몇 달 전까지 주택가격이 하락하고 있었고, 일부 전문가는 가격이 추가로 떨어질 것 같으니 사지 말라는 주장도 강했다. 이들 역시 좀 더 기다리기로 했다. 그러다가 서울과 수도권 등지의 일부 아파트 가격이 상승하자 고민에 빠졌다. 머리를 맞대고 생각하던 부부는 좀 더 냉정하게 판단해 결정하기로 했다. 지금부터라도 언제 살지, 어디에서 살지, 어떻게 살지를 정하기로 마음먹었다. 주택시장 동향, 대출금리 등 금융 여건, 정부 정책 등을 검토하고 늦지 않게 행동하기로 정했다.

먼저 주변 여건을 살펴보았다. 현재 이들이 사는 지역인 수도권의 평균 전셋값은 4억 원 남짓이며, 평균 주택가격은 7억 2,500만 원이다. 서울 인근은 가격이 좀 더 비쌌다. 사는 지역 근처에 집을 사려면 3억 원이 넘는 자금이 필요하다. 부담스러울 수밖에 없다. 약간 외곽으로 나가서 2억 원 정도 대출을 받아서 집을 사기로 마음을 먹었다. 전셋값과 주택가격의 상승을 생각할 때 집을 마련하는 편이 좋겠다고 판단했다. 이들이 내 집 마련에 성공하려면 신중한 검토가 필요하다. 검토할 사항에는 거래 시점 찾기, 지역의 선택, 매입비용과 자금 운용계획, 라이프사이클의 반영, 정보 활용 등이 있다.

신혼부부의 내 집 마련은 특별공급의 활용, 그리고 특례대출 등 금융 지원을 활용해 시장에서 적당한 주택을 매입하는 방법이 있다. 이들은 특별공급이나 신혼희망타운에서 유리한 주택을 구하려고 노력하는 한편, 시장에서 적당한 주택을 찾아보는 '투 트랙(Two Track)' 전략을 사용하기로 했다.

신혼부부의 내 집 마련을 위한 투 트랙 전략

먼저 민간 시장의 경우를 정리해 보자. 주택 매입을 결심하면 두 가지 명심할 내용이 있다. 하나는 과도하게 남의 돈에 의존하지 말고, 또 하나는 자기 능력 내에서 좋은 지역을 골라야 한다. 좋은 지역이란 발전 잠재력을 가진 지역이다. 주택시장에서 내 집을 마련하기 위한 전략은 다음과 같은 6가지 과정으로 정리할 수 있다.

첫 번째 고려할 사항을 살펴보자. 시장의 흐름을 살피고 적절한 거래 시점을 찾아야 한다. 거래 타이밍은 두 가지 측면에서 파악할 수 있다. 하나는 시장의 중장기추세와 가격의 괴리, 즉 격차를 기준으로 판단하는 방법이다. 다른 하나는 매입에 들어가는 비용을 살펴보는 것이다. 여러 번 강조했듯이, 겉으로 드러나는 가격보다 실제 부담하는 비용이 중요하다. 이는 두 번째 고려 사항에서 설명한다.

수도권 중소형 아파트를 대상으로 현재 상황을 분석해 보자. 먼저 중장기추세와 가격의 흐름을 살펴보면 양자의 격차는 많지 않다. 시장가격은 추세를 약간 밑도는 수준에서 움직이고 있다. 이는 시장 외적인 급격한 변화가 없다면 주택 매입의 리스크가 많지 않다는 의미라고 할 수 있다.

현재 시장의 여건은 2020년을 전후해 청년들이 시장에서 주택을 매입 했던 상황과 다르다. 당시는 추세와 가격의 괴리가 점점 심해지면서 과열이 우려되고 있었다.

2%대였던 금리는 불과 1년 사이에 시장금리가 두 배 이상 급등했고, 비용 부담이 빠르게 늘어났다. 과도한 대출에 의존해 주택을 매입한 사람들은 어려움에 처해 있다. 지금은 상황이 어떨까. 미국 금리는 빠르게 인하되고 있고, 한국의 금리도 안정을 유지하면서 점차 하락할 것이다. 전셋값은 계속 오르고 있다. 주택 매입과 보유에 드는 비용은 점차 낮아질 것이다.

특례금리를 활용한 매입을 우선적으로 검토할 시점이다

둘째, 비용은 주택 매입을 결정하는 핵심 기준이다. 흔히 시장의 가격이 어떻게 움직이는가를 쳐다보지만, 가격으로는 냉정한 판단이 어렵다. 하락 국면에서는 계속 가격이 하락할지도 모르고 선뜻 주택을 매입하려고 손을 내밀기가 주저할 수밖에 없다. 이런 상황에서는 시각을 달리한 접근이 필요하다. 주택에 드는 비용을 가지고 시장을 판단하는 방법이다. 수도권 주택시장을 비용의 관점에서 살펴보자.

최근의 금리 수준과 전셋값 동향을 볼 때 주택 매입의 비용은 만만치 않다. 주택가격은 여전히 높은 편이지만, 전셋값은 올라가고 있다. 판단이 어려운 시점이다. 그러나 청년과 신혼부부를 위한 다양한 지원 대책을 이용하면 비용은 상당히 줄어든다. 비용 측면에서는 주택을 매입할 여건이 만들어졌다.

지금의 상황을 다시 살펴보자. 금리는 아직 높은 편이고, 전셋값 비중은 62% 수준이다. 일반 금리를 적용하면 전세로 사는 가구가 대출로 주택을 매입할 때 추가로 부담할 비용은 금융시장 상황에 따라 변동이 있겠지만, 현재는 3.5%~4% 남짓하다.

그렇지만 신혼부부나 신생아 특례대출의 금리를 적용하면 부담은 3% 정도로 낮아진다. 부담이 아주 낮았던 2015년보다는 높지만, 전셋값의 지속적인 상승을 고려하면 특례금리를 활용한 매입을 충분히 생각할 시점이다. 전셋값이 상승한다면 주택 매입에 따른 상대 비용은 더 줄어들 것이다.

지역의 발전 잠재력과 성숙도를 기준으로 판단한다

세 번째로 신혼부부가 지역과 주택의 선택에서 고려할 점은 대체 가능성과 발전 잠재력이다. 중요한 고려 사안이다. 먼저 대체 가능성의 경우 살고 싶은 지역과 아파트를 검토한 다음, 자금 조달이나 직장 등 여건이 맞지 않으면 대체할 지역을 구해야 한다. 이때 서울이나 수도권의 중심 지역에서 끌어당기는 힘이 미치는 지역을 선택할 필요가 있다. 이런 지역은 중심 지역의 영향으로 계속 성장할 가능성이 있다.

다음으로 발전 잠재력은 지역의 성숙도로 판단한다. 성숙도 지표로 우선 고려할 내용은 주민의 경제력이다. 30대 후반에서 50대 전반의 경제 활동이 많은 가구의 비중이 높은 지역은 발전 잠재력을 가지고 있다. 지역 발전에 필요한 커뮤니티도 활발하다.

지역과 주택의 선택에서 추가로 고려할 사항은 해당 지역의 주택시장 상황이다. 시장 판단에서 살펴볼 내용은 착공 통계, 주택의 수급 상황, 그리고 매매와 전세 비중 등이다. 지역시장의 수급 판단에서 흔히 말하는 인허가, 미분양 변동, 입주 물량 등의 지표에만 의존하면 오류를 겪을 수 있다. 처음으로 내 집을 마련하는 신혼부부에게는 생활의 출발점이 꼬이는 상황에 부닥칠지도 모른다.

자신에게 최적의 주택을 선택, 정부 정책 정보를 활용

네 번째 고려할 사항은 라이프사이클이다. 자신에게 맞는 주택을 고르는 일은 신혼부부의 라이프사이클, 즉 일생의 계획과 관련이 있다. 현재 적절한 집에서 살아가는 일과 함께 앞으로 자녀의 교육, 직장 이동 등으로 이사를 하는 상황도 고려해야 한다.

최적의 주택을 찾는 일은 주택 비용과 가구의 부담 능력에 달려 있다. 우선 생활환경, 일자리 등의 접근성이 중요하다. 그런데 좋은 요인이 많은 지역은 당연히 주택가격도 높다. 따라서 선호 요인을 많이 가진 주택 중에서 가격과 비용이 적당한 주택을 선택하고, 자신에게 별로 중요하지 않은 요인 때문에 비싼 주택은 고려 대상에서 제외하는 방법이 있다.

다섯 번째는 정보의 활용이다. 내 집 마련의 성과는 정보의 영향을 크게 받는다. 최근 신혼부부 등을 위한 다양한 정책이 쏟아지고 있다. 국토교통부의 마이홈포털에는 청년·신혼부부 주거 지원 방안을 비롯한 다양한 대책이 마련되고 있다. 서울시를 비롯한 지자체에서도 청년과 신혼부부를 위한 지원을 확대하고 있다. 사회를 살아가는 데는 정보가 힘이다. 이런 정보를 잘 숙지하고 내 집 마련에 적극적으로 활용한다면 좋은 성과를 얻는다.

소득과 라이프사이클에 따라 대출금 상환 방식을 결정

여섯 번째 검토할 내용은 자금의 운용이다. 신혼부부를 비롯한 청년층이 주택을 매입하려면 대출이 필요하다. 자기 자금을 가지고 집을 살 수 있으면 좋겠지만 현실적으로 녹록하지 않다. 대출을 받으면 원금의 일정 부분과 이자를 매달 상환해야 한다. 대출금리에 따라 상환 부담은 다르다. 그런데 원리금의 상환은 상환 방식에 의해서도 차이가 있으며, 신혼부부가 체감하면서 느끼는 부담도 다르다.

		초기	5년 차	10년 차	15년 차	20년 차
원리금 균등상환	상환액	1,386	1,386	1,386	1,386	1,386
	이자	625	504	362	196	3
	잔액	249,239	200,772	143,589	77,161	0
원금 균등상환	상환액	1,667	1,513	1,357	1,201	1,044
	이자	625	471	315	159	2
	잔액	248,958	187,500	125,000	62,500	0

대출에서 우선 고려해야 할 사항은 대출 규모와 대출 방식이다. DSR 규제 등과 함께 금리 변동 리스크, 주택가격 변동의 리스크도 고려해야 한다. 과다한 대출은 자칫 미국의 서브프라임 사태처럼 위기를 겪을 수도 있다. 자기의 상환 능력을 고려해 상환 방식을 정할 필요가 있다.

상환 방식은 크게 원리금균등상환과 원금균등상환 방식이 있다. 이외에 이자만 내다가 만기 시점에 원금을 일시에 상환하는 만기상환 방식도 있다.

원리금균등상환은 원금과 이자를 합친 금액인 원리금을 매달 균등한 금액으로 갚아나가는 방식이다. 상환 기간에는 늘 일정한 금액을 부담하므로 초기 부담이 적다. 그러나 일정한 기간에 걸쳐 원리금을 꾸준히 상환해도 원금은 여전히 많이 남아 있다. 원금균등상환은 대출금액의 일정 부분을 매달 동일한 금액으로 상환하면서 남은 대출금의 이자를 부담하는 방식이다. 시간이 지나면 대출금이 감소하므로 이자도 줄어들고 전체

이자 부담은 적다. 다만 대출 초기에는 이자를 많이 내야 하므로 상환 부담이 크다는 약점이 있다.

대출의 상환에서 원리금균등상환과 원금균등상환의 두 가지 방식에 있어서 신혼부부가 부담하는 실제 사례를 비교해 보자. 아파트를 매입하면서 2억 5,000만 원을 금리 3%로 20년 기간의 대출을 받았을 때 연차별 상환액은 정리한 표를 보기로 하자. 여기서 보는 것처럼 원리금균등상환 방식은 일정 금액을 안정적으로 상환하므로 초기 부담이 낮지만, 원금균등상환 방식은 초기의 부담 금액이 많다. 대출을 받고 10년이 지나면 두 방식의 매달 상환 금액은 비슷해진다. 게다가 남아 있는 대출 잔금은 원리금균등상환에 비해서 적은 편이다.

신혼부부의 경우 초기에는 소득이 적은 만큼 원리금균등상환 방식이 유리하다. 그렇지만 5년 후 또는 10년 후에 다른 주택으로 이사할 계획을 세우고 있다면 상환하지 않은 잔금이 적게 남아 있는 원금균등상환 방식이 유리할 수도 있다. 자신들의 소득과 라이프사이클에 따른 생활과 주거 계획을 고려하면서 상환하는 방식을 정하는 것이 합리적일 것이다.

When

· 5장 ·

언제
사고팔아야 하나?

부자가 되려면 돈의 이치를 알아야 한다

〈화식열전〉에서 주장하는 핵심은 거래의 타이밍이다. 당시 부자들은 길고 넓은 시야를 가지고, 자신의 판단 기준으로 행동했다. 재물을 쌓기 위해서는 변화하는 돈의 이치를 알아야 하며, 이를 위해서는 인간과 자연과 물질의 순환 이치인 시간적 흐름을 이해해야 한다고 강조했다.

경제학자 케인스가 주창한 미인투표론은 간단히 말해 가치 있는 저평가 주식에 장기 투자해야 성공한다는 논리이다. 이 투자 원칙에 따르면 가치 있는 주택을 선택해서 오랫동안 보유하면 좋은 성과를 얻을 수 있다. 주택시장의 중장기추세는 시장의 방향과 전환을 보여주는 중요한 지표로 사용할 필요가 있다.

거인의 어깨 위에 올라
더 멀리 내다본 '뉴턴'을 생각하라

뉴턴은 거인의 어깨 위에 올라서서 더 멀리 볼 수 있었다

주택시장은 단기 변동보다 중장기 흐름을 가지고 판단하는 접근이 바람직하다. 저축 기능을 비롯한 주택시장의 속성에 제대로 대응하기 위해서는 중장기 흐름의 파악이 중요하다. 눈앞의 변동이 아니라 멀리 내다보면서 시장이 흘러가는 방향과 빠르기를 살펴야 한다. 멀리 보고 넓게 보면 어떻게 행동할지 알 수 있다. 높은 곳에 서서 길고 넓게 살펴보는 방법은 거인의 어깨에 올라서는 것이다. 지금 주목을 받는 지역의 주택시장은 단시일에 만들어지지 않았다. 거인의 어깨에서 긴 안목을 가지고 접근해야 한다.

거인의 어깨를 말할 때 흔히 아이작 뉴턴을 인용한다. 뉴턴은 근대과학의 선구자이며, 미적분법을 만들고 자연철학의 수학적 원리를 설명한

《프린키피아(Principia)》에서 만유인력의 법칙을 세워서 뉴턴역학의 체계를 확립한 위대한 과학자였다. 남들이 뛰어난 업적을 칭찬했을 때 자신은 바닷가에서 조개껍데기를 발견하고 기뻐하는 어린아이이며, 이전 사람들이 이룬 거인의 어깨에 올라타서 더 멀리 더 넓게 볼 수 있었다고 겸손하게 말했다.

뉴턴은 나무에서 떨어지는 사과를 보고 만유인력의 영감을 얻었다. 다른 이야기들도 많지만, 이는 어느 정도 사실이다. 그는 하늘에 있는 달을 보고, 달은 왜 떨어지지 않는지 의문을 가졌다. 뉴턴은 두 가지 뛰어난 통찰을 세웠다. 하나는 질량을 가진 물체는 내부에 힘이 존재한다는 사실이다. 땅은 질량을 통해서 사과를 끌어당긴다. 가지에 매달려 있는 사과는 나무에서 벗어나는 순간 땅의 끌어당기는 힘으로 땅 위로 떨어진다. 이는 땅의 중력이다.

다른 하나는 운동에서 발생하는 힘이다. 힘은 운동을 통해서도 발생한다. 달이 지구라는 땅으로 떨어지지 않는 이유는 달의 회전운동 때문이다. 달은 지구를 돌면서 원심력을 만들고, 이 힘이 지구가 당기는 힘과 같아질 때 달과 지구 사이는 균형을 유지한다. 뉴턴의 자연법칙은 주택시장 같은 사회 현상에도 적용된다.

주택시장은 중장기추세라는 큰 흐름으로 움직인다

주택시장도 멀리 그리고 넓게 보는 자세가 필요하다. 주택시장에는 순간순간의 변동이 아닌 중장기적인 추세의 흐름이 있다. 추세는 주택이 가진 가치에 의해 만들어진다. 가치는 시장가격을 결정하는 바탕이다.

그런데 시장가격은 시간이 흐르면서 변동한다. 시장에 대한 각종 힘의 영향으로 가격은 추세를 중심으로 올라가거나 내려간다. 가치투자 전문가인 세스 클라만(Seth Klarman)의 말처럼 가치와 가격의 괴리가 생기는 것이다. 이런 변동이 가치를 반영하는 추세를 크게 벗어날수록 다시 돌아가려는 힘은 강해질 수밖에 없다. 이는 추세가 가지고 있는 시장을 결정하는 기본적인 힘이다.

거인의 어깨에 올라서라고 하지만, 실제 어떻게 할지는 막연하다. 주택시장에서 거인의 어깨 위에서 길고 넓게 보는 방법의 하나는 시장의 중장기추세를 살펴보는 것이다. 추세를 이용하면 멀리 볼 수 있을 뿐 아니라 시장의 방향과 흐름을 보여주는 내비게이션 역할도 기대할 수 있다.

주택시장의 중장기추세는 지난 30여 년간의 가격지수를 가지고 파악할 수 있다. KB 국민은행의 주택통계를 이용해서 서울 지역 아파트 가격의 중장기추세를 분석한 결과는 그림과 같다. 시장가격과 중장기추세의

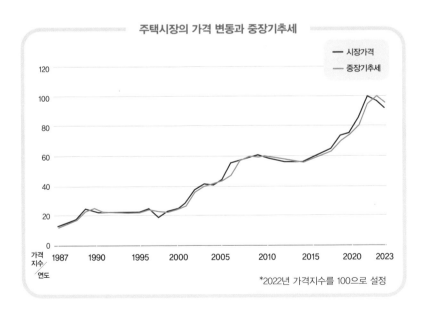

주택시장의 가격 변동과 중장기추세

*2022년 가격지수를 100으로 설정

흐름을 비교하면 시장가격은 중장기추세선의 아래위에서 격차와 진폭을 가지고 변동하면서 움직인다. 시장가격과 중장기추세의 변동이 보여주는 격차는 주택을 사고파는 거래 또는 임차의 의사결정에 있어서 중요한 지표로 사용할 수 있다. 주택 비즈니스의 경우에도 중장기추세는 사업의 성과를 좌우할 정도로 중요하다.

중장기추세와 시장가격 격차는 시장 판단의 핵심 지표

2022년까지 주택시장은 3차례의 상승 국면, 그리고 두어 차례의 침체 국면을 보였다. 상승 국면과 침체 상황에서 장기추세와 시장가격 사이의 격차가 얼마나 심해지는지 또는 좁혀지는지를 파악해 보면, 시장을 판단하기 위한 정보를 얻을 수 있다.

먼저 시장의 상승 국면을 살펴보자. 1987년 3분기에서 1991년 2분기까지 이어진 상승 국면에서 중장기추세와 시장가격 격차가 심해지는 과열 양상이 나타났다. 특히 1990년부터 5분기 연속해서 과열이 지속되었고, 결국 1991년 하반기 주택시장은 하락 국면으로 접어들었다. 이때가 분당 등 5개 신도시의 건설로 아파트 대량 공급이 시작되었던 시기였다.

두 번째 상승 국면은 IMF 사태가 지난 이후 2001년에서 2008년까지 이어졌다. 이때는 꾸준히 상승하던 주택가격이 2006년 들어서 급등했고, 중장기추세와 시장가격의 격차가 벌어졌다. 이는 주택시장의 과열을 보여주는 명백한 시그널이다. 노무현 정부 들어 시장이 과열을 보였던 시기였다. 집값 폭등의 고비를 넘긴 후에 시장은 격차를 줄이는 방향으로 움직였고, 과열이 진정되면서 하락으로 전환한 후에 점차 안정을 유지했다.

최근의 상승 국면은 2016년부터 나타났으며, 2022년 초까지 시장은 상승했다. 각종 규제와 많은 시장 대책에도 불구하고 주택가격이 계속 상승하면서 2020년 하반기에는 양자의 격차가 심해졌다. 이 전의 상황에 비해서 격차는 적은 편이었지만, 이런 격차가 1년 6개월이나 지속되자 시장이 과열되었다는 인식이 점차 강해졌다. 여기에 금리가 큰 폭으로 오르자, 주택시장은 2022년 초반을 정점으로 빠르게 하락했다. 전셋값은 더욱 가파르게 떨어져 하우스 푸어에 이어 깡통 주택과 역전세난이라는 상황까지 벌어졌다.

중장기추세와 시장가격의 격차로 시장을 판단하는 방법

주목할 부분은 중장기추세와 시장의 격차는 침체 국면에도 나타난다는 점이다. IMF 사태에서 시장이 급격하게 침체하면서 주택가격은 장기추세보다 10% 이상 낮아졌다. 글로벌 금융위기 때는 시장 내부보다 외부의 충격이었던 만큼 가격이 소폭 떨어지는 정도에 그쳤다. 2022년 하반기부터 주택가격이 크게 하락하면서 중장기추세에서 5% 이상 아래쪽으로 벗어났다. 시장이 과다하게 하락했다고 생각한 사람들이 나타나면서 시장의 반등이 어느 정도 이어졌다.

주택시장의 중장기추세와 가격의 격차를 분석한 내용은 시장 판단에서 중요한 시사점을 알려 준다. 이는 앞서 말했듯이 거인의 어깨에서 시장을 살펴보면서 얻은 결과라고 할 수 있다.

첫째, 시장가격이 중장기추세를 크게 웃돌거나 일정 수준 이상 웃도는 상황이 오래 계속되면, 주택시장이 과열 상태라고 판단할 수 있다. 주택

투자나 내 집 마련에 위험신호가 나타난다.

둘째, 가격이 계속 하락해서 중장기추세보다 크게 낮아지거나, 추세를 밑도는 수준이 상당 기간 이어진다면, 시장은 저점에 가까워졌다는 것을 시사한다. 특히 외부 충격으로 인한 단기적인 가격 급락과 격차 확대는 조만간 시장이 회복될 가능성을 강하게 보여준다. 이는 주택시장에서 적극적인 자세와 행동이 필요하다는 의미를 가진다.

주택시장에 영향을 미치는 요인은 다양하다. 이런 요인의 움직임에 따라 시장은 변동한다. 그렇지만 모든 요인을 고려하면서 시장을 판단하기는 힘든 일이다. 중장기추세를 살펴보는 행동은 거인의 어깨에 올라서서 시장을 판단하는 것과 같다. 중장기추세와 시장가격의 격차에 의해 시장을 판단하는 방법은 간단하면서도 시장의 방향과 변동을 알 수 있는 유용한 지표로 쓸 수 있다.

주택 거래의 시점을 파악하고, 거래의 방법을 연구하라

거래의 기준은 '어디서, 언제, 어떻게'가 기본이다

주택은 살아가는 터전이면서 삶의 질과 생활을 결정하는 바탕이다. 나아가 자산과 부의 기반이 되는 디딤돌이기도 하다. 주택의 거래는 언제 사고 언제 팔지의 판단이 중요하다. 주택시장의 흐름을 살펴보면 아파트 가격은 두 배 가까이 올랐다가 크게 떨어지기도 했다. 그만큼 거래의 시점은 중요하다. 언제 사고 언제 팔지의 문제는 모든 비즈니스의 원칙이자 중요한 해결 과제이기도 하다.

주택시장은 거인의 어깨에 올라서서 길고 넓게 보는 시각이 중요하다. 주택은 범위 또는 기간의 상품이라는 측면이 강하기 때문이며, 거래를 어디서, 언제, 어떻게 할 것인가의 문제로 요약된다. 이런 점에서 주택 거래의 판단은 시장의 현재 상황과 함께 몇 년 전부터 이어졌던 흐름, 그리고 앞으로 예측되는 상황을 같이 살펴보면서 해석해야 한다.

　모든 경제 활동이나 투자 행동과 마찬가지로 주택 거래의 가장 어려운 점은 앞으로 시장이 어떻게 될지를 판단하는 일이다. 지난 1년 동안 집값이 계속 올랐다고 앞으로도 오른다는 보장은 없다. 집값이 하락할 때도 언제까지 얼마나 떨어질지 알기 어렵다. 특정한 시점을 바라보고 있으면 시장의 흐름에 휩싸이기 쉽다. 일정한 기간의 가격 흐름을 분석하고, 중장기추세를 기준으로 거래의 의사결정을 판단하는 접근이 중요하다.

　2010년대 말 주택가격이 급등하면서 과열에 빠지자, 사람들은 시장이 계속 올라갈 것 같다는 걱정을 하면서 시장에 뛰어들었다. 2022년 후반에는 가격이 빠르게 하락하자 시장이 계속 침체할 것이며, 심지어 폭락한다는 주장도 나왔다. 급하게 집을 판 사람도 있다. 눈앞의 그림만 보면 냉정한 판단이 어렵다. 그렇지만 주택시장을 긴 시각으로 살펴보고 과거의 상황을 조사해 보면, 시장의 긴 흐름은 추세를 유지하려는 성향이 강하다. 이는 거인의 어깨에 올라서서 시장을 살펴보는 자세라고 할 수 있다.

　몇 가지 예를 들어보자. 지난 1998년 IMF 사태가 발생한 직후 주택시장은 주택가격과 전셋값이 모두 폭락했다. 가격 하락은 물론이고 역전세까지 발생해 집주인이나 세입자 모두 큰 어려움을 겪었다. 그러나 시간이 지나자 시장은 사태 이전의 수준으로 회복했으며, 이후 몇 년 동안 상승하면서 크게 올랐다. 이는 IMF 사태가 발생하기 이전에 주택시장은 이미 상당한 조정 과정을 거쳤기 때문이다. 그런데 2008년 글로벌 금융위기의 경우 주택시장이 침체에 빠지면서 상당히 긴 시간 동안 조정하는 양상을 보였다. 주택시장은 금융위기가 나타나기 전에 지속해서 호황을 보였고, 금융위기를 계기로 시장이 조정 국면에 들어섰기 때문에 회복에는 시간이 걸렸다.

시장의 현재 상황과 그동안 흐름을 생각하면 IMF 사태와 글로벌 금융위기 이후의 시장은 다른 반응을 보일 수밖에 없었다. 긴 시각으로 시장을 살펴보고 과거 흐름을 파악하면 알 수 있는 사실이다.

주택시장의 판단에는 범위와 기간이 중요하다

이처럼 주택시장의 판단에는 범위와 기간이 중요하다. 시장을 살피면서 의사를 결정하고 실제 행동으로 옮기는 데 상당한 시간이 걸린다. 적어도 몇 달 또는 1년 전부터 내외적 여건의 변화를 살피고 준비하는 자세가 중요하다. 사전에 철저하게 준비하지 않으면 막상 기회가 왔을 때 적절한 시점에 잡지 못한 채 뜻하지 않은 리스크를 부담하게 된다.

주택시장 상황을 판단하고 나면, 실제 거래를 어떻게 실행할 것인지를 검토해야 한다. 주택을 거래하기 위한 조건은 두 가지이다. 하나는 거래하는 시점의 파악이고, 다른 하나는 거래하는 방법의 선택이다.

먼저 주택의 거래 시점을 검토해 보자. 거래 시점의 판단은 주택시장 상황에 따라 다르다. 대개 주택시장이 급등할 때 서둘러 시장에 뛰어드는 오류를 범하는 경우가 많다. 반면 주택시장이 하락할 때는 결정을 망설이다가 기회를 놓칠 수 있다.

주택시장이 상승할 때 거래 시점을 잘못 선택해 주택을 서둘러 매입한 사례를 살펴보자. 시장이 상승하면 수요자의 마음이 조급해진다. 가만히 있으면 혼자 손해를 보는 듯한, 이른바 포모 증후군에 빠진다.

결혼 7년 차 30대 부부는 전셋값이 크게 오르자, 2021년 7억 원 정도의 아파트를 매입했다. 애초 3억 원 대출을 받았으나 중개수수료와 취득세, 리모델링, 시설 교체 등의 비용이 발생해 1억 원의 신용대출을 받았다. 매달 원금과 이자를 포함해 300만 원을 지출하고 있는데, 가계 수입의 절반 이상이 들어갔다. 이에 비해 집값은 크게 떨어졌다. 자녀 교육이나 이웃 관계를 생각할 때 계속 살고 싶지만, 무리한 대출 때문에 힘들어졌다.

다른 40대 부부는 2022년 초 안양에서 9억 5,000만 원의 아파트를 매입했다. 당시 자기 자금에다 대출 4억 원을 받아 매입했는데, 1년 후 실거래 가격은 5억 8,000만 원으로 낮아졌다. 대출이자가 급상승하는 바람에 원금을 포함해 매월 260만 원이 지출된다. 지금 팔면 손해를 보는데 소유할지, 매각할지 고민에 빠졌다. 게다가 이자도 크게 늘어났다. 물론 지역에 따라서는 이들의 주택은 시장이 살아나면 회복될 수 있을 것이다.

이런 사례는 집값 급등기에 포모 증후군에서 벗어나려고 성급하게 주택을 매입해서 곤란해진 경우이다. 집값이 오른다고 무리한 대출을 받아 집을 산 것도 문제지만, 고금리로 가는 상황에서 내 집 마련에 나섰다는 자체가 잘못된 판단이다.

주택시장의 '데드 캣 바운스', 출렁거릴 때의 행동 요령

한편 시장이 하락하는 상황에서는 어떻게 행동하는 것이 합리적일까. 사람들은 언제 시장이 회복할지에 관심을 쏟는다. 하락할 때는 계속 떨어질 것 같은 불안감으로 주택을 사기가 망설여진다.

2023년 하반기 들어 주택가격이 조금씩 회복하자 집을 살까 말까, 고민하는 사람이 많아졌다. 지난번 시장이 호황일 때 기회를 놓친 30대 후반의 어떤 부부는 이번 기회에 내 집을 장만하려고 생각했다. 낮은 금리의 정책자금 지원을 활용하면 큰 부담 없이도 집을 살 수 있지 않을까 생각했다. 그런데 시장의 여건은 여전히 좋지 않았다. 경제가 위축되어 있고, 주택시장이 추가로 더 떨어지면서 폭락한다는 전문가 주장도 강했다. 이들의 말을 듣고 좀 더 기다리는 선택을 하는 사람이 많았다. 열심히 시장을 쳐다보았지만, 선뜻 용기를 내어 집을 사기가 망설여졌다.

그러다가 서울 등지의 아파트 가격은 빠르게 상승했다. 애초에 사고 싶었던 아파트의 가격은 이미 10% 이상 올라 있는 상태이다. 가격의 상승이 '데드 캣 바운스(Dead Cat Bounce)'로 보이지는 않았지만, 여전히 확신은 서지 않았다. 데드 캣 바운스는 주식시장에서 주로 사용하는 용어이며, 주가가 급락한 후 잠시 소폭 회복되었다가 다시 하락하는 현상을 의미한다. 다시 하락을 기다릴지 지금이라도 사야 하는지 가격만 보고 있으면 판단이 어려운 상황이다.

주택 거래의 구체적 행동 요령 4단계

앞에서 시장의 과열 상황에서 서둘러 주택을 매입했다가 어려움을 겪는 경우를 살펴보았다. 그런데 시장의 하락 또는 침체 국면에서는 판단이 더욱 어렵다. 가격이 하락할 때 떨어지는 칼날을 잡으려면 많은 용기가 필요하다. 주택 매입을 생각하는 경우 가격을 보면서 기다리는 자세로는 원하는 성과를 얻기 어렵다.

이럴 때는 시각을 달리해야 한다. 시장의 가격 흐름만 보고 있으면 판단이 어렵다. 주택시장의 조정이 마무리되기를 기다린다는 생각에 묶일 필요는 없다. 상승 국면 이전에 시장이 혼란을 벗어나지 않은 상황에서도 주택 거래의 기회는 많이 있다. 시각이 달라지면 기회를 찾을 수 있다. 주택의 매입 목적이 거주 안정을 위한 내 집 마련인지 비즈니스 투자인지에 따라서 접근은 다르지만, 가격이 바닥까지 떨어지기를 기다리는 전략은 합리적 행동이 아니다. 가격이 아닌 다른 수단이 필요하다. 거래 시점을 판단하는 핵심은 가격이 아니라 주택 매입에 들어가는 비용이다.

비용에 바탕을 둔 거래의 방법은 뒤에서 자세히 설명할 것이다. 구체적 내용은 소유와 임차의 선택, 주택 거래의 실천 전략, 정보의 활용 등에서 다룬다.

앞에서 주택시장이 보여준 미래의 모습과 지역의 선택, 거래 시점 등의 내용을 정리하고 설명했다. 거래하기 위해 가져야 하는 자세와 전략도 다루었다. 이를 실제 행동에 적용하려면 실천을 위한 구체적 가이드가 뒷받침되어야 한다. 거래의 조건, 즉 주택 거래에서 갖출 절차와 가이드는 아래에 제시하는 네 가지 과정을 차례로 거치면서 실행할 수 있다.

첫 번째 – 거래의 적절한 시점을 찾는다

첫 번째 과정은 주택시장의 흐름을 살피면서 거래의 적절한 시점을 찾는 일이다. 거래 시점의 판단은 두 가지 측면에서 접근할 수 있을 것이다.

하나는 시장의 중장기추세와 시장가격의 격차 또는 괴리를 분석하는 것이다. 중장기추세는 몇 년간의 가격 흐름으로 파악할 수 있으며, 이 추세를 시장의 현재 가격과 비교해서 가격이 너무 높은지 아니면 낮은 상태인지, 적정한 수준인지를 알 수 있다.

다른 하나는 주택의 매입 등에 들어가는 비용을 살펴보는 것이다. 시장은 가격이 아니라 비용으로 판단하는 방법은 중요하다. 가격은 변동이 심하며 가격만 쳐다보면서 행동하면 자칫 빠른 물살에 휩쓸리거나 물구덩이 같은 함정에 빠질 수 있다. 비용은 주로 대출금리, 전셋값 등의 영향을 받으며, 이를 자세히 살펴보면 비용의 흐름을 파악할 수 있다.

구체적인 사례를 가지고 첫 번째 과정을 살펴보자.

1단계 거래 시점 찾기	2단계 지역의 선정	3단계 주택의 선택	4단계 시장 여건 검토
추세의 분석 비용 판단	시장 양극화 평균의 오류	비용과 만족	경제 상황 금융 여건 정책 내용

서울의 아파트 가격은 2010년대 초반에는 추세보다 약간 낮게 움직이다가 2016년부터 점차 오르기 시작했다. 금리는 2% 이하로 낮았고, 매매가격과 전셋값의 비중은 70%를 넘어섰다. 비용 측면에서 살펴보면 2010년에 비해 주택 비용은 크게 낮아졌다. 가격이 조금 올랐지만, 비용은 도리어 줄어들었다. 이런 상황은 주택을 매입하라는 강한 시그널을 보여준다. 추세와 비용의 두 가지 측면에서 모두 매입의 적절한 시점임을 강력하게 시사했다.

두 번째 – 살고 싶은 지역과 아파트단지를 고른다

두 번째 과정은 살고자 하는 지역과 아파트단지를 고르는 일이다. 주택시장의 큰 흐름은 양극화와 시장의 분화로 나타나고 있다. 주택시장은 강한 흐름으로 상승하는 지역과 소외되는 지역으로 뚜렷이 나누어진다. '달리는 말에 올라타라'라는 격언처럼 양극화의 시대에는 지역의 선택이 중요하다. 크게는 수도권과 지방, 세세하게는 도시 내에서도 지역 간의 격차는 점점 벌어질 것이다.

이 과정에서 유의할 사항은 대부분 지역과 주택이 비슷하게 움직인다고 생각하는 평균의 오류에서 벗어나는 일이다. 앞으로는 지역이나 주택에 따라서 전혀 다른 움직임을 보이는 현상이 강해질 것이다. 이를 명심하지 않으면 시장에서 소외되는 상황에 빠질 수 있다. 이와 함께 지역의 성장이나 발전 잠재력도 고려할 필요가 있다. 일단 지역을 선정하면 주어진 조건을 가지고 자신에게 최적의 만족을 주는 주택을 찾아야 한다.

세 번째 – 적절한 가격의 적당한 주택을 선택한다

세 번째 과정에서 고려할 사항은 적절한 가격의 적당한 주택을 선택하는 일이다. 적절한 가격이란 자기 자금에다 부담 가능한 대출 등을 더한 금액이다. 금리가 높으면 당연히 가격의 범위는 좁아진다. 주택의 선택에서 중요한 사항은 자신에게 만족을 주는 요인이 많은 주택을 고르는 일이다. 비슷한 가격대의 주택에서도 개개인에게 주는 효용은 천차만별이기 때문이다. 이런 주택이 상대적인 가치가 높고 더 많은 만족을 얻을 수 있는 주택이다.

네 번째 – 주택시장과 관련한 정책을 살펴본다

네 번째 과정에서 검토할 내용은 주택시장이 처해 있는 내적 외적 여건이다. 특히 주택정책에서 대출금액, 금리 같은 금융 대책과 세금 강화나 경감 같은 세제는 주택의 선택에 큰 영향을 미친다. 이들 정책의 효과를 충분히 검토하는 한편, 정책에서 많은 혜택을 받는 주택을 선택하는 전략이 필수적이다.

저출산을 비롯한 한국 사회가 당면한 과제를 해결하기 위한 다양한 정책이 쏟아지고 있다. 이들 정책에서 주택시장과 관련이 높은 정책을 살펴보고, 이를 활용하는 노력이 필수적이다. 금리의 경우 보금자리론 특례대출, 신혼부부 주거 지원, 신생아 특례대출 등이 있다.

이러한 네 가지 과정과 절차는 시장 상황과 지역 여건, 주택의 가치를 고려하면서 실행할 수 있다. 이런 과정을 거쳐 선택한 주택은 좋은 결과를 가져다줄 것이다.

시장의 흐름과 타이밍을 읽고, 적시에 적정 가격으로 거래하라!

주택시장은 처음부터 급등하지는 않는다

거래 시점의 판단은 쉽지 않다. 그렇지만 주택가격이 상승했던 여러 사례를 살펴보면 참고할 기준을 충분히 잡을 수 있다.

지난 수십 년의 시장 흐름을 살펴보자. 주택시장은 1980년대 후반부터 서서히 오르다가 1989년 들어 가격이 급등했다. 당시는 1988년 상반기 무렵이 주택을 매입할 적기였다. 상승 추세는 1991년 초반까지 거의 2배 정도 오른 다음 분당을 비롯한 수도권 5개 신도시 개발, 주택 200만 호 건설계획을 계기로 하락으로 전환되었다. 이를 흔히 1차 폭등기라 칭한다.

두 번째 상승 국면은 IMF 사태를 겪은 이후 나타났으며, 2008년까지 서울 아파트의 가격은 140%가 올랐다. 이때도 처음 1~2년 동안은 조금

씩 상승하다가 이후 가격이 크게 올랐다. 2차 폭등기를 맞은 것이다. 사람들의 관심이 많은 세 번째 상승 국면은 2016년경에 시작해서 2021년까지 이어졌다. 이 흐름 역시 앞선 두 번과 비슷한 패턴을 보였다. 이런 상승이 대략 10년 주기로 반복되자 부동산 10년 주기설이 회자하였지만, 확실한 근거는 없다.

여기서 주택시장의 흐름에 관한 중요한 사실을 파악할 수 있다. 대개 시장은 초기에는 완만하게 상승하면서 주택을 매입할 기회를 여러 차례 준다. 최선의 판단이 쉽지는 않지만, 시장 흐름의 지표를 잘 살펴보면 합리적으로 행동할 수 있다. 거래의 관건은 타이밍, 그리고 냉정한 자세를 가지고 적당한 가격으로 거래하는 것이다.

상승기의 주택시장이라도 처음부터 급등하지는 않았다. 초기에는 조금씩 움직이면서 거래가 늘어났다. 서서히 가격이 오르고 많은 사람이 시장에 뛰어들면 가격은 빠르게 올라갔다. 가격이 어느 정도 오르면 시장은 다시 숨 고르기에 들어갔다. 이후 조정을 하면서 상승 여력을 쌓은 시장은 빠르게 호황에 진입하고 가격이 크게 상승했다.

주택시장의 상승 초기에 주택의 매입은 합리적인 행동

사람들이 상승 초기에 확신을 갖지 못하고 망설이는 동안 시장은 달아오르면서 힘을 축적하고, 쌓인 힘이 분출하면 가격이 급등하는 패턴을 보인다.

오랫동안 축적된 마그마의 힘이 임계치를 넘어서자, 용암을 분출하고 화산이 폭발하는 현상과 비슷하다. 전형적인 주택시장의 변동 패턴이다.

망설이다가 기회를 놓친 사람과 달리 자신의 판단으로 과감히 시장에 뛰어든 사람들은 부를 얻었다.

2010년대 중반 이후 주택시장의 흐름과 변동을 살펴보자. 처음 2~3년 동안은 연 8% 정도 가격이 상승했다. 이후 가격 부담을 느낀 수요가 주춤하고, 시장 안정 대책이 나오면서 상승은 진정되었다. 상승 초기에 주택을 매입하지 못했다면 이때가 좋은 시점이었다. 잠시 안정을 보이던 주택시장은 다시 강한 상승 흐름으로 돌아섰다. 각종 시장 대책이 추가로 발표되었지만, 일단 탄력이 붙은 시장에서 주택가격은 크게 상승했다. 2021년까지 이어진 상승 국면에서 가격 상승률은 무려 연 14%에 달했다.

웬만한 아파트의 가격은 거의 2배 수준으로 올라 집이 없는 사람은 심한 자괴감까지 들 정도였다. 이후 시장은 금리의 급격한 상승이라는 충격을 받으면서 마무리되었다.

가격이 상승하는 초기에 기회를 잡지 못한 사람은 조금 늦게 시장에 들어온다. 주택시장은 단기 변동성이 큰 주식시장과 다르다. 주택은 투자 수익의 목적도 있지만, 안정적인 내 집 마련이 일차 목적이다. 주택시장의 상승 초기에는 조금 늦은 주택의 매입도 합리적인 행동이다.

중심 지역과 주변 지역에서 변화의 속도와 크기에 차이가 있다

2016년부터 2021년 사이의 호황 국면에서 시장이 잠시 조정에 들어간 2017년 하반기는 좋은 시점이었다. 당시 망설이지 않고 서울 등지에서 주택을 매입했다면 2022년 이후의 하락을 고려해도 KB 가격지수는

60% 가까이 상승했다. 최근 가격은 다시 상승하고 있다.

이런 패턴이 앞으로도 이어질까. 많은 논란이 있지만, 시장이 움직이는 패턴 자체는 그대로 유지될 것이다. 중요한 변화는 지역이 점점 세분되고 있다는 사실이다.

주택시장의 미래 모습에서 설명한 대로 차별화가 자리 잡으면서 중심 지역과 주변 지역에서 변화의 속도와 크기는 크게 차이가 날 것이다. 중심 지역에 있는 주택시장의 흐름은 빠르고 크게 움직이겠지만, 그렇지 않은 지역은 변화의 속도와 크기가 상당히 둔해질 전망이다. 그동안 주택시장을 보면서 배웠던 학습효과를 앞으로는 지역에 따라 달리 적용해야 한다. 이는 주택 거래에서 명심할 사항이다.

의사결정 타이밍은 가격보다 중장기추세 분석이 우선

주택의 거래에서 어려운 점은 의사결정의 타이밍이다. 가격이 저점이거나 상승하기 전에 주택을 매입하면 좋겠지만, 이런 시점을 알기는 쉽지 않다. 주택을 팔려고 할 때도 마찬가지이다. 전문가를 비롯한 외부의 의견을 들어도 여전히 판단은 어렵다. 도리어 휘말릴 수도 있다. 항상 명심해야 할 사항은 의사결정에 따른 책임은 자신에게 있으며, 스스로 판단하고 행동하는 탄탄한 기준을 가져야 한다는 점이다. 주택 거래의 의사결정에서 적용할 수 있는 한 가지 기준은 중장기추세와 시장가격의 괴리를 분석하는 방법이 있다.

시장에서 겉으로 드러나는 가격의 움직임을 보면서 판단을 결정하기는 어려움이 있고 리스크도 생긴다. 주간 또는 월 단위로 발표되는 아파트 가격의 상승과 하락을 듣다 보면, 급해지기도 하고 느슨해지기도 하면서 쳐다보기만 하는 경우가 많다. 자신의 자세를 결정하지 못하고 수치만 좇다 보면 제때 판단을 하지 못하고 기회를 놓치고 만다.

따라서 한 발 떨어져서 중장기적인 추세와 가격을 비교하고, 양자 사이의 괴리를 바탕으로 판단하는 객관적인 접근이 합리적이다. 중장기추세 이외에도 의사결정을 내리기 위한 몇 가지 기준을 생각할 수 있다. 이런 기준은 나중에 다시 설명하지만, 무엇보다도 나름의 기준을 확보할 필요가 있다.

전문가 판단과 다수의견을 비롯한 시장조사는 자칫 오류를 낳는다

시장 추세의 변화 예측에 취약한 전문가, 다수의견, 시장조사

주택시장의 의사결정에서 사용하는 지표는 통계 등의 객관적 지표와 전문가 의견 같은 주관적 지표가 있다. 주택 거래에서 흔히 저지르는 실수의 하나는 객관적 지표보다 주관적인 지표에 의존하는 경향이 많다는 점이다. 객관적 지표인 분석을 직접 하려면 시간도 들고 번거롭다. 그래서 스스로 판단하고 결정한다고 생각하면서도 남의 의견이나 다수의 견해에 휩쓸리게 된다.

대부분 사람에게 주택은 재산의 70% 이상을 차지할 만큼 중요하다. 따라서 의사결정을 하기 전에 시장을 살펴보고, 전문가 등의 의견을 열심히 들어본다. 이런 노력을 한 다음 최종 판단은 자신이 스스로 내려야 한다. 그런데 의사결정을 위한 객관적 정보의 수집은 쉬운 일은 아니다.

자연 전문가나 관련 종사자 또는 여러 사람의 의견에 귀를 기울인다. 자신이 최종 판단을 한다고 하지만, 다수의 의견을 따르는 경우가 많다. 전문가의 의견을 따르면 판단의 리스크를 줄일 수 있다고 생각한다.

그러나 전문가나 다수의견이 틀리는 상황도 자주 나타난다. 위험을 피하려고 닭장 속의 달걀을 여러 바구니에 분산해 두어도 닭장이 무너지면 아무 소용이 없는 것과 마찬가지이다.

특히 시장이 하락에서 상승 또는 상승에서 하락으로 전환하는 변곡점에 다다랐을 때, 전문가나 다수의견에서도 때로 잘못된 판단이 나온다. 이들도 편향의 영향을 상당히 받기 때문이다. 시장의 흐름에서 변곡점은 가장 중요한 포인트이며, 주관적 판단에 의한 변곡점 파악의 오류가 미치는 영향은 심각하다.

유튜브 등을 통해 자산의 판단이 정확하고 대세인 것처럼 주장하는 전문가들도 흔하다. 이에 비해서 통계에 기초해서 생산한 지표는 시장의 흐름이나 전환을 좀 더 객관적으로 보여주므로 리스크를 상당히 줄일 수 있다. 물론 이러한 지표의 사용 역시 시장의 전망, 특히 시장 흐름의 추세적 전환과 변곡점을 파악하기에는 충분하지 않다.

소비자의 견해를 파악하기 위한 다양한 시장조사

부동산시장에 관한 소비자의 생각과 견해는 시장 심리지수를 가지고 알 수 있다. 부동산에 관한 지표는 KB 부동산통계의 부동산 심리지수, 국토연구원의 부동산소비자 심리지수, 한국은행의 주택시장 전망 소비자동향조사 등이 있다.

KB 부동산통계는 표본 중개업소를 대상으로 설문조사를 실시해서 매수우위지수, 가격전망지수 등을 작성한다. 매수우위지수는 시장에서 매수와 매도의 우위 정도를 보여주며, 이 지수가 100을 초과하면 매수가 많다는 것이다. 100을 기준으로 하지만 중개업소인 응답자의 성향을 고려할 때 대체로 매수를 적게 응답하는 성향이 있으므로 실제 기준은 낮을 것이다.

지난 20여 년간 서울의 매수우위지수 평균값은 75에 불과하며, 상승기에는 125를 웃돌고, 침체기에는 25까지도 떨어지는 등 편차가 심하다. 즉 지수가 100 이하라고 매도 우위의 시장으로 판단하기는 어렵다. 이 지수는 시장의 수급 상황을 보여주는 주관적 성격을 가진 후행지수라는 점에서 보조지표로 참조하는 것이 좋다. 예를 들어 지수가 상승하면서 75 수준을 웃돌면 시장이 상승 국면으로 들어갈 가능성이 나타났다는 정도로 해석하는 편이 합리적이다.

한편 가격전망지수는 중개업소가 생각하는 3개월 후의 시장 동향을 조사한 내용이며, 지숫값이 100을 웃돌면 상승 전망이 우세하다는 것이다. 2018년부터 시작한 가격전망지수는 조사한 기간이 길지 않기 때문에 지수의 정확도를 평가하기 곤란하다. 다만 주택의 거래가 계약에서 소유 이전까지 통상 2~3개월 걸리므로 계약 시점의 가격 동향으로 3개월 후 시장을 살펴보는 정도의 의미를 가진다. 그러나 주택시장의 판단은 향후 몇 년의 시장 흐름을 바라본다는 점에서 실제 판단이나 의사결정에 도움을 주기는 한계가 있다.

국토연구원에서 발표하는 부동산시장 소비심리지수는 일반 가구와 중개업소를 대상으로 조사한 시장 상황을 보여준다. 지숫값은 0에서 200의 범위이며, 100을 기준으로 상승 국면, 보합 국면, 하락 국면을 판단한다.

	조사 항목	주요 내용
KB 국민은행	매수우위지수 가격전망지수	중개업소 설문조사
국토연구원	소비심리지수 시장압력지수	일반 가구, 중개업소 거시경제, 수급, 금융 변수
한국은행	주택가격 전망 CSI	가구 설문조사

조사가 시작된 2012년 이후 지수의 평균값은 111로 계산되며, KB 부동산통계의 지수보다 높은 편이다. 이는 조사 대상에 일반 가구가 다수 포함되었기 때문이다.

심리지수는 주택시장의 현황을 파악하고 정보로 활용

한편 시장압력지수는 시장의 확장 또는 침체를 초래하는 압력의 크기를 나타낸다. 이 지수는 거시경제, 주택 수급, 금융 등의 변수를 이용해서 산출한다. 지숫값은 0에서 200 사이에 있으며, 상승, 보합, 하락 국면으로 나누어 시장 방향에 대한 압력을 보여준다. 단순히 조사대상자의 주관적 심리적 판단에 따라 산출되는 소비심리지수나 소비자동향지수에 비해 경제지표를 활용한다는 점에서 좀 더 객관적 수치라고 할 수 있다. 아직은 생산기간이 짧아 지수의 유용성을 판단하기 어렵지만, 가격이 급락했던 2022년 하반기와 회복을 보인 2023년 상반기를 비교할 때 시장압력지수의 유용성도 보인다.

한국은행은 소비자동향조사에서 주택시장의 주택가격 전망 CSI를 조사한다. 이는 도시의 2,500가구를 대상으로 조사하며, 매월 실시하고 있다. 소비자심리지수에는 물가수준 전망. 임금수준 전망과 함께 주택가격 전망도 포함되어 있다.

부동산시장에 대한 각종 심리지수의 이용에서 유의할 사항을 살펴보면, 이들 심리지수는 대체로 시장에 동행 또는 후행하는 성격을 갖고 있다. 주택시장을 전망하는 지표로 사용하기에는 제약이 있다. 이들 심리지수는 주택시장이 현재 처해 있는 상황을 파악하고 판단하기 위한 정보로 활용하는 것이 효과적이다.

위 표의 내용을 정리해 보자. KB 부동산통계의 매수우위지수는 시장이 매수 우위인가 매도 우위 상태인가를 보여주며, 가격전망지수는 3개월 후의 시장을 전망하는 내용이다. 국토연구원의 소비심리지수는 시장이 상승, 보합, 하락 국면의 어디에 있는지를 보여준다. 시장압력지수는 시장의 확장 또는 침체를 초래하는 압력의 크기를 나타낸다. 한국은행의 소비자동향조사는 주택가격 전망 CSI를 보여준다. 전망의 한계는 전문가의 의견에서도 흔히 나타난다. 특히 시장의 흐름이 전환되는 시점은 판단이 상당히 어렵다.

주택시장이 호황이었던 2021년에 제시된 전문가 판단을 살펴보자. 당시 9명의 시장전문가 중에서 2021년에 상승을 주장한 사람은 6명, 보합은 2명, 하락은 1명이었다. 실제 시장가격은 1년 동안 12% 이상 상승했다. 2022년의 전망조사에서는 전문가 20명 가운데 상승은 14명이었고, 일부는 10%를 넘는 강한 상승 의견을 제시했다. 하락 응답은 불과 2~3명에 그쳤다.

그러나 이들의 전망과는 달리 주택시장은 2022년 하반기 들어 빠르게 침체했고, 큰 폭으로 가격이 하락했다. 2023년의 시장에 대한 전문가 조사에서는 2022년에 가격이 하락한 영향으로 대부분 전문가가 하락을 예상했다. 실제 시장에서도 아파트 가격은 5% 이상 하락했다. 전셋값 역시 하락을 예상했지만, 하반기 들어 전셋값은 점차 회복되었다.

주택시장의 변곡점 파악은 전문가조차 오류가 많다

주택시장의 상승 추세가 계속되거나 하락할 때는 대부분 전문가가 맞는 방향으로 판단했다. 그러나 시장이 변곡점을 맞이한 시점에는 전문가의 70% 이상이 잘못된 진단을 내렸다. 2022년 초에 전문가 판단에 따라 주택을 매입했다면 손실을 겪고 있을 것이다. 이처럼 전문가의 판단 역시 오류를 보여주는 경우가 많다. 특히 시장 추세가 전환하는 변곡점 상황에서는 전문가 역시 한계를 보여준다.

이런 현상은 시장의 흐름에 대한 편향된 인식에 기인한다. 전문가 역시 주관적 심리 상태에서 벗어나기 어렵기 때문이다. 이는 관련 분야의 종사자 역시 마찬가지이다. 주택시장뿐 아니라 주식이나 채권, 외환시장 같은 자산 분야도 시장 전환의 예측은 매우 어려운 일이다.

주택을 포함한 부동산시장에 대한 여러 기관의 발표 자료 역시 시장을 판단하고 전망에 사용하기는 쉽지 않다. 일부 기관의 가격 전망치와 시장의 가격 변동을 6개월 시차를 두고 정확, 보통, 부정확으로 구분해서 대략 분석한 결과 정확도가 높지는 않았다. 18회의 조사 가운데 전망치와 시장가격 변동이 상당히 일치하는 정확 8번, 일치하지 않은 부정확은 5번, 그리고 보통이 5번으로 나타났다. 시장의 판단을 조사에 의존하기에는 한계가 있다.

이런 사실을 고려할 때 주택시장의 분석과 전망은 주관적인 전망에 의존하기보다 객관적 통계자료에 의한 방법이 판단의 오류를 상당히 줄일 수 있는 선택이다. 이런 방법에는 복잡한 계량모형을 만들어 사용하는 방법도 있고, 간단한 통계자료를 이용하는 접근도 있다. 최근에는 AI를 이용한 분석기법도 개발되고 있다.

저평가된 '미인주택'을 찾아 장기간 '가치투자'를 하라

주택의 거래는 대개 언론, 전문가, 관련 종사자, 그리고 주변 사람의 다양한 의견을 들으면서 스스로 판단해서 결정하려고 한다. 그런데 많은 의견을 듣다 보면 자신 생각보다 주변의 다수의견에 따라 행동하는 경우가 자주 나타난다. 이는 중요한 결정에서 자신의 판단보다 집단의 생각이나 행동의 영향을 받고, 이를 따라가는 경향을 의미한다. 이런 현상은 여러 형태로 관찰되며 '레밍 효과', '양무리 효과', 그리고 '미인투표론' 등이 있다.

'레밍 효과(Lemming Syndrome)'는 북극과 가까운 툰드라 지역에 서식하는 레밍의 집단행동에서 나온 말이다. 뚜렷한 주관 없이 주변 무리를 따라가는 편승효과를 의미하며, 이들은 앞에서 가는 무리가 절벽으로 떨어져도 그대로 따라 움직인다. 앞의 상황을 모르고 무작정 따라가므로 결과에 대한 불확실성이 크다.

'양무리 효과'는 집단 속에서 개인이 주변 사람들의 다수 행동을 따르므로 객관적인 행동을 어렵게 만든다는 주장이다. 인간의 비이성적 소비 행태를 설명할 때 쓰이는 용어로, 주택 거래에서도 레밍이나 양무리처럼 행동하면 잘못된 결과를 가져올 수 있다. 몇몇 사람의 말만 듣고 군중심리에 의해 내 집 마련이나 투자를 결정하면 큰 손해를 볼 수도 있다.

부동산이나 주식시장에 흔히 나타나는 현상은 자기실현적 예언과 집단사고가 있다. 대부분 사람이 한쪽으로 생각하면서 비슷한 방향으로 움직이면 집단의 예상 자체가 시장을 움직이는 힘으로 작용한다. 자기실현적 예언이 시장에서 실제로 나타나는 것이다.

이런 현상은 일상생활에서도 흔히 보인다. 사람들이 시장에 분유가 부족하다고 생각하고 행동하면 사재기가 일어난다. 실제로 분유가 부족하지 않아도 분유가 품귀하고 가격이 상승한다. 여기에 일부 전문가나 언론이 확증편향으로 주장하면 시장이 과잉 반응을 보일 수도 있다.

집단사고는 대부분 사람이 일치된 의견이 아닐 때도 발생한다. 시장에서 영향력이 큰 일부 그룹의 몇 가지 요인으로 인해 집단사고화하는 상황이다.

언론 등에서 시장 조사를 할 때 다수 전문가의 의견을 구하는 것도 사람들이 집단사고의 방향을 알고 싶어하기 때문이다. 개인은 혼자서 집단사고에 벗어날 때 겪는 어려움을 감수하고 싶지 않다. 이런 현상은 '미인 투표론'을 가지고 설명할 수 있다.

가치투자를 강조한 케인스의 '미인투표론'

'미인투표론'은 경제학자 케인스가 주식시장을 설명하면서 주장한 유명한 이론이다. 케인스는 경제학의 새로운 분야를 개척한 학자이면서 예술에도 조예를 가진 사람이었다. 그가 저술한 《고용, 이자 및 화폐의 일반이론》은 완전고용을 실현하기 위해서는 공공지출 같은 정부의 대책이 필요하다는 이론이다. 이는 많은 나라의 경제 정책에 이론적 바탕을 제공했다. 1차세계대전 이후 대공황으로 불황에 빠진 미국에서 뉴딜(New Deal) 정책으로 실현된 바 있다. 뉴딜은 실업자에게 일자리를 만들어 주고, 경제를 개혁해서 침체해 있는 경제를 회복하기 위해 1930년대에 시어도어 루스벨트 대통령이 추진한 정책이다.

케인스는 대학교, 정부 기관, 국회의원 등 다채로운 활동을 하면서 각종 투자에도 관심이 많았다. 일찍부터 외환시장에서 환차익 거래를 자주 했고, 선물시장과 비슷한 상품거래에도 뛰어들었다. 자신의 해박한 경제 지식을 이용해서 다양한 투자시장에 뛰어들었지만, 실패도 자주 맛보았다.

이런 투자 활동은 그의 경제 이론에도 영향을 미쳤다. 그는 초기에는 주식투자자는 배당이 아니라 시세 변동의 이익을 바란다고 생각했다. 이전의 경제학이 플로(Flow)를 분석하는데 중심을 두었다면, 부와 자산의 가치 상승과 하락은 스톡(Stock)의 가치에 경제 이론이 더 많은 관심을 두어야 한다고 생각했다.

이는 경제학에 대한 새로운 접근이며, 오늘날 공공경제학의 지평을 열었다. 케인스는 정부가 시장에 적극적으로 개입해서 경제성장을 이루어 가야 한다는 주장으로 널리 알려져 있다. 그의 업적은 오늘날 자본주의

의 한 축으로 인정받고 있는 자산이라는 분야의 개념을 세우고, 나아갈 길을 제시한 것으로 이해할 수 있다.

미인으로 여겨지는 기업에다 장기간 투자하는 워런 버핏

'미인투표론'은 어떻게 만들어졌을까. 케인스도 처음에는 주식투자로 상당한 손실을 보았다. 이후 투자 방법을 단기간의 시세차익을 추구하는 접근에서 벗어나 가치 확보에 중점을 두는 장기전략으로 바꾸었다. 이런 방법으로 그는 많은 이익을 얻을 수 있었다. 그가 투자 방법에서 채택한 핵심은 저평가된 시장에서 미인주식을 찾고, 바람이 부는 흐름에 따라 몸을 굽히는 전략이다. 이외에도 시간의 흐름을 즐기고, 집중해서 투자하고, 절제와 균형을 보이는 행동도 케인스가 사용했던 주요 전략이다.

그가 사용한 투자 방법은 워런 버핏(Warren Buffett) 같은 다른 주식투자의 대가들도 사용하는 투자철학이다. 워런 버핏은 뛰어난 투자 실력과 기부 활동으로 오마하의 현인으로 불린다. 그는 좋은 기업에 투자해서 오랫동안 주식을 가지고 있으면서 안정적인 수익을 얻는 전략의 중요성을 강조했다. 미인으로 여겨지는 기업에다 긴 시간을 투자하는 방식이다.

케인스가 제시한 6가지 원칙은 주식뿐 아니라 다른 투자에서도 적용할 수 있다. 이들 원칙의 몇 가지를 시장에서 주택을 거래하려는 입장에서 정리해 보자.

첫째, 저평가된 미인 종목을 찾아라. 주식과 마찬가지로 주택은 가치가 중요하다. 오래 소유한다는 점에서 더 중요할 수 있다. 주택의 가치 판단은 3장에서 정리한 바 있다. 추가로 설명하면 주식은 주로 투자 목적으로 거래한다. 주택은 투자의 목적도 있지만, 자신이 살아갈 집을 구하는 일이 중요하다. 먼저 미인투표의 입장에서 지역과 주택을 선택하고, 그중에서 자신에게 많은 효용과 만족을 주는 집을 구하는 과정을 거치면 된다. 이는 경제적 수익과 자신의 효용가치를 동시에 고려한 접근방법이다.

둘째, 바람이 부는 쪽으로 몸을 굽혀라. 이는 역발상의 투자를 의미하며, 시류에 편승하지 말고 가치투자를 하라는 말이다. 주택에서 역발상을 할 필요는 없다. 그렇지만 주택은 긴 시간의 투자 활동이다. 시간이 지나면 높은 가치는 반드시 인정받는다.

셋째, 시간의 흐름을 즐겨라. 주식은 시간이 지나면 복리의 효과가 있다고 한다. 지난 수십 년 동안 주택가격은 꾸준히 상승했다. 가격의 상승률은 금리 수준을 뛰어넘는다. 주택이 가진 강력한 저축의 기능이다. 더구나 주택에서는 거주라는 효용을 얻는다. 만약 집이 있으면 세를 살 때 부담할 전세나 월세 같은 임대료를 내지 않는다. 임대료의 기회비용까지 고려할 때 주택은 시간의 가치를 즐길 수 있는 대상이다. 시간이 흐를수록 발전 잠재력은 가격에 긍정적인 영향을 미친다. 개발 지역에 장화를 신고 들어가면 돈을 벌지만, 구두를 신고 입성하면 돈을 벌지 못한다는 투자 조언을 되새겨 볼 만하다.

미인대회에서 선발된 미인의 가치는 계속 올라간다

미인투표론을 간략하게 살펴보자. 케인스의 미인투표론에 의하면 미인대회에 참가한 심사위원은 자신의 주관보다는 다른 심사위원의 선호를 살피면서 투표한다. 자신의 선택이 틀리는 상황을 피하고 싶기 때문이다. 마음에 드는 미인을 골라도 다른 심사위원들이 선호하지 않으면 자신의 선택은 틀리게 된다. 미인대회에서는 선택을 잘못해도 약간 비판을 받는 데 그친다. 그렇지만 주식처럼 자산이 걸린 일은 선택을 잘못하면 손실을 겪는다. 다른 사람의 생각을 살피고, 동참하는 행동이 필요하다. 이는 집단의 사고에 참여하는 방식이며, 위험을 피하면서 성과를 얻는 전략이다.

미인투표론은 주식을 비롯한 자산 시장에서 강력한 무기가 될 수 있을까. 미인대회에서는 심사위원이 투표한 결과에 따라 최고의 미인이 선발된다. 미인을 보고 사람들은 열광한다. 주식시장에서 최고의 미인인 주식이 골라지면 모두가 그 주식을 사면서 주가는 올라간다. 그런데 살 사람이 대부분 사고 나면 주가는 올라가기 어렵다. 모두가 가지고 있는 주식은 다른 계기가 없으면 움직이지 않는다. 미인주식의 투자가 성과를 얻기 어려운 이유이다.

케인스는 이런 사실을 간파하고 미인투표론에 의한 주식투자는 가치에 기반을 둔 투자일 때 좋은 성과를 얻는다고 주장했다. 단기 수익을 바라는 투자자는 미인을 선발하기 전에 미리 주식을 사든지, 아니면 미인주식에 장기간 가치투자를 하라는 것이다. 대부분 심사위원이 투표할 미인을 찾는 혜안을 갖는 것이 관건이다.

이런 혜안을 가지기는 쉽지 않다. 케인스도 투자에서 성공하기 전에 두 차례의 큰 실패를 맛보았다. 이 때문에 케인스는 가치투자를 주장했다. 대회에서 선발된 미인의 가치는 시간이 지나면 계속 올라간다는 것이다.

다른 사람들의 생각을 고려하는 미인투표론은 남들에게 휩쓸리는 행동과는 전혀 다르다. 미인투표론은 자신의 주관적 시각에서 다른 사람의 생각을 관찰하고 흐름에 동참하는 행동이다. 어떤 의미에서는 물이 들어올 때 물결을 타면서 노를 젓는 것과 같다.

주택의 의사결정은 미인대회 심사위원 같은 자세가 중요

주택시장은 어떨까. 주택은 가치에 투자하는 성격이 강하다. 내 집 마련이든 투자의 목적이든 단기간에 시세차익만을 바라는 것이 아니라면, 주택은 장기에 걸친 가치투자라고 할 수 있다. 미인대회 심사위원의 선택에 따르는 전략은 주택시장의 의사결정에서 참고할 만한 사고방식이다.

사람들은 주택에서 거주와 투자의 두 가지 효과를 얻으려고 한다. 거주의 효용은 비용의 부담 내에서 원하는 주택을 선택하면 된다. 남들의 눈치를 볼 필요는 없다. 그런데 사람들은 거주와 함께 투자 성과도 얻기를 원한다. 투자의 효과는 얻으려면 다른 접근이 필요하다. 자신의 판단보다 미인대회의 미인처럼 다른 사람들이 선호하면서 수요가 몰리는 주택이 가격이 상승하고 투자 성과도 얻는다.

투자를 생각하는 의사결정은 시장에 참가하는 다른 사람의 선호를 함께 생각하는 미인대회 심사위원 같은 자세가 바람직하다. 때로는 해당 지역에 정통한 중개업자가 앞서 말한 미인대회 심사위원 역할을 할 수도 있다. 사람들이 선호하고 수요가 몰릴 수 있는지를 가늠할 때 현장을 지키는 이들의 의견을 들어볼 필요가 있다. 현장의 중요성은 아무리 강조해도 지나침이 없다.

가격과 추세의 격차를 검토하고, 주택시장의 상황을 판단한다

가격과 추세의 격차를 보고 시장의 과열과 침체 여부를 판단

중장기추세에서 설명한 내용을 거래 시점의 측면에서 다시 정리해 보자. 추세는 시장 흐름의 바탕이다. 주택 거래의 결정은 주변 의견을 포함한 다양한 정보를 수집하고 참고해서 자신의 판단을 내린다. 앞에서 설명했듯이 외부의 의견에만 의존하면 잘못된 결정을 할 수 있다. 특히 시장의 변동이 심하거나 추세 전환이 발생하는 경우 전문가 등의 의견이 정확한지, 따라가도 좋은지 판단하기 어렵다. 그렇다고 개인이 복잡한 주택시장을 일일이 분석하기는 힘들다.

이런 상황에서 생각할 수 있는 효과적인 접근이 주택시장의 중장기추세를 활용하는 방법이다. 이는 시장가격과 추세 사이에서 생기는 격차인 괴리를 보면서 시장의 과열 혹은 냉각 여부를 판단하는 방법이다. 양자의 격차가 어느 정도 큰지, 이런 격차가 얼마나 지속되고 있는지 등을 살펴보면 주택시장이 처해 있는 상태, 즉 과열 혹은 냉각에 대한 객관적인 판단을 내릴 수 있다.

하나의 사례를 살펴보자. 서울 아파트의 가격은 2015년경부터 중장기 추세를 약간 웃돌았고, 이런 상황이 상당히 지속되었다. 2017년 하반기 들어서서 시장가격은 추세를 계속 웃돌았다. 당시 주택시장의 여건을 살펴보면 금리는 2% 이하로 낮았고, 전셋값은 계속 상승해 매매가격과 전셋값의 비중이 70%를 넘어섰다. 이런 상황에서 가격이 중장기추세를 일정 수준 웃도는 흐름이 지속되면 수요에 의한 시장 동력이 활발하다고 해석할 수 있다. 이는 시장의 상승 압력이 축적되었으며, 주택 매입의 시그널이 강하다는 것을 시사한다.

추세에 의해 주택시장을 판단하는 방법은 하락 국면에서도 그대로 적용할 수 있다. 시장 호황이 이어지면서 2020년 하반기에 들자, 시장가격과 추세의 격차가 크게 확대되었다. 이런 격차는 2021년에도 유지되었다. 양자 사이의 격차가 지나치게 확대되면, 시장가격이 적정한 수준보다 과도하게 높아졌다는 의미이다. 이는 시장의 하락 압력이 쌓여간다는 뜻이다.

주택시장의 중장기추세는 큰 물줄기와 같다

여기에 2022년 들어 미국 연방준비은행은 물가안정을 목표로 급격하게 기준금리를 인상하고, 유동성을 축소했다. 미국 기준금리는 단기간에 연 5.5%까지 올라갔다. 이 영향으로 한국에서도 3년 회사채 기준의 시중금리가 한때 5%를 상회하고, 주택의 대출금리도 크게 상승했다. 20여 차례에 걸친 주택시장안정 대책의 세제 강화, 거래규제 등에 이어서 금융비용 부담마저 빠르게 높아지자 수요는 위축되었다. 주택시장에서 가격은 크게 하락했고, 전셋값도 큰 폭으로 하락했다. 시장가격과 중장기추세의 격차에서 보듯이 2021년 하반기는 주택을 매도할 상황이었다.

주택시장의 중장기추세는 큰 물줄기와 같다. 큰 물줄기는 끌어당기는 강력한 힘이 있다. 물의 흐름이 너무 벗어나면 다시 물줄기 쪽으로 끌어당긴다. 가격이 많이 상승하거나 크게 하락하면 시장은 중장기추세라는 큰 물줄기 쪽으로 돌아간다. 중장기추세는 시장의 상태가 지나치게 과열인지 침체인지를 판단하는 기준이다.

과도한 과열이나 침체는 시간이 지나면 추세선으로 다시 돌아온다. 회귀의 성질이다. 이는 시장을 살피는 중요한 지표의 기능을 가진다. 2017년 및 2021년의 주택시장 상황을 분석한 결과는 추세를 이용한 방법의 효과와 유용성을 잘 보여준다. 사례를 들어보자.

주택을 사려는 누군가가 시장가격과 중장기추세의 격차에 의해서 시장을 판단하고 의사결정을 했다. 그는 추세와 시장의 격차를 바탕으로 2017년경에는 주택을 매입하고, 2021년경 주택을 매도하면서 큰 성과를 얻었을 것이었다. 그 사이에 서울의 아파트는 KB 가격지수 상으로 70%가 상승했고, 실제 시장가격은 더 크게 올랐을 것이다. 물론 실제 상황에서 이런 판단이 쉽지는 않다. 그렇지만 주택의 거래 타이밍을 파악하고 의사결정을 내릴 때 크게 도움을 받을 수 있다.

가격과 추세의 격차 분석은 주택시장의 상황판단과 의사결정을 위한 비교적 간단하면서 효율적인 방법이다. 거래는 추세와 순환을 바탕으로 시기와 시장 상황을 파악해서 행동하는 것이 중요하고, 이렇게 하면 부를 이룰 수 있다. 이런 방법을 잘 숙지하고 활용해서 자신의 탄탄한 판단 기준으로 삼는다면 다른 사람의 의견에만 의존하는 자세보다 훨씬 좋은 성과를 얻을 수 있다.

주식시장 격언으로 거래량은 가격의 그림자라는 말이 있다

최근의 가격 급락과 반등이 보여준 현상 역시 추세의 분석을 가지고 설명할 수 있다. 주택시장의 급락이 이어지면서 2023년 시장가격은 추세를 크게 이탈했고, 양자의 괴리가 심해졌다. 자연 시장에서 추세를 회복하려는 움직임이 나타났고, 이는 일부 지역의 가격 회복으로 연결되었다. 시장 상승기에 주택을 마련하지 못했던 청년층과 교체 수요를 원하는 사람들이 가격 하락을 기회로 주택시장에 들어왔다. 이에 힘입어 가격은 점차 회복하고 있다.

2023년 들어 시장이 약간 회복하자 일부에서는 주택가격의 회복이 '데드 캣 바운스'라는 주장이 나왔다. 이런 주장의 배경은 시장 상황이 불분명하다는 것이다. 금리는 낮아지지 않았고, 가격이 크게 조정되지 않았다는 의견이다. 추세가 전환되기에는 조정 기간도 충분하지 않다는 것이다.

물론 한두 가지 지표를 가지고 시장을 판단하기는 어렵다. 주택시장을 제대로 판단하기 위해서는 가격 조정이나 기간 조정 같은 분석이 뒷받침되어야 한다. 주택시장에는 다양하고 복잡한 힘이 가격에 영향을 미친다. 여러 측면에서 시장을 살펴볼 필요가 있다.

이런 상황에서 주택시장을 전망하는 방법의 하나로 거래량과 가격을 함께 고려하면서 판단하는 접근을 들 수 있다. 주식시장의 격언으로 거래량은 가격의 그림자라는 말이 있다. 주택시장을 비롯한 자산 시장에도 적용되는 말이다. 거래량은 외부요인의 영향을 많이 받으며 가격보다 변동이 심하다. 가격보다 거래량이 시장 상황을 잘 알려 주는 변수로 알려져 있다. 주택시장에서도 거래량이 가격을 선행한다는 주장이다.

시장에서 거래가 증가하면 가격은 상승한다. 가격에 대한 기대가 확산하면 매입하는 사람이 늘어나면서 가격이 다시 오른다. 매물이 줄어들면서 가격이 더 오르는 게 일반적 현상이다. 거래량이 가격을 선행하면서 견인하는 것처럼 보인다. 시장이 안정되어 있고 가격이 낮은 상황에서 거래의 증가는 의미 있는 시그널이다. 급한 매물이 소화되는 현상이다. 거래 증가는 집을 사려는 사람이 많다는 뜻이다.

주택의 거래량과 가격은 서로 영향을 주고받는 관계

한편 시장이 바닥일 때 거래의 증가는 시장이 침체를 벗어나는 신호라고 할 수 있다. 시장이 하락 국면에 들어갈 때도 거래량 침체가 먼저 온다. 수요 위축으로 거래가 줄면 싸게 팔려는 매물들이 쌓이고 가격은 하락한다. 공급자 중심의 시장으로 변하는 것이다. 거래량 감소는 가격 하락을 예고하는 지표로 볼 수 있다. 이런 내용이 거래량과 가격의 관계에 대해 일반적으로 알려진 사항이다.

그런데 양자의 관계는 사실 불분명하다. 부동산시장에서 거래량과 가격의 상호관계를 검토한 분석에 의하면 거래량과 가격은 한쪽이 다른 쪽에 영향을 주는 일방적인 관계는 아니다. 서로 영향을 주고받는 관계이며, 시장이 처한 상황에 따라 양자의 움직임에서 선후 관계는 달랐다. 특히 거래량과 가격의 변동이 거의 같이 움직이는 동조화 현상도 자주 나타났다. 이는 시장을 좌우하는 요인이 거래량과 가격 모두에 함께 영향을 미치기 때문이다.

주택시장에서 거래량이 가격을 선행하면서 가격 변동을 이끌어가는 역할을 하는지는 확실하지 않다. 거래량은 시장 판단의 보조적인 지표로 참조할 수는 있지만, 거래량을 가지고 시장 변화를 예측하기에는 한계가 있다. 주택시장에서는 거래가 수반되지 않고 가격이 오르거나 내리는 상황도 때때로 나타난다. 호가가 올라가는 현상이 계속 나타나는 상황을 예로 들 수 있다. 이런 경우는 대개 단기간의 변동에 그치거나 거짓 움직임일 수도 있다. 가격 동향에만 의존하는 행동은 리스크가 따를 수밖에 없다.

〈화식열전〉에 등장하는 부자들은 돈의 흐름을 알고 부를 일궜다

전설상의 황제 시대부터 한 무제까지 다룬 사마천의 《사기》

한나라의 사마천(司馬遷)이 지은 《사기(史記)》에는 영웅, 제왕, 성인, 현자와 함께 재능있는 사람, 권력과 부를 가진 사람들의 이야기가 기록되어 있다. 그런데 《사기》에서도 지적하듯이 재능과 부는 일치하지 않는다. 이는 사람들이 돈의 이치를 깨닫지 못했기 때문이라고 사마천은 말한다. 뛰어난 재능을 가진 뉴턴이나 케인스도 투자에서 실패한 적이 있으며, 반 고흐, 슈베르트, 베토벤 같은 위대한 예술가도 곤궁한 생활에서 벗어나지 못했다.

《사기》는 사마천이 아버지의 유언에 따라 완성한 역사책이다. 전설상의 황제 시대부터 한 무제까지 2000여 년을 다루었다. 특히 전국시대의 진을 비롯한 한, 위, 제, 초, 연 등의 흥망성쇠를 중심으로 인물을 다룬 통사의 성격을 가진다.

사마천의 자는 자장이며, 지금의 중국 섬서성인 용문 출신이다. 어릴 때 천문과 지리, 주역 및 음양의 원리 등을 어깨너머로 배우다가 수도인 장안에 오면서 새로운 세계에 더욱 눈을 뜨게 된다.

사마천은 스무 살 때 3년 가까이 전국을 유람하여 호남성, 강서성, 절강성, 강소성, 산동성, 하남성 등을 두루 돌아다녔다. 이때의 유람은 사기를 저술하면서 현장성을 높이는 역할을 했다. 이론은 임상이 존재해야 그 빛을 발하는 법이다. 20대 후반까지는 유학에 대한 식견도 쌓았다. 38세에 아버지의 대를 이어 태사령이 되었고, 이 무렵부터 《사기》를 집필하기 시작한 것으로 보인다. 그런데 사마천은 한 무제의 노여움을 사서 감옥에 갇혔고, 궁형을 감수하면서 역사서를 쓰라는 아버지의 유지를 받들었다.

사마천은 인간에 대한 깊은 성찰과 탐색을 통해 역사란 왕후장상에 의해서만 이루어지지는 않는다는 점을 분명히 했다. 후에 무제의 곁에서 다시 일하게 되었는데, 《사기》의 작업은 상당히 진척된 상태였다. 《사기》를 집필하기 시작한 지 20년의 세월이 흐른 기원전 91년경 거의 마무리되었다.

〈화식열전〉은 춘추시대부터 한나라까지 부자들의 이야기

《사기》의 〈화식열전(貨殖列傳)〉은 후반부에서 나오며, 중국 춘추시대부터 한나라 초기까지 큰 부를 이룬 부자들의 이야기를 다루었다. 화식이란 말은 돈과 변화를 의미한다. 사마천은 부자들 이야기에서 변화를 강조했다. 모든 물건은 흔해지고 귀해지면서 가격이 변화하고, 가격이 너무 내려가면 올라가고 너무 내려가면 다시 올라간다. 가격 오르내림의 정확한 판단이 핵심이며, 이런 흐름을 알고 물건을 사고파는 것이 돈의 이치이며, 이를 실천하는 행동이 부를 이루는 바탕이라고 했다.

사마천은 농사, 건설, 제조, 유통의 네 가지가 경제와 부의 핵심이라고 주장했다. 〈화식열전〉에는 거래를 통해 큰 부를 이룬 사람들의 이야기가 많다. 이들의 생각이나 사상, 부를 만드는 과정은 조금씩 다르지만, 공통된 부분은 어떤 상품을 언제 사고 얼마나 가지고 있다가 언제 팔지를 정하는 혜안과 결단력을 가졌다는 사실이다. 이들은 오랜 노력과 연구를 바탕으로 시장을 살피면서 시장의 법칙을 파악하는 한편, 시장의 흐름을 스스로 만들어갔다.

백규는 거래 시점을 파악하는 능력과 결단으로 부를 형성

〈화식열전〉에 나오는 부자 가운데 백규(白圭)는 그때 벌써 경영 이론과 경제사상을 세운 사람으로 시장경쟁의 원칙을 지키면서 시세 변동을 잘 살피고 변화에 맞추어 재화를 거래해서 큰 부를 이루었다. 그는 곡물을 사고팔면서 두 가지 관점을 강조했다. 좋은 종자를 고르는 판단과 물건을 사고파는 시점을 파악하는 능력이다. 또 필요한 때에 필요한 사람에게 상품을 팔아서 부를 쌓아나갔다. 오늘날 주택시장에서 좋은 주택을 선택하고, 적당한 시점에 거래하는 전략과 일맥상통하는 이야기라고 할 수 있다.

백규는 현실 세상을 잘 이해하고, 후세 사람이 경제 활동에서 배울 만한 교훈을 보여주었다. 다른 사람들이 농경을 중요하게 생각하고 땅을 제대로 이용하기 위해 모든 노력을 기울였던 반면, 백규는 시기 변화에 따른 물가의 변동과 거래에 관심을 가졌다. 그는 시장의 흐름을 정확하게 파악하여 사람들이 재화와 상품을 돌보지 않고 팔려고 할 때는 사들이고, 모두가 사려고 할 때는 팔아서 매매 차익을 거두었다. 풍년이 들면 시세가 떨어진 곡식을 사들이며, 풍년으로 돈이 생긴 사람들이 원하는 의복과 가구를 팔았고, 흉년이 들면 누에고치를 사고 값이 뛰어오른 곡식을 팔았다.

단지 시장의 상황을 보고 거래하는 것이 아니라 자연의 변화에 따른 풍년, 흉년의 예측을 바탕으로 거래를 시도했다. 그는 부자가 되었다고 거만하거나 낭비하는 법이 없었고 검소하게 생활했다. 특히 매매 시점을 결정할 때는 과감하게 결단하고 행동했다. 사업에는 임기응변의 지혜, 결단하는 용기, 베풀 줄 아는 마음, 지킬 바를 지키는 강단이 중요하다고 말했다. 그는 탁월한 사업가이자 경영자였다.

백규의 생각과 판단은 오늘날 주택시장의 거래에서 배울 만한 중요한 전략이다. 백규는 거래의 시점을 파악하는 능력과 결단을 통해서 부를 만들었다. 이처럼 상품을 거래하는 타이밍은 비즈니스의 성공을 만드는 원천이다. 주택과 부동산, 채권, 주식을 비롯한 여러 재화의 거래에서도 마찬가지이다.

여불위는 큰 부를 이룬 뒤 권력까지 차지할 수 있었다

이외에도 〈화식열전〉에서는 진나라의 유명한 여불위(呂不韋)처럼 남들과 다른 생각과 행동으로 부와 성공을 이룬 다양한 이야기가 나온다. 여불위는 진나라의 거상이며, 재상이 되어 큰 권력을 휘두른 사람이다. 그가 진시황의 아버지라는 이야기도 있다.

여불위는 중국의 혼란기인 춘추전국시대에 여러 나라를 오가면서 물건을 싸게 사들이고 비싸게 팔아서 천금의 재산을 모았다. 더 좋은 사업 거리를 찾고 있던 그는 당시 강대국인 진나라의 왕손인 이인(異人)이 조나라에 인질로 머물고 있다는 정보를 들었다. 그는 이인을 찾아가 가문을 다시 일으켜 주겠다고 설득했다. 여불위는 큰돈을 아낌없이 사용해서 왕손인 이인을 진나라 안국군(安國君)의 총애를 받는 화양 부인의 양자로 만들었다. 이인은 진나라의 태자를 계승하는 지위에 올랐고, 왕위를 이어받아 장양왕(莊襄王)이 되었다. 얼마 지나지 않아 장양왕이 죽자, 그의 아들인 영정(嬴政)이 왕위에 올라 나중에 중국을 통일한 진시황이 되었다.

여불위는 큰 부를 이룬 뒤 부를 이용해 권력까지 차지할 수 있었다. 그는 어디에 투자할지를 잘 알고 있었다. 인질로 있던 진나라 왕손에게 투자하기로 마음먹자, 주변 사람들이 말렸다. 그는 농사를 지으면 10배, 보석상을 하면 100배를 벌지만, 사람에게 투자하면 벌 수 있는 돈을 측량할 수도 없다고 말했다.

〈화식열전〉의 부자들은 자신만의 판단 기준으로 움직였다

〈화식열전〉에 등장하는 부자들은 깊고 넓은 시야를 가지고 시장을 주의 깊게 살피면서 행동했고, 무엇보다도 자신만의 판단 기준을 만들어 과감하게 움직였다. 자신의 판단 기준이 자기중심의 고집과 이기주의가 아니라 전체를 통합적으로 관찰하고, 그 가운데 질서와 이치를 파악해 시기와 때를 기다리면서 수급 불일치의 틈새를 활용한 것으로 이해할 수 있다. 이는 오늘날의 주택시장이나 비즈니스에도 그대로 적용할 수 있는 중요한 시사점이다.

주택시장은 오랫동안 호황과 침체를 반복해 왔다. 과거 흐름을 살펴보면 상승 국면 시장에서 가격의 정점은 침체 때와 비교해서 대략 2배 정도 올랐다. 이처럼 상품을 거래하는 타이밍은 비즈니스의 성공을 만드는 원천의 하나라고 할 수 있다. 주택을 사고파는 거래도 마찬가지이다. 〈화식열전〉의 부자들이 재물의 거래를 통해서 부를 만들어 가는 것처럼 주택은 언제 거래하는가에 따라 비용은 크게 달라지며 성과를 좌우한다.

How

6장

주택 비즈니스,
어떻게 행동할까?

주택 비즈니스는 공간과 시간의 경쟁력 확보가 핵심

주택시장의 판단은 가격이 아니라 비용이 중요하다. 시장의 가격만 바라보고 있으면 정확한 판단이 어렵다. 특히 정보는 주택 비즈니스의 핵심적 요인이다. 주택 비즈니스는 지역, 즉 공간의 경쟁력을 확보해야 한다. 공간의 경쟁력은 지역의 미래가치, 인구, 수급 상황, 잠재 수요 등에 달려 있다. 주택 비즈니스는 상당한 시간이 소요되는 사업이며, 전략을 세울 때는 시간의 경쟁력을 확보하는 것이 중요하다.

주택산업은 일상적 혁신이 필요하다. 이는 청년층, 노인가구 등 새로운 축에서 나타난다. 일상적 혁신을 통해 성장하는 시장은 단순한 틈새시장이 아니라 블루오션이 될 수 있을 것이다. 가격 전략뿐만 아니라 니즈와 트렌드에 걸맞은 공간 구조나 스마트 첨단시설, 주거 서비스 등이 고려되어야 한다.

주택시장과 비즈니스의 판단은 가격이 아니라 비용이 중요하다

주택의 가치는 강의 물줄기라면, 가격은 물결과 같다

주택시장이란 큰 강을 생각해 보자. 강의 표면은 물결이 일고 파도도 친다. 강의 아래쪽에는 큰 흐름의 물줄기가 있다. 강의 표면에서 물결이 쳐도 물줄기는 일관된 흐름을 유지한다. 주택시장은 강의 큰 물줄기에 따라서 움직인다. 주택가격은 표면에서 일어나는 물결이고, 주택의 가치는 큰 물줄기와 같다. 시장을 제대로 보려면 겉으로 드러나는 가격보다는 주택의 가치를 판단해야 한다.

주택시장을 분석하고 의사결정을 할 때 사람들은 주로 시장의 가격을 살펴본다. 가격이 적정한지, 앞으로 오를지 내릴지를 생각하면서 지금 거래할지 아니면 좀 더 기다릴지 판단한다. 흔히 가격이 쌀 때 사고 비쌀 때 팔아야 한다고 말한다. 이는 쉬운 일이 아니며, 자칫 기회를 놓칠 수도 있다. 기회는 빠른 물살과 같아서 일단 놓치면 다시 잡기가 쉽지 않다. 주택처럼 많은 자금이 들어가는 재화는 더욱 그렇다. 따라서 가치를 제대로 파악하고 행동할 수 있는 합리적 전략이 필요하다.

주택시장에서 기회를 잘 판단하려면 관행에서 벗어나 다른 접근이 필요하다. 시장의 의사결정에서는 가격이 아닌 가치가 중요하다. 그런데 주택의 가치를 평가하는 일은 만만하지 않다. 가치는 다양하고 복잡한 요인에 의해서 정해지기 때문이다. 가치를 판단하는 효과적인 방법은 주택에 들어가는 비용을 살펴보는 것이다.

주택이 가진 가치는 비용으로 나타난다. 가격이 하락해도 비용이 증가하기도 하고, 가격 상승에도 비용은 줄어들 때도 있다. 가격은 비용의 그림자이다. 그림자를 보지 말고 실체를 보아야 한다. 가격이 아니라 비용을 바탕으로 판단하고, 비용이 낮아질 때를 선택해서 거래하는 방법이 바람직하다.

비용은 주택 매입과 보유에 모두 영향을 주는 요인이다

비용은 소비를 위해서 필요한 금액이다. 이는 소비된 가치의 크기를 보여준다. 일반 상품은 돈을 지불하고 바로 소비하므로 가격이 곧 비용이다. 옷을 사거나 외식에 드는 비용은 가격의 형태로 나타난다. 주택 같은 내구 재화는 오랫동안 사용하므로 소유하는 동안 주택의 비용은 계속 변동한다. 예를 들어 대출금리가 변동하면 주택을 소유하는 비용은 변하며, 세금 역시 비용을 변하게 만든다. 종합부동산세가 도입되었을 때 일정 수준 이상의 주택을 가진 사람들의 부담이 크게 늘어났다.

이처럼 비용은 주택 매입과 보유에 모두 영향을 주는 요인이다. 금리, 세금 등의 정책과 경제 상황, 전셋값 등은 모두 비용을 통해서 시장과 가격에 영향을 미친다. 주택에 드는 비용은 금융비용, 거주 비용, 기회비용이 있다. 이는 대출이자, 세금, 유지 관리 비용 등으로 구성되며, 가격 상승의 수익도 포함한다. 이는 사용자 비용이다. 겉으로 나타나는 가격보다는 주택의 내적 가치와 효용을 바탕으로 형성되는 비용이 의사결정을 하는 데 더욱 중요하다.

주택 매입 의사의 결정은 금리와 전셋값에 달려 있다

주택의 비용을 보여주는 지표의 한 가지로 주택구매지수가 있다. 이는 중위소득의 가구가 표준적인 대출로 중간 가격의 주택을 매입할 때 대출 상환의 부담을 나타내는 지수이며, 주택 구매 능력 정도와 변화를 파악하기 위해 주택금융공사에서 분기별로 발표하고 있다. 이 지수의 수치가 높을수록 주택 매입의 부담은 높아진다. 그렇지만 주택구매지수는 평균적인 분석이라는 점에서 정책 수립이나 시장 동향을 파악하는 참고 자료는 되지만, 개인의 의사결정에서 사용하기에는 한계가 있다.

주택에 드는 비용 중에서 주택의 거래에 직접 영향을 주는 부분은 대출금리인 금융비용 및 전세보증금이다. 다시 정리하면 주택 매입 의사의 결정은 금리와 전셋값에 달려 있다. 전세보증금은 어차피 들어가는 자금이라는 관점에서 비용 부담을 계산할 때 제외하는 경향이 있다. 그렇지만 전셋값의 변동은 주택의 실질적인 매입 비용에 많은 영향을 미친다는 점에서 비용에 포함하는 것이 타당하다. 세금 등은 계산에서 일단 제외할 수 있다.

주택의 비용을 다시 정리해 보자. 주택 매입에 드는 실질 비용은 금리 수준과 함께 전셋값도 포함한다. 금리의 하락은 비용을 줄여 주택 수요를 자극한다. 반면에 금리의 상승은 비용 증가로 바로 이어지고, 자연 주택의 수요는 위축된다. 전셋값의 변화 역시 상대적 비용의 변동을 통해 주택 수요에 영향을 미친다.

금리만을 가지고 시장을 파악하는 경우 정확한 판단이 어려운 경우도 생긴다. 실제로 2010년대 전반기에 금리는 3%대로 낮아졌지만, 주택가격은 별로 움직이지 않았다. 이후 전셋값이 빠르게 오르자, 주택가격도 상승을 시작했다. 이처럼 금리와 전셋값이라는 두 가지 요인을 함께 살펴보아야 거래를 위한 정확한 판단을 내릴 수 있다.

대출금리가 떨어지면 주택의 보유 비용은 줄어든다

가격이 아닌 비용 측면에서 분석한 판단을 바탕으로 좋은 성과를 얻은 사례를 살펴보자. 1998년에 IMF 사태가 터지자, 주택가격이 크게 하락하고 전셋값도 폭락했다. 서울 아파트의 경우 매매가격이 지수 상으로 1년 사이에 17%나 하락했고, 전셋값은 무려 30%나 떨어졌다. 이후 경제가 안정을 되찾고 외환위기를 극복하면서 한때 20%까지 치솟았던 시장금리는 IMF 이전보다 훨씬 낮은 10%대로 낮아졌다. 대출을 받거나 전세를 포함해서 아파트를 사는 경우 매입에 드는 비용은 크게 줄어들었다.

낮아진 비용 부담을 활용해서 대출이나 전세로 아파트를 매입할 좋은 기회였다. 2~3년이 지나자 주택가격이 크게 올랐을 뿐 아니라, 전셋값은 매입 당시 시점의 매매가격에 이르렀다. 게다가 대출금리는 계속 떨어져 주택을 보유하는 비용은 크게 줄어들었다. 당시 대출이나 전세를 이용해 과감하게 아파트를 매입한 사람은 큰 이익을 얻을 수 있었다.

이런 상황에서 사람들은 왜 주택을 매입하지 못했을까. 시장에서 가격이 변동하는 것만 바라보고 있었기 때문이다. 가격을 쳐다보면서 의사결정을 하는 경우 큰 폭으로 하락하는 시장에서 불안감을 떨쳐내고 주택을 사는 결정은 어려웠다. 계속 떨어질 것 같다는 불안감을 떨쳐내기는 힘들었을 것이다. 날카롭게 떨어지고 있는 칼날을 잡기는 쉽지 않았다. 그러나 시각을 옆으로 돌려서 비용의 관점에서 시장을 판단했다면, 주택을 매입할 여건이 충분해진 상황이었다.

비용이라는 돋보기로 보면 시장에서 기회를 잡을 수 있다

지난 주택시장 호황기의 사례를 살펴보자. 2015년을 전후해서 금리가 2%대로 낮아지자, 주택 매입의 비용은 크게 줄어들었다. 여기에 전셋값이 오르면서 실질적인 비용은 더욱 낮아졌다. 2000년대 상승 국면의 정점이었던 2010년에 주택에 드는 비용을 100으로 설정하고 비용의 변동을 살펴보자. 전셋값 상승과 금리의 하락에 따라 이 값은 계속 낮아졌다. 2016년에는 전국 아파트의 비용은 32, 서울 아파트의 비용은 25로 급격하게 떨어졌다. 2010년에 비해서는 무려 3분의 1, 서울은 4분의 1에 불과했다. 주택을 매입할 시장의 여건은 그지없이 좋아졌다.

당시 주택가격은 거의 하락하지 않았고, 조금씩 오르는 추세를 보였다.

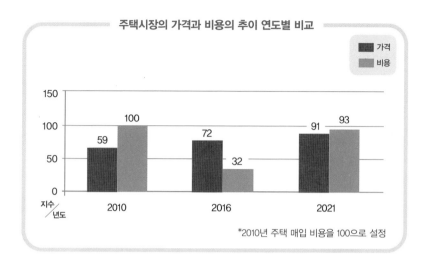

주택시장의 가격과 비용의 추이 연도별 비교

*2010년 주택 매입 비용을 100으로 설정

그렇지만 주택 매입에 드는 비용은 도리어 역사적 수준까지 낮아졌다. 이는 매우 중요한 정보를 제공한다. 가격이 아닌 비용을 볼 때 시장에는 주택을 매입할 좋은 여건이 무르익었다. 비용 측면에서 판단해서 거래를 결정한 사람은 큰 성과를 얻었다. 눈앞에 보이는 가격 동향에만 신경을 쓴 사람은 가격이 별로 낮지 않다는 인식 때문에 좋은 기회를 그냥 흘려버렸을 것이다.

한편 2021년 접어들자, 이 값은 100에 이를 정도로 빠르게 높아졌다. 주택에 드는 비용이 정점에 이르렀다는 것을 보여준다. 당연히 이때는 주택을 매입하기에 여건이 좋지 않았다. 그렇지만 가격 상승이 계속될 것이라는 기대심리, 지금 사지 않으면 기회를 놓칠지 모른다는 불안 등으로 사람들은 시장에 뛰어들었다. 앞서 소개한 사례들이 대표적이다.

이런 상황은 앞으로도 자주 나타날 것이다. 주택시장의 상황과 주변의 경제적, 금융적, 사회적, 여건을 바탕으로 비용이라는 돋보기를 쓰고 자세히 살펴보면 좋은 기회를 잡을 수 있다. 주택시장이 혼란스러울 때도 마찬가지이다. 비용이라는 돋보기를 가지고, 이 책에서 설명한 내용을 바탕으로 시장을 냉정하게 쳐다보면 기회는 곳곳에 있다.

주택 비즈니스는 금리의 동향으로 비용을 파악하라

내 집 마련 또는 주택사업 같은 비즈니스는 어떻게 판단하고 행동하는 것이 좋을까. 검토할 사안은 두 가지가 있다.

하나는 금리의 변동이다. 금리가 하락하면 주택 매입의 여건이 조성될 것이다. 금리는 국내 금융시장뿐 아니라 미국 연준의 금융 정책에서 영향을 받으므로 예측이 어렵다. 미국 연준은 최근 기준금리를 0.5%P 인하하는 빅컷을 단행했으며, 2024년 말까지 추가로 0.5% 정도 인하할 수 있다고 시사했다. 일부에서는 2025년 말까지 미국 금리는 2%대 중반으로 하락한다는 전망도 나오고 있다.

한국은 가계 대출 증가, 주택시장 불안 등의 문제가 있지만, 점차 금리가 내려갈 것으로 보인다. 금리 하락과 함께 주택 공급의 감소, 전셋값의 상승 등을 감안할 때 지역별로 차이는 있겠지만, 시장에서 주택을 매입할 여건을 좋아지고 있다. 이미 신혼부부 등에 대한 정책금리는 상당히 낮아졌다. 이들 기관의 금리 전망치는 물가, 고용 등의 경제적 상황에 따라 최근 자료를 살펴보아야 정확한 판단을 할 수 있다.

주택시장은 금리 수준으로 판단하기보다 금리에 의한 비용의 부담을 우선 생각해야 한다. 금리만 생각하면 판단을 망설이고 기회를 놓칠 수 있다. 주택 비용은 금리 외에도 여러 요인이 있지만, 이를 모두 생각하면서 비용을 계산하기는 어렵다. 일단 금리의 동향을 가지고 비용을 파악하는 접근이 현실적이다.

부동산은 주식과 달리 장기투자, 그래서 가치투자가 중요

또 하나 고려할 사항은 주택은 중장기 시각에서 판단이 필요하다는 점이다. 주택을 사고파는 전략은 주식이나 은행예금과는 확연히 다르다. 주식은 장기투자보다 단기투자의 성격에 가깝고, 비교적 단기간의 투자를 한다. 은행예금은 기간과 관계 없이 안정된 이익을 얻으려는 투자 방식이다. 주택을 포함한 부동산의 경우는 어떤 방식일까. 주택은 미인투표론에서 주장하는 가치투자와 같다. 다른 수단에 비해서 중장기적인 활동이다. 이처럼 중장기 성격을 가진 상품이나 재화는 다른 전략이 필요하다.

이때 사용할 수 있는 접근이 전셋값의 동향이다. 전셋값은 매매가격과 일정한 범위를 유지하면서 움직이므로 중장기적 판단에 도움을 준다. 전셋값 상승은 주택 매입의 상대적 비용 또는 실질 비용을 줄여준다. 전셋값이 상승하고 매매가격 대비 전셋값의 비중이 높아지면 비용은 감소하고, 주택을 매입할 여건은 좋아진다. 이외 세금 등도 비용에 영향을 미치지만, 비중은 상대적으로 낮은 편이다.

주택시장의 판단은 가격이 아니라 비용이 중요하다. 비용은 금리와 전셋값을 가지고 판단할 수 있으며, 이들 지표 흐름을 잘 살펴보면 적절한 기회를 잡을 수 있다.

집 살까, 세 들까는 매매가 대비 전세가 비중의 변화로 판단하라

소유와 임차의 기준은 매매가 대비 전셋값 비중이다

　주택에서 먼저 결정할 사항은 소유와 임차의 선택이다. 내 집 마련은 신혼부부나 사회생활에 들어선 청년을 비롯한 많은 사람이 가지는 꿈이다. 대개는 전세나 월세로 시작하지만, 내 집 마련을 위해 계획을 세우고 꿈을 실현하려고 노력한다.

　소유와 임차의 의사결정은 선택에 따른 효용과 만족, 그리고 비용을 비교해서 정한다. 주택을 사면 대출이자를 내고 세금도 부담한다. 주택가격 하락을 감수할 리스크도 있다. 임차로 살면 이런 비용이 들지 않지만, 가격이 상승하면 상대적인 손실을 보게 된다. 주택시장 호황기에 가장 피해를 본 사람은 무주택자, 바로 전월세 계층이다. 주택시장이 좋아질 때 내 집 마련의 기회를 놓칠 수도 있다. 가팔라지는 주거 사다리를 보면서 후회할지도 모른다. 2010년대 후반 시장이 상승할 때 자기 집을 갖지 못한 사람들은 망설이다가 뒤늦게 시장에 뛰어들어 어려움을 겪기도 했다.

이런 판단에서 명심할 점은 소유와 임차의 선택은 시장 상황에 따라 달라져야 한다는 사실이다. 지역별로 주택시장의 장단기적인 변화를 주의 깊게 살펴보고, 여기에 탄력적으로 대응하는 자세와 행동이 필요하다.

이때 결정에 사용할 판단 기준은 매매가격 대비 전셋값의 비중이다. 보통 전셋값 비중은 전국 아파트의 경우 매매가격의 55%~70%, 서울 아파트는 40%~65%의 범위에서 움직인다. 수도권의 매매가격 대비 전셋값 비중은 전국과 서울의 중간 수준이다. 주택가격이 오르지 않으면 대출이자와 기회비용이란 측면에서 당연히 임차로 사는 편이 유리하다. 물론 임차를 선택하면 예상하지 못한 주택가격 상승이라는 리스크도 감수해야 한다.

전셋값 비중이 전국 70%, 서울 60%가 매입의 기준점?

이런 상황을 종합해서 고려할 때 전국 아파트는 매매가격 대비 전셋값의 비중이 70%에 이르거나, 서울 아파트의 경우 비중이 60%에 가까이 접근하면 주택을 매입하는 전략을 생각할 수 있다. 역사적으로 볼 때 매매가격 대비 전셋값의 비중이 이 정도 수준에 이르면 시장은 가격 상승의 압력이 강해졌다.

2023년 초에 전국 66%, 서울 51%, 수도권 59%까지 하락했던 비중은 지금은 전국 67.4%, 서울 54.0%, 수도권 62.0%로 다시 오르고 있다. 전셋값의 상승에 따라 이 비중은 계속 상승할 것이다. 최근 나타난 전셋값의 상승 추세를 고려할 때 이 지표는 지역에 따라 차이가 있지만, 주택을 매입하라는 시그널을 보여줄 것이다. 이렇게 되면 또 한 번의 기회가 찾아오는 셈이다.

소유와 임차의 결정은 금융시장이나 경제성장 등 다른 여건을 함께 고려해야 한다. 전셋값 비중이 올라가도 다른 상황이 여의찮으면 주택을 매입하기가 쉽지 않다. 특히 비용에 크게 영향을 미치는 대출금리가 중요하다. 앞에서 설정한 전국 70%, 서울 60%라는 비중은 소유와 임차의 선택에서 일차적인 기준이다. 여기에 주택 매입에 따른 금융비용을 함께 고려해서 소유나 임차 여부의 의사결정을 할 수 있다. 주택 소유에 드는 비용은 주택담보대출의 금리 및 매매가격 대비 전셋값의 비중에 달려 있기 때문이다. 물론 상황에 따라 다르게 판단할 필요는 있다.

그런데 집을 살지, 세를 들지를 정하는 문제는 경제적 측면 이외 다른 상황들도 고려해야 한다. 세를 사는 상황에서 겪는 여러 가지 어려움도 있다. 자기 집에서 살면서 얻을 수 있는 유무형의 편익도 중요하다. 특히 주택이 가진 저축 기능은 내 집 마련에서 얻는 또 하나의 강점이다.

연암 박지원조차 한양에서 셋방살이를 벗어나지 못했다

《바빌론 부자들의 돈 버는 지혜》에서 말하는 내용을 다시 상기해 보자. 집은 생활하는 공간이자 부를 쌓아가는 디딤돌이다. 집을 사려고 빌린 돈을 갚아야 하지만 집주인에게 월세로 주는 것보다 낫다. 자기 집이 있으면 가족과 함께 열심히 일하면서 편안하게 살 수 있다. 이런 생활이 부자가 되는 지름길이다. 돈을 빌려서 집을 사고 월세를 낼 돈으로 대출을 갚으면 된다. 세를 산다면 번 돈의 많은 몫을 집주인에게 주고 가난하게 살 수밖에 없다. 이처럼 바빌론 사람들은 내 집 마련이 얼마나 중요한지를 알고 있었다.

소유와 임차에 따른 주거생활의 이야기는 역사적으로도 많은 사례를 찾아볼 수 있다. 박영서가 쓴《한 권으로 읽는 조선의 부동산사(不動産史)》에서는 한양을 중심으로 조선의 땅과 주택에 얽힌 흥미로운 이야기가 나온다.

조선 시대에는 대체로 집은 땅을 거래할 때 딸려 오는 부속물 정도로 여겨졌다. 건축 기술이 발달하지 못했고, 집은 최소한의 생활을 하려는 공간에 그쳤다. 시골에서는 빈터가 있으면 얼기설기 집을 지어 살았다. 하지만 인구가 밀집되고 조선의 행정, 문화, 경제 중심지였던 한양은 사정이 크게 달랐다. 좁은 면적의 한양에서는 적은 땅뙈기에 자리한 작은 집 한 채를 두고도 첨예하고 치열한 신경전이 벌어졌다.

한양 도읍 초기만 해도 빈 땅을 찾아서 집을 짓겠다고 허가를 받으면 집을 마련할 수 있었지만, 인구가 계속 늘고 빈 땅이 줄어들자 점점 집을 구하기 힘들어졌다. 집을 지을 땅이 없는 사람은 한양의 대로변, 강변, 성벽의 초막에서 살았고, 나중에는 송파, 누원 같은 외곽 상업 지역이나 거리가 먼 파주, 교하, 양주까지 가서 집을 마련할 수밖에 없었다.

당시 한양에 살던 사람들은 신분과 지위를 막론하고 주택난에 시달렸다. 으리으리한 고대광실에 사는 일부 권력자나 부자를 제외하면 대부분 사람이 열악한 상태에서 주거 불안을 겪었다. 그런데 조선 조정은 백성들의 주거 문제 해결에는 별로 관심이 없었다. 실학자로 유명한 연암 박지원(燕巖 朴趾源)조차 환갑이 될 때까지 몇 번이나 이사하면서 자기 집을 마련하지 못하고 셋방살이를 벗어나지 못했다고 한다. 이중환의《택리지》를 필두로 집터에 관한 여러 저술이 나오고, 많은 사람이 이런 책을 열심히 구해서 읽을 수밖에 없었던 시대적 배경이기도 하다.

한양 인구가 계속 늘어나면서 주택이 부족해졌고, 집값은 크게 올랐다. 여기에 19세기에 닥친 흉작으로 쌀값이 폭등하자, 조정에서는 생활 물자를 구매하는 데 필요한 화폐를 대량으로 주조해서 시중에 살포했다. 그야말로 통화 인플레이션을 조장했던 것이다. 이는 바로 물가의 상승, 그리고 집값의 급등으로 이어졌다.

조선 시대에도 전세난이 심했고, 전세 사기도 있었다

《한 권으로 읽는 조선의 부동산사》에서 나온 사례를 살펴보면 19세기 중반에 1,500냥을 하던 한양의 집값이 19세기 말에는 27,500냥까지 폭등했다. 무려 20배 가까이 집값이 올랐다. 예나 지금이나 집을 가진 자는 불로소득이 컸음을 의미한다. 당시 관리의 녹봉으로 계산하면 한 푼도 쓰지 않고 15년 이상을 모아야 집을 살 수 있었다는 것이다. 요즘 용어로 한양에 있는 집의 PIR(Price Income Rate)은 15배에 달했다. 오늘날의 경제 용어로 말하면 생산 활동의 부진에다 통화 정책의 실패가 겹치면서 물가 폭등을 가져온 것이다.

이렇다 보니 조선 시대에도 전세난이 심했고, 심지어 전세 사기도 있었다. 세를 살던 사람들은 세를 올려달라거나, 보증금을 돌려주지 않으려는 집주인과 심한 실랑이를 벌여야 했다. 이런 다툼의 사례는 역사적으로 흔하게 나타났다.

국사편찬위원회가 소장한 조선 양반의 일기에는 이런 내용이 기록되어 있다. 18세기 영조 정조 시대에 무관 벼슬을 하던 노상추(盧尙樞)란 사람은 27냥에 한양에서 세를 살고 있었다. 그런데 집주인이 세를 40냥으로 올려달라고 요구했다. 다툼 끝에 30냥에 세를 그대로 살기로 협의했다. 얼마 후 집주인은 작은 방으로 옮겨달라고 다시 요구했고, 그는 부당하다며 거절했다. 그러자 집주인은 작은 방을 다른 사람에게 세를 주고서 받은 30냥을 돌려주면서 집에서 나가 달라고 했다.

노상추는 집주인의 요구가 부당하다고 말하면서 버텼으나, 결국에 30냥을 돌려받고 세를 든 방에서 나간 그는 다른 집을 구하느라 애를 먹었다. 알고 보니 집주인은 노상추가 살던 방을 다른 고위 관리에게 40냥을 받고 세를 주기로 이미 약조했었다. 살고 있던 방을 노상추에게 말도 하지 않고 다른 사람과 전세를 계약해 버린 것이다.

당시 전셋값이 계속 오르면서 이처럼 부당한 일이 자주 생겼다. 심지어 부동산 권리의 보장이 허술했던 제도를 이용해 멀쩡히 살던 집을 빼앗거나 집주인 몰래 다른 사람에게 팔아버리는 일도 있었다. 여가탈입(閭家奪入)은 세도가가 다른 사람의 집을 함부로 빼앗은 행위를 말한다. 주택난이 심했던 17세기 중반에는 이런 불법이 성행했다.

어떤 사람은 집을 구하지 못하는 처지를 자조하며 한탄하는데, 누군가는 권력과 부를 이용해 좁은 한양 땅에서 집을 여러 채 가진 채, 이를 담보로 새로운 부동산 투자 기회를 만들기도 했다. 시대가 혼란할수록 이런 일은 비일비재했다. 오늘날 주택시장에서 벌어지고, 또 사람들이 부닥치는 힘든 일들이 그때도 있었다.

주택사업에서 공간 경쟁력은 지역 선정과 공간 구성에서 나온다

레드오션이 되고 있는 주택시장, 익숙한 관행에서 벗어나자

주택시장은 양극화의 진행, 새로운 축의 형성 같은, 지금까지 겪지 못한 변화를 맞이하고 있다. 이와 함께 평균의 관점이 사라지고 인구와 가구의 질적 양적인 변화, 주택에 관한 인식과 행동의 변화 등이 시장에서 빠르게 자리를 잡고 있다. 이처럼 주택시장의 속성은 달라지고 있으며, 중심을 이루는 축도 변하고 있다.

이런 변화의 시대에는 주택 수요뿐 아니라 주택의 공급을 위한 사업 전략도 당연히 달라져야 한다. 적당한 지역을 골라서 아파트를 건설해서 분양하면 잘 팔리던 시대는 지났다. 사람들이 살기 원하는 지역을 찾고, 여기에 수요자가 원하는 주택을 원하는 가격에 공급해야 주택 비즈니스의 성과를 얻을 수 있다. 이는 지역, 즉 공간의 경쟁력이다.

이런 지역을 찾기가 쉬운 일은 아니다. 지역에서 경쟁력이 생겨나기까지 십 년이 넘게 걸리는 일도 있다. 지금은 아파트가 즐비하게 세워진 남양주 진접이나 퇴계원, 일산의 풍동 지역 등은 공간의 경쟁력을 확보하기까지 10년이 넘게 소요된 곳이다. 지역이 앞으로 가질 공간의 경쟁력을 내다보는 혜안이 곧 주택 비즈니스의 승패를 좌우하는 요체라고 할 수 있다.

주택의 공급은 수요에 의해 결정된다. 주택 비즈니스가 제대로 성과를 얻으려면 어느 지역에 수요가 많고, 언제 공급하는 것이 좋을지를 판단할 수 있어야 한다. 사업의 성과는 사람들이 원하는 지역에서 원하는 주택을 원하는 시점에 공급하는지에 달려 있다.

강남 최고의 아파트로 평가받는 타워팰리스나 삼성동 아이파크 등도 사업 타이밍 잡기에 실패, 대량 미분양이 나서 심지어 재분양까지 한 아파트였던 점을 고려하면 분양 타이밍을 잡는 것은 아주 중요하다. 어느 선에서 분양가를 책정할지도 타이밍에 의해 결정된다.

높은 분양가를 책정했다가 분양에 실패한 다음, 분양가를 낮추어 분양이 제대로 성공한 경우도 있다. 실제로 서울에서도 이런 사례가 빈번히 벌어지고 있다.

트럼프는 고층화 전략으로 허드슨강 조망권을 확보해 큰 성공

경쟁이 치열해지는 레드오션인 주택시장에서 차별화하고 성과를 얻으려면 이전까지 했던 관성과 인식에서 과감하게 벗어나야 한다. 주택 비즈니스에서 공간의 경쟁력은 지역의 선정과 택지 확보라는 큰 그림과 주거 공간의 구성이라는 세부 그림을 바탕으로 만들어진다. 원자재인 토지를 확보한다는 차원에서 이 그림은 중요하다. 원자재가 좋지 않으면 그에 따른 상품도 좋지 않을 뿐만 아니라, 이를 극복하기 위해서는 대단한 노력이나 아이디어가 필요하다.

도널드 트럼프(Donald Trump) 전 미국 대통령은 부동산 거부이자 부동산 개발업자이다. 그는 뉴욕의 허드슨강 주변의 토지를 매입해 큰 성과를 거둔 적이 있다. 그가 성공한 전략은 의외로 간단했다. 허드슨강의 이면에 위치한 땅의 조건은 불리했으나, 앞 건물보다 높게 지어 강 조망권을 확보하자 인기를 끌고 성공을 거두었다. 경쟁력 있는 사업 부지의 확보와 이를 극복하기 위한 창의적인 아이디어는 그만큼 중요하다.

때로는 불리한 입지의 땅을 매입하고 아이디어로 극복해서 성공한 사례도 있다. 트럼프의 허드슨강 주변 토지의 매입은 지역 선정이라는 차원에서 보면 양호한 결정이었다. 섬처럼 이뤄진 뉴욕의 공간 특성을 생각하면 수요자가 선호하는 발전 잠재력을 가진 지역이며, 사업 성공의 가능성이 컸다. 하지만 세부 그림으로 보면 사업성이 높은 땅이 아니다. 이면 도로는 강 조망권이 불리해 고급 주택에는 한계가 있었다. 그러나 고층화를 통해 숨겨진 외부효과를 찾아내는 혁신적 전략으로 불리함을 극복했다.

물론 공간 경쟁력 확보를 위해서는 토지를 매입할 때부터 충분한 전략이 있어야 주택 비즈니스를 성공적으로 이끌 수 있다. 우선 큰 그림인 지역의 선정은 주거 선호에 부응하고 발전 가능성이 있는 지역을 찾아내는 일이며, 세부 그림은 사업성 높은 택지와 사업 전략을 확보하는 작업이다.

주택시장의 속성과 축의 전환을 바탕으로 전략을 세우자

여기서 얻는 교훈은 주택시장의 속성과 축의 전환을 바탕으로 전략을 세우는 것이 효과적이라는 점이다. 먼저 큰 그림에서는 주택 비즈니스와 공급의 관점에서 수요자의 선호와 사업 대상 지역을 살펴보아야 한다. 이는 필요조건이다. 그리고 택지 확보를 위한 충분조건을 검토해야 한다. 지역의 선정은 다음과 같이 정리할 수 있다.

첫째, 주택의 미래가치가 변하도록 만든다

첫째, 주택은 위치가 고정되어 있으며, 입지의 영향을 크게 받는 상품이다. 주택시장의 차별화와 양극화, 그리고 그룹화의 진행은 지역에 따라 주택의 미래가치를 변하도록 만든다.

수요자의 의사결정은 분양 가격인 현재의 가치는 물론 미래에 예상되는 가치에 의해서 크게 좌우된다. 자연 미래가치가 높아지는 지역의 주택이 주목받을 수밖에 없다. 미래가치는 발전 잠재력이다. 주택 비즈니스의 경쟁력은 발전 잠재력이 높은 지역의 선정에 달려 있다. 트럼프의 허드슨강 주변 토지 매입이 좋은 사례이다.

주택 비즈니스를 추진할 지역의 선정에는 몇 가지 기준을 세우고, 이를 바탕으로 진행할 필요가 있다. 이러한 기준으로는 지역의 차별화와 양극화 및 그룹화, 지역 수요의 풍선 확장 효과에 따른 유망 지역의 확대, 20대 80 사회에 따른 수요의 변화, 청년과 신혼부부의 주택 소유 욕구 증가 및 이들의 주거 안정 지원을 위한 정책, 실버타운의 잠재력 등이 있다. 이는 지역이 가진 사회적 환경, 지역의 성장 단계 등에서 영향을 받는다. 지역의 성장은 인구와 30대 40대 연령층의 비중, 산업의 발전, 중심 지역의 중력 등에 좌우되며, 이런 요인을 많이 가진 지역이 발전 잠재력이 높다.

둘째, 공공택지는 정부가 보증을 서는 지역이다

둘째, 사람들이 주택을 매입하는 행동은 소비와 투자뿐 아니라 저축의 목적도 함께 가진다. 투자는 단기간 가격 상승으로 수익을 가지려는 행동이다. 조만간 상승할 지역에서 사업을 하면 좋겠지만, 이런 지역을 찾기는 쉽지 않다. 지역의 선정은 주택이 가진 저축의 특성을 활용할 필요가 있다. 주택이 가진 강점인 저축은 장기적으로 가치를 유지하면서 노후의 생활 안정을 얻기 위한 것이다. 조금 길게 볼 때 좋아질 지역을 찾는 노력은 크게 어려운 일은 아니다. 수요자 호응을 얻고 주택 비즈니스가 성과를 얻으려면 시장이 안정을 유지하면서 성장하는 지역을 선정하는 전략이 중요하다.

주택업체가 공영개발 공공택지를 선호하는 것도 같은 맥락이다. 토지 매입과 인허가가 쉬운 점도 있지만, 공공이 개발해 분양하는 토지는 시간이 흐를수록 가치가 높아진다. 분양이 힘든 땅이라면 막대한 비용을 들여서 개발할 필요가 없었을 것이다. 신도시와 택지지구의 경우가 여기에 해당한다.

따라서 공공택지는 정부가 보증을 서는 것이나 다름없다. 아파트 분양이 부진하면 교통 등 다른 보완책도 공공에서 해결해주기 때문에 안정적으로 사업을 할 수 있는 이점이 있다. 주택경기 침체에도 공공택지 입찰 경쟁률이 몇백 대 1에 달하고 '벌떼 입찰'이 성행하는 이유도 여기에 있다. 이런 지역에서 공급 분양하는 주택 비즈니스는 유망하다는 점을 소비자에게 제대로 인식시키는 마케팅이 필요하다. 마케팅의 핵심은 설득과 공감에 달려 있다. 지역의 상황과 발전 잠재력을 보여주는 전략이 상당히 효과적이다.

셋째, 수도권의 인구는 당분간 증가할 전망이다

셋째, 인구의 변화는 감소와 집중이라는 이중성을 통해서 지역에 따른 차별화를 가져온다. 일부 지역에는 인구가 집중되고 주택 수요가 증가할 것이다. 인구가 꾸준히 증가하거나 일정한 수준을 유지하는 지역이 좋은 사업 대상이다. 크게 보면 수도권의 인구는 당분간 증가할 전망이며, 수도권에서도 세분 시장의 차별화는 갈수록 강해진다. 예를 들면 수도권에서는 서울 생활권, 남부 지역과 서부 지역, 그리고 서울과 일일생활권에 해당하는 도시 등이 인구 측면에서 유망한 지역이다.

지방의 경우에서도 마찬가지이다. 인구는 같은 지역 내에서도 재편되는 경향이 짙어질 것이다. 새로운 주거단지나 신산업, 유통, 문화시설 등에 따라 젊은이들이 몰리는 지역이 생겨나지만, 노인 인구만 지속적으로 증가해 활력이 떨어지는 지역도 나오기 마련이다. 이런 내용은 앞에서 설명한 지역 선택의 지표에서 자세한 내용을 살펴볼 수 있다.

넷째, 미분양 지역은 피하는 전략이 중요하다

넷째, 주택 비즈니스를 하려는 지역의 선택 지표에서는 흔히 주택 공급 예상과 미분양을 중요하게 생각한다. 그런데 미분양 주택은 지역을 선택하기 위한 지표로는 불확실하다. 미분양은 지역의 일정 기간별 주택 수급 상황을 제대로 반영하지 못하기 때문이다. 미분양 주택이 많은 지역은 당연히 수요가 부족하고 주택 비즈니스에 적당하지 않다. 누구나 그렇게 생각한다. 그러나 미분양이 줄어든다고 지역의 수급 여건이 앞으로도 좋아진다고 생각하기는 어렵다. 미분양의 감소는 대개 일시적 현상인 경우가 많다.

지역의 선택에서 수요는 고정되어 있는데 택지 등의 여유가 많아서 공급이 계속 증가할 가능성이 있는 지역을 피하는 전략이 중요하다. 택지를 과다하게 개발해서 인구 유입시설은 한계에 봉착한 상황에서 아파트만 분양한다면 미분양이 이어질 수밖에 없다.

주택시장이 좋아지기 시작한 2015년 이후 지역별 미분양 현황을 살펴보자. 수도권과 지방의 미분양 추세는 확연한 차이가 있다. 수도권은 2015년의 3만 6,027호에서 최근에는 1만 호 정도로 큰 폭 감소했다. 그러나 지방의 미분양은 같은 기간 동안 3만 875호에서 계속 늘어나 5만 2,458호로 도리어 증가했다.

이는 주택경기 호황으로 지방에도 일부 수요가 나타났지만, 이들 지역에서 미분양의 감소보다 새로 공급되는 주택이 더 많이 증가했기 때문이다. 대도시의 미분양 현황도 비슷한 상황을 보여준다. 지난 몇 년 동안 인천, 대전에서는 미분양이 감소했지만, 부산, 대구, 울산 등지의 미분양은 주택경기 호황에도 불구하고 도리어 증가했다. 특히 대구와 울산은 미분

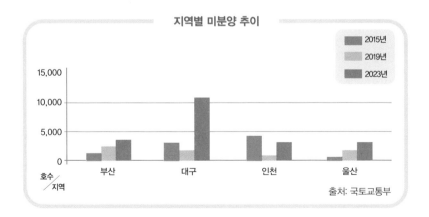

지역별 미분양 추이

출처: 국토교통부

양 주택이 2015년에 비해서 서너 배 이상 증가했다. 이들 지역에서는 미분양 감소를 틈타서 주택이 대량으로 공급되었기 때문이다.

이처럼 지역시장의 수급 판단은 단순히 미분양 추세만 보아서는 곤란하며, 주택보급률, 가구당 주택 수, 청년층의 비중 등을 함께 살펴야 한다. 이와 함께 지역의 택지 등 주택 공급의 잠재력을 파악하는 노력이 필요하다.

다섯째, 미래 수요를 창출하는 택지를 선정하라

다섯째, 주택시장은 외적인 요인과 함께 소유와 임차의 내부 메커니즘이 중요하다. 매매가격 대비 전셋값의 비중은 지역의 주택 수요를 좌우한다. 매매가격 대비 전셋값의 비중이 높아지는 지역은 주택의 잠재 수요가 많아지고 있음을 보여준다. 이런 상황을 보이는 곳은 저평가 지역이며, 주택 비즈니스에서 좋은 기회가 된다. 이런 비중이 높지 않았다가 빠르게 올라가는 지역을 주목할 필요가 있다.

다음으로 택지 확보를 위한 자세한 그림을 그려보자. 주택 비즈니스에는 택지가 핵심이다. 좋은 택지의 확보는 사업의 성패를 좌우하는 중요한 요인이다. 주택의 수요와 선호를 바탕으로 주택을 개발하고 분양하기 위한 택지를 확보하는 방법을 검토해 보자. 문제는 수요가 많은 지역은 택지가 부족하고, 택지를 사용할 땅이 있는 지역은 수요가 별로 없다는 점이다. 그렇지만 지역의 주택 수요는 상황에 따라 변하며, 이를 잘 살펴보면 적절한 택지를 찾을 수 있다.

주택 비즈니스를 위한 택지의 선택은 두 가지 관점에서 접근할 필요가 있다. 하나는 미래의 잠재 수요가 예상되는 지역이다. 다른 하나는 수요를 창출할 수 있는 지역이다. 이런 지역에서 택지를 찾아야 한다. 택지를 확보한 이후 분양까지 4~5년 또는 그 이상의 기간이 걸리는 점을 고려해야 한다. 따라서 현재의 당면한 상황과 함께 미래의 수요를 보여주는 잠재 수요 또는 수요 창출이 택지의 선택에서 중요하다.

공공택지는 사업의 안정성을 가질 수 있다

기업에 따라 다른 방식의 부동산 투자가 화제가 된 적이 있었다. 어떤 기업은 정부의 계획을 사전에 파악하고, 발전 잠재력을 감안해 강남 지역의 토지를 집중적으로 매입했다. 다른 기업은 수도권에 대규모 토지를 매입해 수요를 창출하는 전략을 구사했다. 이 같은 기업의 부동산 투자 패턴이 바로 어떤 택지를 선택하느냐에 따라 사업 전략이 달라지는 좋은 사례가 된다.

첫째, 잠재 수요가 많고 향후 수요 증가가 예상되는 지역의 판단은 인구 흐름과 산업 발전, 주택시장 상황 등에서 찾을 수 있다. 이는 발전 잠재력, 지역의 선택지표 등을 설명한 내용에 정리되어 있다.

둘째, 주택 수요의 창출이 가능한 지역은 어떻게 접근할 수 있을까. 수요 창출이 기대되는 지역은 주택시장에서 새로운 축으로 떠오르는 청년층과 노인가구의 수요가 있는 곳이다. 청년층의 수요는 시장의 미래 모습에서 설명한 내용을 바탕으로 정리할 수 있다. 청년이나 신혼가구는 이전과 다른 새로운 주거 공간을 요구한다. 주택의 크기, 구조, 시설, 용도 등에서 그동안의 인식과 관점에서 벗어난 접근이 필요하다. 노인가구의 경우 앞에서 설명한 실버타운 등의 접근 방향을 참고할 수 있다.

택지에 관한 접근방법을 정리하면 다음과 같다. 첫째, 지역의 교통, 일자리 등에 의해 내생적으로 인구가 증가하는 지역을 주목해야 한다. 둘째, 공공 부문에서 택지를 개발해서 공급한 지역의 인근 지역, 그리고 이들 지역이 가지는 중력의 영향이 미치는 지역을 고려할 수 있다. 셋째, 공공택지를 분양하는 지역은 사업의 안정성 측면에서 중요한 검토 대상이다. 넷째, 재건축과 재개발은 기존 택지를 활용한다는 점에서 계속 관심을 가질 필요가 있다. 다섯째, 잠재 수요가 예상되고 수요 창출이 가능한 지역은 택지 선택의 우선 고려 대상이다.

공간의 경쟁력은 주거 공간의 구성과 활용에서 나온다

공간의 경쟁력에서는 주거 공간의 구성과 탄력적 활용도 중요하다. 주택을 선택할 때는 먼저 지역이 가진 외적 환경을 검토하고, 이어서 주택의 내부 공간을 살펴본다.

주택을 매입하고 오랫동안 살면서 가구의 구성은 변한다. 처음에는 적절한 공간이었지만, 살아가는 동안 시설이 낡고 가구의 구성도 변하면서 공간에서 불필요한 부분도 생긴다. 공간의 비효율화가 진행되는 것이다. 예를 들어 자녀가 진학, 취업, 결혼 등으로 따로 나가면 남은 부부가 사용하지 않는 공간이 생기고, 비싼 주거자원의 낭비가 나타난다. 지역 커뮤니티나 각종 비용을 생각하면 이주도 쉽지 않다. 따라서 방치되는 공간을 활용하는 일은 중요하다.

외국의 경우 노인들은 집의 여유 공간에 세를 주거나 에어비앤비와 같이 숙박 공간 등으로 활용하고 있다. 미국 베이비붐 세대와 청년이 함께 거주하는 방식도 최근 주목을 받고 있다. 하버드대 공동주택연구센터에서는 65세 이상 노인 중의 100만 명 이상이 혈연이 아닌 청년들과 같이 살고 있다. 뉴욕 등지의 집값이 오르면서 경제적 이해관계가 맞아떨어졌기 때문이다. 이는 양자의 경제 생활에도 도움을 준다. 문제는 건축구조상 사용하지 않았던 공간의 적절한 활용이 제약받는다는 점이다.

최근 삼성물산이나 포스코 등에서 추진하고 있는 가변형 방식은 주택의 공간 경쟁력을 높이는 데 이바지할 것이다. 인구 구조의 변화와 주거 트랜드에 따라 공간을 쉽게 변경할 수 있는 주거 공간은 점점 자리를 잡아갈 것이다. 지역의 선택이나 택지 마련은 주택업체의 공간적 경쟁력을 확보하는 방안이다. 이에 비해 주거 공간의 탄력적 활용은 주택 거주자의 공간 경쟁력을 높여준다. 다만 나중에 받게 될 효용을 미리 부담해야 하는 문제는 남아 있다.

주택 비즈니스에서 성공 여부는 시간 경쟁력의 확보에 달려 있다

주택 비즈니스는 속력이 아니라 속도가 중요하다

주택 비즈니스는 상당한 시간이 소요된다. 사업의 첫 단계는 브리지론 등을 이용해서 택지를 확보하는 일이다. 이후 사업계획을 세우고 인허가를 받아 정식 파이낸싱을 받는다. 주택을 분양하고 시공, 입주할 때까지 거의 3~4년이 걸린다. 중간에 공사의 지연, 공사비 상승 같은 예기치 못한 상황이 발생하면 사업에 걸리는 기간과 비용은 더욱 늘어날 수밖에 없다.

2021년부터 콘크리트, 철근 등 기초자재 비용을 비롯해 인건비가 급등하면서 현장 비용은 크게 늘어났다. 주택경기가 나빠지면 분양에 차질이 발생할 수도 있다. 준공 후에도 미분양으로 남아 있는 주택이 2023년 말 현재 1만 호를 넘어섰고 계속 증가하는 추세이다.

주택시장은 속도의 영향을 많이 받는다. 특히 주택 건설은 사업 시작에서 마무리까지 오랜 시간이 걸리고, 사업을 하는 동안 변화도 많이 나타난다. 주택 비즈니스는 속력이 아니라 속도가 중요하다. 단지 빠르기만 생각하다가 실패한 경우도 많다. 지난 수십 년 동안 많은 주택업체가 명멸을 거듭한 배경에는 속도의 함의를 정확하게 이해하지 못한 데도 원인이 있다.

주택 비즈니스의 성과는 시간의 경쟁력 확보에 달려 있다. 오랜 시간이 걸리는 만큼 사업을 언제 시작하고, 언제 마무리할지의 시점을 판단하는 전략이 중요하다. 이는 사업의 성과를 좌우한다. 주택경기는 변동이 심한 만큼 시점을 잘못 판단하면 큰 타격을 받는다. 주택경기 침체가 계속되자 2024년 들어 건설업체의 경영난이 심해지고 도산하는 업체가 늘어나고 있다. 시장이 호황을 보인 2020년을 전후해 사업을 추진한 경우, 미분양과 금융비용 증가로 큰 어려움을 겪고 있다.

주택 비즈니스는 하이 리스크, 하이 리턴 사업이다

주택 비즈니스는 전형적인 하이 리스크, 하이 리턴 사업이다. 진입 장벽이 낮아 사업을 하는 기회가 열려 있는 데다 성공에 따른 과실이 많은 편이다. 그렇지만 몇 가지 심각한 취약점도 가지고 있다.

첫째, 주택 비즈니스의 경영은 흔히 자전거를 타고 달리는 행동과 비슷하다. 계속 페달을 밟으면서 달려가야 하고, 멈추면 넘어질 수 있다. 일단 가속도가 붙으면 큰 이익을 얻게 되지만, 자칫 과속할 위험도 있다. 분양에 성공하면 다음 사업을 위해 택지를 매입하고 준비하지만. 몇 년 후에는 주택경기가 어떻게 변할지 알기 어렵다. 그렇다고 사업을 오래 멈출 수도 없고, 금융비용이 늘어나고 인건비 등 고정비용은 지출하는 상황에서 계속 경영을 유지해야 한다.

둘째, 주택 비즈니스는 외부 자금의 의존도가 높은 사업이다. 주택 비즈니스를 하는 기업의 금융 안정도도 낮은 편이지만, 사업의 운영이 금융기관이나 소비자의 자금에 많이 의존하기 때문이다. 자연 금융비용이 많을수록, 사업 기간이 길수록 리스크는 높아진다. 이는 최근 경영 위기로 주목을 받는 PF 사업에서 극명하게 나타나고 있다.

셋째, 주택경기의 변동에 취약하다. 일반 상품과 달리 주택이라는 상품은 생산에 걸리는 시간이 길다. 주택상품을 판매할 무렵의 시장 상황이 어떻게 될지 알기 어렵고, 주택경기가 예상과 달라지는 경우 주택 판매에 어려움을 겪는다. 미분양이 대량 발생하면 현금 흐름이 흔들리는 경우가 많다. 이때 프로젝트 파이낸싱을 담당한 대출기관은 자금 관리를 하게 되고 압박이 심해진다.

넷째, 주택상품은 판매 지역이 제한되어 있다. 다른 상품은 대개 전국의 소비자를 대상으로 하며, 해외에서 판매할 수도 있다. 주택은 위치가 고정되어 있어 특정 지역의 수요자가 고객이며, 지역에서 팔리지 않으면 새로운 수요자가 나타날 때까지 기다려야 한다.

주택사업에서 시점의 선택은 중요하며, 시간이 경쟁력이다

이처럼 주택 비즈니스는 근본적 해결이 요구되는 당면과제를 갖고 있다. 이러한 취약점은 여러 원인이 있지만, 상당 부분은 사업 기간이 길다는 데 기인한다. 그만큼 주택 비즈니스에서 시점의 선택은 중요하며, 시간이 경쟁력이다. 주택 비즈니스의 적정한 시점은 어떻게 찾을 수 있을까. 시작에서 마무리까지 사업의 기간이 오래 걸리는 만큼 시장의 전망이나 판단하는 일이 쉽지 않다.

주택시장의 전망에 대한 자료나 정보는 연구소를 비롯한 여러 기관의 전망자료, 전문가 의견, 시장 심리지수 등이 있지만, 앞에서 살펴본 것처럼 대부분 단기 전망이거나 주관적 판단에 의존하고 있다. 주택 비즈니스의 전망으로 사용하기에는 제약이 있다. 시간과 비용을 써서 직접 시장을 조사하는 방법도 있다. 직접 조사는 사업하려는 대상 지역의 상황을 잘 파악할 수 있는 장점이 있다. 그렇지만 조사 표본의 선정, 응답자의 답변 유도 등을 신중하게 처리하지 않으면 활용도가 떨어질 수 있다.

주택 비즈니스에서 필요로 하는 전망은 중기적인 전망이다. 이를 위한 별도의 계량모형을 만들 수도 있지만, 시간과 비용이 많이 드는 어려운 작업이다. 기대한 만큼 충분한 성과가 나온다는 보장도 없다. 이런 상황에서 주택시장의 중장기추세를 이용하는 접근은 주택 비즈니스의 입장에서 도움이 되는 결과를 얻을 수 있다.

먼저 연구소 등의 전망자료, 전문가 조사, 그리고 여러 기관에서 발표하는 가격 전망이나 시장 심리지수 등을 살펴보자. 여러 기관에서 주택시장을 전망하기 위해서 발표하는 자료는 주로 1년 정도의 단기간에 나타날 것으로 보이는 시장을 예측하는 전망이다. 주택 비즈니스의 관점에서 볼 때 시장을 판단하고 사용하기에는 제약이 있다. 사실 일부 전망치와 실제 가격을 비교한 결과를 보면 중기 전망에 사용하기에는 충분하지 않았다. 중기적인 관점에서 추진하는 주택 비즈니스의 의사결정에 필요한 정보로 활용하는 데는 한계가 있을 수밖에 없다.

주택 비즈니스에서 중장기 전망이 중요하다

전문가 조사의 결과는 주택 비즈니스를 추진하기 위한 자료로 활용하는 방안도 생각할 수 있다. 그렇지만 전문가 조사 역시 조금 긴 기간을 전망하기에는 한계가 있다.

과거의 사례를 살펴보면 주택시장의 흐름이 상승에서 하락으로 변했던 2022년의 전문가 조사에서 침체를 예상했던 비율은 낮았다. 최근의 일부 지역 아파트 가격이 상승하는 현상 역시 전문가 전망의 정확도는 떨어졌다. 특히 시장이 변곡점을 맞이한 상황에서 상당수 전문가가 정확한 판단을 하지 못했다.

주택시장에 관한 각종 시장 심리지수 역시 현재 상황의 판단이나 단기적인 전망이라는 점에서 주택 비즈니스를 위한 지표로 사용하기는 제약이 있다. 주택 비즈니스를 위한 시장의 판단은 두 가지 측면에서 접근할 수 있다. 하나는 주택시장이 나아갈 것으로 보이는 방향이며, 이는 나침반을 사용해서 파악할 수 있다. 다른 하나는 시장의 변화, 즉 추세의 전환이다. 추세의 전환은 중장기적인 추세의 흐름을 가지고 알 수 있다.

먼저 주택시장의 흐름에 대한 전망은 시장의 내적 외적인 요인들을 바탕으로 판단할 수 있다. 이는 시장의 나침반을 사용하는 방법이 효과적이다. 일반적으로 알려진 시장 전망에 의존해서는 잘못 판단할 수 있다. 주택 비즈니스에 있어서 전망의 실수는 큰 리스크를 안겨줄 수 있다.

주택 비즈니스의 어려움이나 높은 리스크는 일단 사업을 시작하면 중간에 멈추기가 쉽지 않다는 점이다. 일반 소비재나 전자제품처럼 시장 상황에 맞추어 생산 활동을 탄력적으로 조절하기가 어렵다.

주택경기가 나빠지고 분양이 힘들다는 예상이 되어도 사업의 진행 속도는 늦출 수 있지만, 중단하기는 어렵다. 이는 주택업체의 부침이 심한 원인이다. 따라서 주택 비즈니스에서는 정확한 중장기 전망이 필수적이다.

주택시장을 움직이는 힘이 나침반의 방향을 결정한다

주택시장의 나침반은 상승과 하락을 비롯한 4가지 방향을 가리킨다. 이를 결정하는 요소들은 시장 외적인 금리, 소득, 정책, 그리고 시장 내적인 중장기추세, 전셋값 동향, 기대심리 등이 있다. 금리와 주택가격, 전셋값은 주택의 비용이며, 중장기추세와 기대심리는 주택시장을 움직이는 힘이다. 비용과 힘은 주택시장에서 나침반이 가리키는 방향을 결정한다. 이러한 요인들을 살펴보면 시장에서 나침반이 가리키는 방향을 알 수 있다.

주택 비즈니스는 몇 년이 걸리는 사업이므로 사업 도중에 시장의 흐름이 변하는 경우가 많다. 주택경기가 호황기에서 침체기 또는 침체에서 호황으로 전환하면 주택 비즈니스는 큰 영향을 받는다. 시장의 흐름을 파악하는 일은 매우 중요하다.

이런 상황에서 생각할 수 있는 효과적인 접근이 주택시장의 중장기추세를 활용하는 방법이다. 이는 시장가격과 추세 사이에서 생기는 격차인 괴리를 보면서 시장의 과열 혹은 냉각 상태를 판단하는 방법이다. 양자의 격차가 심해지고, 격차가 오래 지속되면 주택시장은 과열 또는 냉각되어 있다고 판단할 수 있다. 시장의 과열이나 냉각은 멀지 않아 추세가 전환될 수 있다는 시그널이다.

주택시장의 현재 상황과 흐름, 그리고 전망과 전략 등을 종합적으로 판단해 사업의 방향과 추진을 결정하는 데, 효과적인 방법의 하나는 전문가 그룹이나 연구소 등을 활용하는 방안이다. 주택시장과 주택 비즈니스 관련 각각의 분야에서 시장을 어떻게 보고 있는지, 현장은 어떻게 움직이는지, 그리고 향후 전망은 어떻게 될지 비교 검토해서 더 정밀한 경영적 판단을 내릴 수 있다. 이를 효과적으로 수행하려면 회사 내외부에 언제든지 활용이 가능한 시스템을 갖추어야 할 것이다.

일상적 혁신은 주택 비즈니스의 필수 조건이자 최우선 해결과제

일상적 혁신은 기존의 기술로 새로운 가치를 창출한다

주택 비즈니스는 경쟁이 심한 분야이며, 공간적 그리고 사회경제적 주변 여건의 영향을 많이 받는다. 주택은 국민적 파급효과가 크고 생활과 밀접한 사업인 만큼 정부 간섭과 지원 역시 많은 편이지만, 주택이 크게 부족한 상황인 만큼 산업의 입지가 확고했다. 하지만 그 같은 황금 시절은 지나갔다. 품질과 가격 경쟁이 시작됐고 수요자의 니즈를 얼마나 반영하느냐가 관건이 되고 있다.

이런 상황에서 성과를 얻기 위한 전략으로 혁신(Innovation)을 생각할 수 있다. 혁신은 기술의 진보 및 개혁에 의한 신상품 생산, 새로운 생산방법 도입, 신시장 개척, 새로운 자원 이용, 그리고 신조직 등에 의해 생산요소를 새롭게 결합하고, 새로운 제품을 창조하는 일이다.

흔히 혁신을 말하면 슘페터가 주장한 파괴적 혁신을 생각한다. 그렇지만 주택시장 같은 성숙한 사업에서는 일상적 혁신이 효과적이다. 일상적 혁신이란 기존의 기술과 비즈니스 모델을 바탕으로 사람들이 가지고 싶어 하는 가치를 창출하는 작업이다. 애플이 아이폰을 만든 일은 혁신의 중요한 사례로 꼽히고 있다. 그렇지만 애플은 아이폰을 만드는 데 그치지 않고 부가적인 가치의 창출에 심혈을 기울였다. 애플의 수익은 아이폰 자체보다 자신이 가진 핵심 플랫폼의 지속적인 업그레이드를 통해서 실현되었다.

쿠팡, 넷플릭스 등도 기술보다는 비즈니스 모델을 혁신해서 성공할 수 있었다. 이처럼 일상적 혁신은 기존의 가치사슬을 사람들이 원하는 내용으로 개선하는 방법으로 실행할 수 있다. 지상을 녹화한 아파트를 개발하고, 커뮤니티의 확보와 활성화 등으로 상품을 업그레이드하는 전략 등이 있다.

기술과 비즈니스 모델이 혁신을 일으키는 두 가지 요인

혁신을 일으키는 요인은 두 가지를 들 수 있다. 하나는 기술이며, 다른 하나는 비즈니스 모델이다. 흔히 혁신하면 뛰어난 기술을 생각하지만, 일상적 혁신은 비즈니스 모델에서 자주 만들어진다. 혁신의 기준은 소비자에게 만족과 효용을 주는 경제적 가치의 창출이다. 반드시 획기적 기술이 아니라도 약간의 개선 또는 불편함을 없애는 전략으로 충분한 성과를 얻을 수 있다.

슘페터는 혁신을 설명하면서 새로운 재화의 형성, 새로운 생산방법의 도입, 새로운 판로의 개척, 새로운 공급원의 확보, 새로운 조직의 실현이라는 다섯 가지 경로를 제시했다. 이러한 경로에서 새로운 판로, 새로운 공급원, 새로운 조직은 비즈니스 모델을 통한 혁신이다.

에디슨의 전구, 트랜지스터의 발명, 애플의 아이패드, 전기자동차 등은 누구나 알고 있는 혁명적인 혁신 기술이다. 그러나 사람들의 생활을 개선하는 대부분의 혁신은 일상적 혁신의 과정을 통해서 나타난다. 승용차 공유 서비스, 가구산업 이케아, 배달 서비스, 숙박업소 찾기 등은 획기적인 기술이 아니라 비즈니스 모델의 개선이라는 일상적 혁신으로 가치를 창출한 좋은 사례들이다.

주택 비즈니스에서 혁신을 추진하려면 시장과 사업이 가진 중요한 특성에 관한 정리가 필요하다. 첫째, 주택시장은 진입 장벽이 낮고 경쟁이 심한 레드오션으로 알려져 있다. 기술이나 자본이 크게 요구되지 않으며, 하도급 형식의 생산 체계를 갖고 있다. 둘째, 주택시장은 경기 변동이 심하고, 높은 리스크와 높은 수익성이 공존하는 특성을 보인다. 셋째, 주택 비즈니스의 수행에는 높은 수준의 기술이 필요하지 않으므로 혁신이 활발하게 이루어지지 않고 있다.

혁신이라는 오랜 항해는 나침반과 속도계가 필수적이다

주택 비즈니스의 일상적 혁신은 어떻게 만들 수 있을까. 주택은 성숙한 산업이며, 레드오션이라는 점에서 혁신은 힘들다고 알려져 있다. 그렇지만 새로운 재화와 새로운 판로라는 두 가지 경로에서 일상적 혁신을 실행할 수 있다. 혁신은 오랜 기간의 항해와 같다. 많은 시간과 노력이 필요하다. 주택 비즈니스는 초기 비용이 많이 들고, 사업 기간이 길며, 사업 도중 시장 변동이 심하다. 오랜 항해에서 성과를 얻으려면 나침반과 속도계가 필수적이다.

자동차산업의 예를 두 가지 측면에서 살펴보자. 자동차시장은 1980년대에 이미 성숙한 시장이었다. 이런 시장에서 혁신은 서서히 진행되고 경쟁력은 효율적 관리와 생산에서 나온다. 흔히 성숙한 산업에서는 비용을 줄여 효율성을 높이거나 기업의 존속에 필요한 이익을 만드는 데 주력한다. 그러나 이런 산업에서도 혁신을 통한 잠재력이 상존한다. 어디에서 혁신의 가능성을 찾고, 이를 비즈니스로 연결하는가가 핵심이다.

자동차의 혁신하면 대개 전기자동차를 떠올린다. 이미 1백여 년 전에 전기자동차는 뛰어난 기술자이자 기업인인 에디슨이나 헨리 포드 같은 사람들이 미래의 운송수단으로 주목했다. 그렇지만 전기자동차가 시장에서 중요한 비중을 차지하기에는 오랜 시간이 걸렸다. 가격, 장거리 주행, 충전 등에서 내연기관 자동차와 경쟁하기 힘들었다. 이는 혁신의 진행에서 중요한 사실을 시사한다. 뛰어난 기술의 혁신도 경제적 여건을 갖추지 못하면 혁신의 과실을 얻기 어렵고, 지속적인 발전에 한계가 있다는 것이다.

오늘날 전기자동차는 환경 오염을 줄이고 정책 지원에 따른 비용 절감이라는 강점을 가지고 빠르게 자리를 잡았다. 전기차의 대명사인 테슬라는 높은 시장 비중을 차지하면서 기술혁신의 중요한 사례로 여겨진다. 그런데 시장에서 전기차 못지않게 주목받는 분야는 하이브리드 자동차를 들 수 있다. 내연기관 자동차와 전기차의 강점을 함께 이용하는 하이브리드 방식은 미국 시장의 신차 판매에서 전기차 비중을 넘어서고 있다.

'혁신'과 '명품'이라는 두 마리 토끼를 잡은 빌라 사업의 전략

전기차는 기술 개발에 치중한 데 비해서 도요타의 하이브리드 자동차는 새로운 결합에 의한 혁신으로 소비자에게 가치를 제공하는 강점을 가지고 성과를 얻고 있다. 이는 슘페터가 말한 신결합에 의한 혁신이며, 파이를 키우는 혁신이다. 주택산업이 추진할 혁신의 방향을 잘 보여주는 사례라고 할 수 있다.

시장이 성숙하고 포화 상태인 주택산업은 새로운 기술의 개발이나 수요를 만들기가 쉽지 않다. 층간소음의 완화, 장수명 주택의 건설 등은 주택산업이 해결해야 하는 중요한 과제들이지만, 기술적 어려움과 비용 부담 등으로 실제 혁신에는 어려움이 따른다. 그리고 주택시장에 대한 각종 규제나 정책 개입 등도 혁신을 어렵게 만드는 요인으로 작용한다.

이런 여건을 고려할 때 주택은 기술혁신이 아니라 가치의 혁신으로 접근하면서 소비자가 주택에서 원하는 가치를 만들고 제공하는 노력이 중요하다. 사람들은 TV 리모컨을 사용하면서 불편을 느낀다. 다양한 기능이 있지만, 실제 사용하는 기능은 몇 가지가 되지 않는다. 별로 사용하지 않는 버튼을 제외한 단순한 TV 리모컨을 만든다면 사용이 편해지고, 비용도 줄어들지도 모른다.

이는 일상적 혁신이 필요한 좋은 사례라고 할 수 있다. 주택 비즈니스에서 일상적 혁신은 자재 사용, 공간의 크기와 구성, 가격 책정, 분양 방식 등 다양한 분야에서 찾을 수 있다. 특히 입지, 공간, 가격은 소비자의 선호를 결정한다는 점에서 중요한 혁신의 대상이다.

경기 부침으로 사라지기도 하고 성업을 보이기도 하는 수백억 원대의 고급 빌라를 건설하는 주택업체를 예로 들어보자. 대형 주택업체는 소규모 물량으로 짓는 빌라 업계에 진출이 곤란하다. 소량 다품종에 맞추기도 어렵다. 이 같은 점에서 빌라 전문업체들은 틈새시장의 경쟁력을 확보할 수 있다. 부유층이나 예술인 등의 고급 수요층을 위한 입지, 공간, 가격 등을 구성해서 혁신과 명품이라는 두 마리 토끼를 잡는 빌라 사업을 영위하는 전략이다.

청년층의 새로운 주거 선호에 맞는 일상적 혁신을 찾아라

주택은 사람들이 살아가는 공간이다. 누구나 집을 갖고 싶고 좋은 곳에서 살기를 원한다. 그렇지만 주택은 비용 부담이 높으며, 시장 변화가 많고 수급의 불균형이 심한 상품이다. 또 인구, 소득, 지역 등에 따라 새로운 수요가 나타나는 시장이다. 이런 조건은 시각을 달리하면, 일상적 혁신이 자랄 수 있는 좋은 토양이다.

주택시장에서 강하게 나타나고 있는 축의 전환을 바탕으로 주택 비즈니스의 혁신 전략을 파악해 보자. 이는 새로운 수요를 탐색하는 한편, 부가적인 추가 수요를 만드는 접근이다.

축의 전환은 주택 비즈니스에서 적극 고려할 사항이다. 특히 시장의 새로운 축인 청년층, 노인가구는 주거생활과 행태에서 이전과 다른 변화를 보여줄 것이다. 양적 질적인 차원에서 이전과는 다른 새로운 수요를 기대할 수 있다. 이런 점에서 청년층과 노인가구를 대상으로 하는 주택 비즈니스는 일상적 혁신을 통해서 많은 성과를 얻을 기회를 가져올 것이다. 처음에는 틈새시장으로 시작했다가 사회적 트렌드의 흐름에 따라 중심시장의 하나로 자리잡을 수 있다.

먼저 청년층 주택시장에서 혁신을 찾아보자. 지난 몇 년 동안 겪었던 주택시장의 학습효과는 청년층의 인식을 변하도록 만들었다. 가격이 급등하는 동안 주택이라는 사다리에 올라갈 기회를 놓친 청년들은 기회가 오면 적극적으로 주택을 매입하려는 생각이 강해졌다. 그리고 중심 지역에서 살고 싶은 욕구도 높아졌다.

청년들은 주거 안정과 함께 주거생활에서도 즐거움, 편안함, 그리고 창조적 활동을 할 수 있는 공간을 원하고 있다. 이들은 주택시장에서 중요한 수요자 역할을 맡을 것이다. 주택 비즈니스는 지역의 선정과 함께 청년층을 대상으로 공급을 확대하는 전략이 중요하다. 이런 혁신은 주택 규모, 주거 공간, 분양 방식 등에서 다양하게 나타날 전망이다. 특히 소비자의 선호에 맞춘 주거 공간과 주택 규모의 다양한 결합에 의한 혁신을 통해서 새로운 주택시장을 만들 수 있다.

중심 지역, 실용적인 내부 공간, 소규모 주택 선호

최근 청년층의 선호 흐름을 살펴보면 이전과 비교해서 주거 공간의 중요성이 높아지고 있다. 여전히 지역은 중요하지만, 외곽의 큰 주택보다는 비슷한 부담으로 중심 지역에서 실용적인 내부 공간과 생활환경을 가진 소규모 주택을 선호한다. 이와 함께 계속 증가하는 1인 가구의 주거 수요는 새로운 사업 분야로 떠오를 것이다. 몇 년 후에는 1인 가구의 비중이 40%에 이를 전망이며, 10가구 가운데 4가구가 1인 가구가 되는 만큼 주택시장에서 상당한 비중을 차지하는 상황이 다가오고 있다.

전에는 이들 1인 가구는 대개 좁은 원룸이나 방 하나를 구해서 사는 경우가 많았지만, 앞으로는 이들 역시 적지만 주택이 가진 쾌적하고 편한 기능을 갖춘 공간에서 거주하기를 원한다. 특히 중산층의 아파트에 부모와 같이 살다가 직장 등으로 독립한 경우, 자신만의 거주 공간을 중요하게 생각한다. 자라면서 익숙했던 공간의 수준을 유지하고 싶은 것이다.

그렇지만 이런 수요를 충족할 수 있는 주거 공간의 공급은 매우 부족하다. 비용의 문제는 남아 있지만, 공유주택 등의 형태로 1인 가구가 원하는 주거 공간을 제공한다면 많은 호응을 얻을 것이다.

서울 도심의 안암동이나 연남동 등지에는 낡은 단독을 재건축한 소형 평형의 셰어하우스가 젊은이에게 인기를 끌고 있으며, 광역화로 확산할 조짐을 보여준다. 그들만의 개성을 살리면서 같은 취미와 성향을 가진 사람끼리 어울리기도 하고, 프라이버시를 확보한 개인 공간을 가지는 형태의 주택 패턴이 새로운 트렌드로 자리를 잡았다. 외국에서는 반려견 등 동물 애호가만 거주하는 주택, 자동차를 타고 고층까지 올라가는 아파트 등 특수층을 대상으로 한 주택도 등장하고 있다.

노인층 주거 수요의 새로운 주역으로 베이비붐 세대가 부상

노인가구의 주거에 대한 접근과 전략도 필요하다. 노인층의 주거 수요는 그동안 소홀하게 다루어졌던 분야이다. 하지만 노인가구의 비중이 점차 높아지면서 단지 틈새시장의 관점이 아니라, 새롭게 떠오르는 시장의 하나로 성장할 가능성이 있다.

특히 실버타운이나 시니어 주택은 공급이 수요를 만들어 가는 중요한 분야로 주목받고 있다. '공급은 스스로 자신의 수요를 창출한다'라는 유

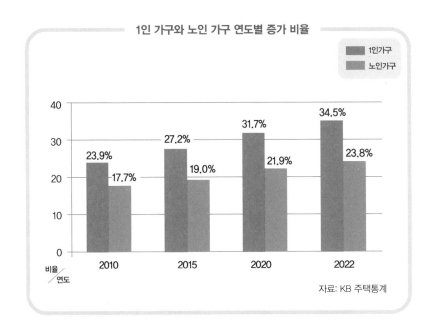

1인 가구와 노인 가구 연도별 증가 비율

- 1인가구
- 노인가구

자료: KB 주택통계

명한 말은 고전학파 경제학자 세이(Say)가 주장한 법칙이다. 현재 20%를 밑도는 고령화 비중은 2035년경 30%를 웃돌 전망이다. 기대수명이 남성 80세, 여성은 85세로 높아지면서 고령화의 급속한 진전에 따라 노인 인구는 계속 증가하고 있다. 베이비붐 세대 노인들은 향후 주거생활에 대한 고민이 많다.

노인 주거실태조사에 의하면 이들의 자가 점유율은 80%이며, 아파트에 거주하는 비중은 절반에 이른다. 그렇지만 현재 사는 집은 노인이 거주하기에는 불편하고, 생활자금도 부족하다. 노인가구는 안전하고 편리한 주거와 생활의 안정을 원하는 욕구가 강하다. 그리고 AIP(Aging in Place), AIC(Aging in Community) 현상에서 보듯이, 지금 사는 집이나 지역에서 계속 거주하기를 바라고 있다. 돌봄이나 청소 및 빨래, 식사 등의 주거생활 서비스가 제공되며, 적절한 건강 프로그램 제공 등을 원하고 있다.

이러한 트렌드를 반영해 부담이 가능한 가격으로 시니어 주택 또는 실버 타운을 공급한다면 수요는 충분히 기대할 수 있다.

고령자를 위한 주택 수요를 75세 이상 노인가구로 상정해서 산출해 보자. 통계청 자료에 의하면 75세 이상 인구는 2025년 500만 명, 2030년 700만 명, 2035년에는 780만 명으로 추산되고 있다. 이 중 아파트에 거주하는 가구는 2035년까지 200만 가구에 이를 전망이다. 개략적으로 이들 가구의 10% 정도를 잠재 수요로 가정할 때 시니어 주택은 15만 호에서 20만 호 정도가 필요하다.

실버타운은 주택시장에서 틈새시장으로 주목받고 있다

이는 고령자를 위한 주택은 꾸준한 증가가 예상되지만, 적절한 주택의 공급은 크게 부족한 상황임을 말해준다. 특히 실버 주택은 계층별로 크게 세 가지 유형으로 구분할 수 있다. 예를 들면 부를 어느 정도 확보한 상류층 노인을 대상으로 하는 소위 하이엔드급 실버 주택과 연금과 약간의 수입을 가진 중산층 대상 실버 주택, 취약계층 노인을 위한 주택 등으로 구분해 볼 수 있다.

하이엔드급은 금융기관 등을 중심으로 이미 곳곳에서 건설, 운영에 들어간 상태이다. 또 하위 취약계층은 정부에서 공공임대주택 등을 통해 노인에 걸맞은 주거 서비스를 제공하고 있다. 문제는 중산층용 실버 주택이며, 이에 대한 공급은 매우 취약하다. 정부가 분양형 실버 주택 활성화를 위한 대안을 내놓은 것도 같은 맥락이다. 이에 따라 또 하나의 민간 주택시장이 형성될 것이다.

노인가구가 원하는 주거생활을 충족할 수 있는 주택의 공급은 시장의 활력을 가져올 것이다. 고령자를 위한 주택이 갖출 조건은 몇 가지가 있다. 노인들이 건강하고 안전하게 살 수 있는 공간을 갖추고, 부담 가능한 가격으로 공급되어야 한다.

무엇보다도 서울이나 수도권 등지에는 대규모 주택을 공급할 택지가 부족한 현실을 고려할 때 지방에서도 잠재 수요가 많은 실버타운은 주택 시장에서 꾸준한 블루오션의 틈새시장으로 각광 받을 수 있다. 이에 따라 많은 민간업체가 관심을 가지고 시장 진출 기회를 엿보고 있다. 도심권에서 재개발 재건축 등의 정비사업을 시행할 경우, 실버 수요를 반영해 별도의 공간과 시설이 고려되어야 한다는 여론도 설득력을 얻고 있다.

주택 임대 비즈니스는 매입 시점과 지역 선택이 좌우한다

1인 가구의 증가는 임대주택, 공유주택의 수요를 촉진

　주택시장에는 임대 사업도 있다. 이는 임대사업체뿐 아니라 개인 차원에서 하는 주택 비즈니스라고 할 수 있다. 임대 사업은 통상 부동산을 매입해서 임대로 주고, 임대료 형식으로 수익을 얻는 방식이다. 임대하는 부동산은 사무실, 상가, 공장, 토지, 오피스텔을 비롯한 주거용 건물 등이 있다. 주택 임대 사업은 사업자로 등록하고 공식 임대업을 하는 경우와 개인이 가진 주택을 다른 사람에게 세를 주는 경우가 있다. 개인이 하는 임대 사업의 사례를 살펴보자.

　주택 임대는 캐시카우라는 말이 있다. 임대 사업은 《바빌론 부자들의 돈 버는 지혜》에서 말하는 돈나무의 씨앗이 될 수 있다. 지난 수십 년 동안 전셋값과 주택가격은 꾸준히 상승했다. 주택을 매입해 세를 주는 경우 상당한 수익을 창출했다고 알려져 있다. 많은 사람이 주택 임대 사업에 뛰어들지를 검토하고 있다. 과연 주택 임대 사업은 캐시카우가 될 것인가. 몇 가지 측면에서 살펴보자.

하나는 임대 수요가 꾸준히 유지될지의 문제이다. 다른 하나는 전셋값등 임대료가 지속적인 상승 추세를 보일 것인가에 대한 판단이다. 또 다른 하나는 임대업에 관한 정책과 제도의 영향이다. 여기에서는 임대 사업의 수요 및 사업성을 중심으로 검토해 보기로 한다.

우선 임대 수요를 살펴보자. 인구와 가구 전망에 의하면, 1인 가구의 비중은 빠르게 증가해 조만간 40%에 달할 것이다. 1인 가구의 증가는 임대주택, 특히 소형 주택이나 공유주택의 임대 수요를 촉진한다. 공공임대주택의 공급과 함께 민간의 임대주택 사업 참여를 활성화하려는 정책에 힘입어 임대 사업은 시세차익을 제하고도 안정된 수익을 확보할 것이다. 청년층의 독립공간을 가지려는 욕구 역시 소형 임대 수요를 증가하는 방향으로 작용한다.

임대 사업에서 추가로 유의할 사항은 임대 유형의 다양화를 들 수 있다. 1인 가구의 증가로 소형 임대가 활성화되는 한편, 임대 방식과 임대기간, 임대료 지급 방식 등에서도 변화가 나타날 것이다. 이런 변화를 잘 파악하고 대응하는 접근이 더욱 중요해질 것이다.

임대 사업의 포인트는 전월세 가격과 주택가격의 흐름이다

다음으로 시장에서 임대료는 어떤 흐름을 보일지 검토해 보자. 임대 사업의 핵심은 주택가격과 전세 또는 월세의 가격 동향이다. 지난 30여 년 동안 아파트의 전셋값은 연평균 7% 이상 올랐다. 서울의 경우 상승률이 더 높다. 여기에 주택가격도 크게 올랐다는 점을 고려하면, 임대 사업은 분명히 관심을 가질 비즈니스로 여겨진다.

기간을 좁혀서 2010년 이후의 상황을 분석해 보자. 2010년은 글로벌 금융위기의 영향으로 주택시장이 상승을 마무리하고 조정에 들어선 시기였다. 주택경기의 침체뿐 아니라 미분양도 다수 발생해 시장 부양 대책도 검토되고 있었다. 당시 3억 원으로 매입한 아파트를 세를 주고 월세를 받았다면, 세금과 관리 비용을 제한 초기의 순수익률은 연 3% 남짓했다. 시장금리와 비교할 때 높은 편은 아니다. 임대 사업의 핵심적인 포인트는 전월세 가격과 주택가격의 흐름이다. 전세나 월세가 상승하면 수익률은 당연히 높아지며, 주택가격의 상승은 매각 시에 시세차익을 가져온다.

투자 비용, 즉 주택 매입 가격 3억 원은 그대로 유지되므로 월세의 상승은 수익성의 상승으로 이어진다. 2010년 이후 전셋값의 상승을 월세로 전환해 계산한 임대 사업의 수익성은 2023년경에는 연 5%를 훨씬 넘어설 정도로 높아졌다. 금융기관의 예금금리는 물론 회사채 수익률보다 높은 수준이다.

임대 사업의 수익성 검토에서 중요한 내용은 주택가격의 변동이다. 주거에 드는 비용인 전셋값은 물가와 비슷한 성격을 가지므로 꾸준히 상승한다. 그런데 주택가격은 시장의 호황이나 침체에 따라 변동한다. 결국 수익성은 임대 사업을 하기 위한 주택의 매입 시점에 따라 영향을 받는다. 안정적인 임대 수입을 확보해도 주택가격이 하락한다면 수익성은 낮아질 수밖에 없다. 때로는 마이너스가 될 수도 있다.

2010년에 3억 원으로 아파트를 매입해서 월세로 임대 사업을 하는 사례를 다시 한번 정리해 보자. 사업 초기에 3% 남짓했던 수익은 전월세 가격의 상승에 따라 최근에는 5%를 넘어섰다. 주목할 점은 주택가격의 상승에 따른 시세차익이다. 매입 당시 3억 원이었던 아파트 가격은 현재 5억 원을 웃돈다. 시장이 한창 좋았을 때는 6억 원에 이르기도 했다. 아파트를 매각한다면 그동안 받은 월세와 시세차익을 합한 세전 수익률은 연 10%에 가까운 수준이다. 금융상품보다 훨씬 높은 성과를 보여준다.

임대 사업을 위해 검토할 몇 가지 기준

한편 정부는 민간 임대 사업을 활성화하고 공급을 늘리기 위해 새로운 유형의 장기임대주택 제도의 도입을 추진 중이다. 서민, 중산층과 미래 세대의 주거 안정을 목표로 자율형, 준자율형, 지원형 등으로 구성된 20년 이상 임대주택을 건설해 운용하도록 유도하고 있다.

이 제도는 단지별 100가구 이상의 임대주택을 운용하는 사업자에게 각종 규제를 완화하고, 공적 지원을 통해 민간의 임대주택 공급을 확대하려는 내용이다. 이는 장기적으로 임대주택 공급을 늘려주므로 세를 사는 임차인의 주거 안정에 기여할 것이다. 개인 임대업이나 임대주택 사업자에게 미치는 영향에 대해서는 세부적 검토가 필요하다.

앞에서 살펴본 대로 임대 사업은 대체로 안정적인 양호한 수익을 기대할 수 있으며, 수익의 크기는 주택가격 변동에서 영향을 받는다. 주택가격이 상승을 막 시작했던 2016년과 과열 상태였던 2020년에 주택을 매입해 임대 사업을 한 사례를 살펴보자.

먼저 2016년에 임대 사업을 시작한 경우에는 현재까지 전월세 가격은 별로 상승하지 않았지만, 주택가격은 상당히 올랐다. 따라서 상당히 양호한 수익을 얻을 수 있었다. 다음 2020년에 임대 사업에 뛰어들었다면, 월세 수익에도 불구하고 주택가격의 하락으로 기대했던 수익성을 확보하려면 시간이 걸릴 것이다.

임대 사업의 수익성은 주택을 어디에서 언제 매입해서 사업을 시작하는가에 따라 크게 달라진다. 임대 사업에서 검토할 사안을 정리해 보자. 우선 임대할 주택의 매입 시점이다. 다음으로 고려할 사안은 사업을 할 지역의 선택이다. 지역별 주택시장은 다르게 움직인다. 시장의 양극화로 인해 지역에 따라 주택가격의 변동은 차이가 크다. 추가로 고려할 사항은 임대 사업을 하는 유형이다. 전월세 수익에 중점을 둔다면 소형 주택이 유리하며, 가격의 상승을 생각하면 소형 또는 중형의 아파트에서 선택할 수 있을 것이다.

임대 사업은 정책과 가격의 변동에 크게 영향을 받는다

효과적인 임대 사업을 위해서는 몇 가지 확고한 기준이 필요하다. 이를 차례대로 정리해 보자.

첫째, 임대 사업을 위한 투자 목적이 명백해야 한다. 안정된 수입이 목적이라면 전세나 월세의 비중이 높은 주택이 유리하다. 반면 시세차익에 많은 관심이 있다면 상승 여력이 많은 주택을 가지고 임대 사업을 하는 것이 좋다. 이때는 지역의 영향이 상당히 크다.

둘째, 주택 임대업에 관한 여러 정책이나 제도는 임대 사업의 성과에 큰 영향을 미친다. 주택 정책의 방향과 철학에 따라서 임대 사업에 대한 정책은 크게 변해왔다. 때로는 임대업이 다주택자 규제 차원에서 억제되거나, 어떤 때는 도리어 임대시장 안정을 목표로 장려되기도 했다. 그렇지만 선진국 시장의 사례를 살펴보면 임대 사업은 점차 체계화되면서 주거 복지 대책의 한 축으로 발전할 것이다. 임대 사업에 관한 자세한 내용은 국토교통부의 자료에서 찾을 수 있다.

셋째, 임대 형태에 따라서 투자의 전략은 다르다. 전세는 당연히 전세금을 어떻게 운영하는가, 가격은 얼마나 올라갈까에 성과가 달려 있다. 월세의 경우 안정된 수입을 얻지만, 투자 비용은 많이 들어간다. 투자 비용을 줄이려면 전셋값 비중이 높은 주택이 유리하다. 이 비중이 높은 주택은 다가구나 다세대주택 등이며, 아파트의 경우 소형이 전셋값 비중이 높다. 그렇지만 주택시장이 급변하는 경우 전셋값의 안정성이 흔들릴 수 있다. 자칫하면 전세보증금의 반환에 어려움을 겪을지도 모른다. 과거 전셋값과 매매가격의 변동 상황을 살펴보고 판단할 필요가 있다.

넷째, 임대 기간에 따라 다른 접근이 필요하다. 임대 사업의 수익은 시간이 지나면서 달라지기 때문이다. 임대차법으로 인해 임대료는 별로 변동이 없지만, 시장의 여건이 변하면 기회비용은 달라지기 때문이다. 임대 사업은 주택가격의 변동에 크게 영향을 받는다. 수도권의 분당이나 판교 등지에서 민간 임대주택을 건설해서 중장기 임대업을 한 주택업체들이 지속적인 집값 상승으로 분양 전환 시에 임대료 이외에도 막대한 분양 수익을 얻을 수 있었다.

임대 사업의 검토에서 고려할 내용은 전셋값 상승이다. 2010년 소형 주택을 매입해서 전세나 월세를 주었을 경우 최근까지 수익률은 7%를 웃돈다. 이는 주택가격의 시세차익과 계속 상승하는 전셋값에 따라 증가하는 월세 수익을 합친 금액이다. 임대 사업의 강점을 잘 보여준다.

1인 가구와 노인의 주거 서비스가 유망 비즈니스로 떠오르고 있다

요람에서 무덤까지 지원하는 '주거 서비스 비즈니스'

주택의 양적 공급이 어느 정도 충족되면서 주거라는 용어의 사용이 일반화되고 있다. 삶의 질이 향상되면서 주택의 양보다 질, 즉 품위 있는 주거생활에 대한 욕구가 커지고 있는 데 따른 것이다. 주거란 단순히 주택이라는 물리적 실체를 넘어 그 안에 거주하는 사람들을 둘러싼 다양한 주거 활동을 포함하는 포괄적 의미이다. 다시 말해 가족원들을 보호하고 유지하며 교육과 휴식, 지역사회 기반과 공동체적 역할 수행 등 소프트 콘텐츠를 포함하는 것이다.

주거 서비스 비즈니스란 이 같은 주거생활을 지원하는 요람에서 무덤까지의 모든 서비스를 뜻한다. 우리 현실에 비추어 보면 수요는 가히 폭발적이나 공급은 체계적이지도 못할 뿐만 아니라 선진 외국에 비하면 초보적인 수준에 머물러 있다. 따라서 주거 서비스 분야는 향후 비즈니스화하면서 다양한 시설과 운영 체계를 통해 주거 산업으로서의 위상을 확고히 할 것이다. 더구나 주거 서비스에 관한 별도의 비용 징수가 최근 법적, 제도적으로 마련됨에 따라 주거 관련 비즈니스는 주택시장의 유망영역으로 빠르게 산업화해 나갈 것으로 예상된다.

사실 그동안 헌법에 명시된 국민의 쾌적한 주거생활 권리를 주택법으로 보장해 왔으나, 이는 주택 공급에 기반을 둔 법으로 주거권을 실현하기가 쉽지 않았다. 물량적 공급에 치중하다 보니 생활과 관련해 질적 향상에 대한 부분이 간과된 것이다. 따라서 지난 2015년 주거기본법 제정을 통해 더욱 확실하게 주거권을 명시, 본격적으로 인간다운 삶의 권리를 실행에 옮길 수 있는 법적인 틀을 완성하기에 이르렀다. 쾌적하고 안정적인 주거환경에서 주거생활을 영위할 권리를 천명하고, 이에 걸맞은 주거 정책을 수립해 시행하도록 한 것이다.

비혼과 고령화로 1인 가구 비중이 전체 가구의 40%에 육박

여기서 주거 복지가 새롭게 출발한 것이며, 이를 실행하는 주요 프로그램이 바로 주거 서비스이다. 이는 주택이 단순히 생활 공간 수준을 넘어거주자의 삶을 맞춤형으로 지원하는 주거 서비스의 결합체로 바뀌고 있음을 반영한 것이다. 이를 계기로 그동안 산발적으로 난립한 조직과 불안정한 관련 업계가 새로운 동력을 얻어 새롭게 틀을 갖추고 있는 중이다. 그리고 주거 서비스 소사이어티 등 다양한 단체 등이 구성되어 관련연구와 함께 산업으로서의 도약을 꿈꾸고 있다.

이러한 추세 발맞춰 주거 서비스 비즈니스 영역은 날로 확대되는 모양새를 보인다. 사회와 산업 전 분야에 걸쳐 변화의 파고가 높아지면서 주거생활도 1~2인 소가구로 분화되는 현상이 나타나고 있다. 이에 따른 주거 서비스의 확대 도입의 시급성과 필요성을 제기하고 있다. 특히 비혼과 고령화로 1인 가구의 비중이 전체 가구의 40%에 달할 정도로 높아지고 있는데, 이는 주거 서비스 비즈니스 확대 도입과 밀접한 연관성을 가진다.

예컨대 4~5인 가구인 시절 가사일을 서로 분담해 왔으나, 소가구화가 진척되면서 이를 혼자 감당하기 어려운 환경으로 변하고 있다. 결국 가사일은 물론 생활에 필요한 각종 서비스를 외부에 의존할 수밖에 없는 처지이다. 이는 곧 주거 서비스 산업의 확장 가능성을 의미한다.

소가구화로 인해 주택 구조가 방 개수 중심에서 거주 취향 중심의 공간으로 바뀌고, 부엌 공간이 대폭 축소되는 경향을 낳고 있다. 가정 내 식사와 조리가 줄어들고, 외부에서 이뤄지는 분위기로 변하고 있다. 서울 강남 등지에서는 새로 지은 아파트단지에서 식사 서비스를 제공하는 서비스가 인기를 끌고 있다. 독신가구의 증가로 인한 청소 등 생활 서비스 산업 역시 각광받는 것도 같은 맥락이다.

주거 서비스 비즈니스는 초고령사회 진입과 함께 본격화

초고령사회 진입 역시 주거 서비스의 빠른 확산을 리드하고 있으며, 수요 폭발에 따른 서비스 제공 비즈니스도 갈수록 늘어날 게 분명하다. 주거 서비스 비즈니스는 노인 인구 1,000만 명의 초고령사회 진입과도 연관성이 깊다. 콩나물 교실에서 컸던 베이비붐 세대가 땀과 눈물의 청춘과 장년을 마감하고 급속히 노년에 접어들고 있다.

하지만 아쉽게도 우리 사회는 이러한 산업화 시대의 주역이었던 노인 세대를 받아들일 준비가 전혀 되지 않은 게 현실이다. 갈수록 인지력과 자력 생활이 불가능해지는 이들을 수용할 지원 제도나 시설을 제대로 갖추지 못하고 있다. 노인복지시설 총 8만 9,698개소에다 입소 정원은 전체 노인의 5%에도 미치지 못하는 고작 35만 8,447명에 불과하다. 이미 초고령사회를 겪고 있는 일본은 자립형, 분산형, 복지타운 등 고령자의 건강과 안전한 삶을 고려해 다양한 형태의 노인 지원시설을 운영하고 있는 것과는 천지 차이다.

정부가 늦게나마 실버 레지던스 및 요양시설을 확대하는 정책을 발표한 만큼 향후 이 같은 시설이 크게 늘어나고, 관련 서비스가 확충될 것으로 기대한다. 저소득 취약계층의 노인을 대상으로 한 정부의 공공주거 서비스는 상당히 진척된 상태이다. 토지주택공사(LH) 등을 비롯한 지자체들은 주거복지센터 등을 설치하고, 이를 중심으로 영구임대 등에서 각종 돌봄 서비스는 물론 정신적 상담 서비스까지 나서고 있다. 독거노인 등을 위한 프로그램 개발에도 박차를 가하고 있다.

이와 함께 고급 요양시설의 경우 상위권 노인들의 안식처가 되고 있으며, 입실까지는 상당한 시일을 대기해야 할 정도로 인기가 높다. 식사나 청소, 돌봄 외에 건강 및 심부름 서비스에 이르기까지 지원 서비스가 다양하게 전개되고 있다. 교외 지역에 대규모 타운을 건설해 수용에 나섰던 과거의 패턴과 달리 도심권에 집중적으로 파고들어 고급 서비스를 제공함에 따라 인기가 높은 편이다.

이에 반해 중산층의 노인복지주택이나 서비스시설 등은 극히 열악한 상태이다. 지난 2015년까지 분양형 실버타운이 허용되었으나, 투기 열풍으로 임대만 가능하도록 개정되면서 사실상 중산층 실버타운은 방치 상태이다. 고가의 보증금과 월세를 내는 하이엔드급 외에는 추가 공급이 되지 않은 상태이며, 바로 이런 정책과 시장의 영향으로 인해 주거 서비스는 더디게 발전한 것으로 보아야 한다.

주택(하드)에서 생활(소프트), 사람(휴먼) 서비스로 진화한다

정부가 시장의 불균형 문제를 개선하기 위해 분양형까지 허용하는 방안을 수립함에 따라 향후 주거시설과 주거 서비스 확산에 대한 기대감이 커질 수밖에 없다. 일단 재도약의 기틀이 마련된 셈이다. 결국 1인 가구와 노인가구가 주거 서비스의 핵심 수요로 부상할 것이며, 이들에 대한 주거 서비스 비즈니스가 시장을 주도할 것으로 판단된다.

주거 서비스 비즈니스 영역은 크게는 물리적 서비스를 비롯해 경제적 서비스, 생활 서비스 등 3개 부문으로 나눌 수 있다. 물리적 서비스란 주택의 기획에서 건설, 공급, 유지 관리, 리모델링 등 노후 개량을 의미한다. 경제적 서비스는 주택 임대, 구매를 위한 금융 관련 서비스, 주거급여 등의 정보 제공 및 상담을 예로 들 수 있다. 또 생활 서비스는 개인 생활 및 공동체 활동 지원 서비스와 교육으로 구분할 수 있다.

이 같은 3개 영역의 주거 서비스가 최근 들어 주목받는 것은 사람(휴먼웨어), 생활(소프트웨어), 주택(하드웨어)을 통합적이고 다각적으로 융복합할 수 있다는 장점 때문이다. 특히 라이프스타일의 다양화에 따라 맞춤형 주거 형태의 실현이 절대 필요하게 되었고, 이를 위해 기존 하드웨어 산업 영역이 소프트웨어 영역으로 확장되는 추세여서 새로운 비즈니스로 주목을 받는 것이다. 특히 수치제어에서 성능제어로, 공급 관리에서 유지 관리, 하자 보수 체계에서 품질 보증 체계로 급전환함에 따라 신사업으로서 인식되고 있다는 얘기이다.

주택 건설과 공급이 후방 산업으로 인식되는 반면 주택의 유통과 거래 관련 분야의 서비스는 물론 맞춤형 관리 서비스, 그 외에 생활 서비스 사업 등 전방위 사업으로 부상하면서 많은 기업이 관심을 표명하고 있다. 주택의 건설 판매에 주거 서비스가 중요한 매개 변수가 되고 있으며, 서울 강남 등지에 새로 짓는 아파트단지는 고품질 서비스 확대가 필수 요소로 자리잡고 있다. 이와 함께 국가가 체계화한 국가직무능력표준 분류 체계(National Competency Standard)에 주거 서비스 및 지원 직무에 새롭게 등록, 공공과 민영기업에서 직무를 위한 업무 수행 및 인력 선발을 할 수 있도록 제도화됨으로써 비즈니스화를 더욱 촉진할 것으로 예상된다.

주거 서비스 영역은 공공과 제3 섹터, 민간 등 3개 부문

향후 주거 서비스 비즈니스의 발전 방향은 어떻게 전개될까. 또 어느 영역이 유망 비즈니스 떠오르고, 어떤 자세와 방법으로 접근하는 게 좋을까. 신산업 분야로 주목받은 주거 서비스 산업은 관련 기업이나 현업 종사자, 전문가들에게도 초미의 관심사로 떠오르고 있다.

주거 서비스 영역은 공공과 중간 지대인 제3 섹터, 민간 등 크게 3개 부문으로 구분할 수 있다.

공공 부문은 저소득층이나 취약계층을 대상으로 국가가 지원하는 서

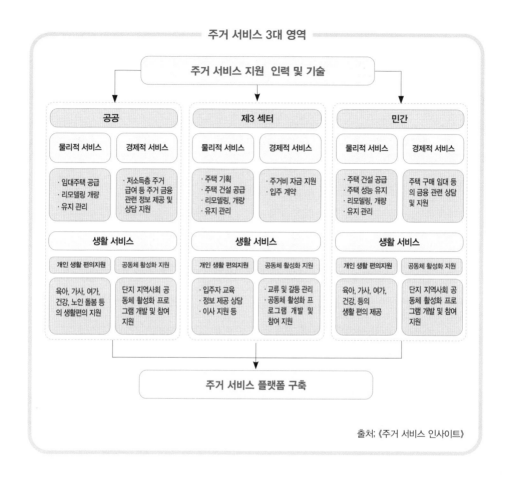

주거 서비스 3대 영역

주거 서비스 지원 인력 및 기술

공공

물리적 서비스	경제적 서비스
·임대주택 공급 ·리모델링 개량 ·유지 관리	·저소득층 주거급여 등 주거 금융 관련 정보 제공 및 상담 지원

생활 서비스

개인 생활 편의지원	공동체 활성화 지원
육아, 가사, 여가, 건강, 노인 돌봄 등의 생활편의 지원	단지 지역사회 공동체 활성화 프로그램 개발 및 참여 지원

제3 섹터

물리적 서비스	경제적 서비스
·주택 기획 ·주택 건설 공급 ·리모델링, 개량 ·유지 관리	·주거비 자금 지원 ·입주 계약

생활 서비스

개인 생활 편의지원	공동체 활성화 지원
·입주자 교육 ·정보 제공 상담 ·이사 지원 등	·교류 및 갈등 관리 ·공동체 활성화 프로그램 개발 및 참여 지원

민간

물리적 서비스	경제적 서비스
·주택 건설 공급 ·주택 성능 유지 ·리모델링, 개량 ·유지 관리	주택 구매 임대 등의 금융 관련 상담 및 지원

생활 서비스

개인 생활 편의지원	공동체 활성화 지원
육아, 가사, 여가, 건강, 등의 생활 편의 제공	단지 지역사회 공동체 활성화 프로그램 개발 및 참여 지원

주거 서비스 플랫폼 구축

출처: 《주거 서비스 인사이트》

비스로 한국토지주택공사(LH)를 비롯해 지방공사인 서울주택도시공사(SH), 경기주택도시공사(GH) 등 각 지방자치단체의 공사가 맡고 있다. 주로 임대주택 공급을 비롯해 리모델링과 개량, 유지 관리 등의 물리적 서비스와 저소득층 주거급여 등 주거금융 관련 정보 제공 및 상담 지원 등의 경제적 서비스가 일반적으로 이뤄지고 있다.

생활 서비스 부문도 육아, 가사, 여가, 건강, 노인 돌봄 등 사생활 편익 지원과 최근 활발한 주거단지 및 지역사회의 공동체 활성화 프로그램 개발과 참여 지원으로 구분된다. 최근 각 지방자치단체가 잇달아 신설하고 있는 주거복지센터를 중심으로 제공된다. 따라서 비즈니스 차원의 접근이 다소 어려운 게 현실이다. 건설과 용역 자체가 외주 형태로 진행되는 예도 없지 않지만, 이를 민간 차원에서 접근하기에는 수익성이 떨어지고 매력이 적어 한계가 있다. 향후 임대주택 건설이 확대되면 임대 관리와 입주민 생활 관련 주거 서비스 등의 영역이 더욱 커질 것이다. 그러나 이 역시 기업화로 대응하기에는 어려울 것으로 예상된다.

제3 섹터 부문에서는 주택 기획과 건설, 유지 관리 등의 물리적 서비스와 주거비 지원, 입주 계약 등의 경제적 서비스, 입주자 교육과 지사 지원, 공동체 활성화 프로그램 개발 등 생활 서비스가 주로 행해지고 있다. 최근 사회주택 건설이 활성화되고 주민이 공동체 운영에 직접 참여하는 사례가 대표적이다. 비영리단체 중심으로 주거 서비스 업무가 이뤄지기 때문에 공공 부문과 마찬가지로 비즈니스 차원의 접근이 어렵다. 시민단체와 주민공동체의 결합이 늘어나면서 시장 자체는 커질 것이나, 수익이 전제되지 않은 만큼 상업화로 발전하기에는 한계가 있다.

1인 가구와 노인 세대를 고려한 케어홈, 앞다퉈 도입

민간 부문은 주택 건설과 성능 유지, 리모델링 및 개량, 유지 관리 등의 물리적 서비스와 주택 구매, 임대 등의 금융 관련 상담과 지원 등의 경제적 서비스가 있다. 또 생활 서비스로는 육아, 가사, 여가, 건강 등의 개인 생활 편의지원 서비스와 주거단지 및 지역사회 공동체의 활성화 프로그램 개발과 참여 등에 대한 지원 업무가 행해지고 있다. 주거 서비스 산업에 대한 인식 제고와 함께 가장 관심을 끄는 부문은 바로 민간 영역이다.

우선 민간 영역에서 주택 건설을 예로 들어보자. 전 국민의 70% 이상이 공동주택에 거주하는 만큼 아파트 위주의 주택 선호도는 앞으로도 크게 변하지 않을 것이다. 다만 초정보화 사회로 발전과 생활의 질적 고도화 추세 등을 고려하면, 주택 유형이 스마트화된 다품종 소량으로 진화할 가능성이 크다.

이미 1인 가구와 노인 세대를 고려한 케어홈이 곳곳에서 도입되고, 스마트 키(key)로 전체 단지 시설을 이용하고 관리하는 AI 및 IT 시설이 일반화되는 추세이다. 이 같은 스마트시설을 이용한 원스톱 주거 서비스는 채광, 조명 등 물리적 시설뿐만 아니라 다양한 돌봄 시스템 도입 등으로 확대되면서 향후 주거 비즈니스로 급부상할 전망이다.

아울러 개인의 취미나 취향 등을 고려한 맞춤형 주택 유형의 발전도 기대된다. 홍콩이나 일본처럼 애완동물을 키우는 수요층을 위한 주택이나 자동차와 함께 고층까지 올라가는 유형의 주택도 출현할 것으로 보인다. 일본처럼 노인 케어를 위한 특별한 요양 주택이나 고령자 주택, 종합복지센터 등도 향후 물리적 주거 서비스 분야에서 눈에 띄게 발전할 것으로 예상된다.

특히 주거 서비스 비즈니스화가 기대되는 분야는 생활 지원 서비스와 관련한 콘텐츠 분야이다. 단순히 물리적 서비스인 피트니스센터나 사우나, 수영장, 헬스센터 등의 시설 위주에서 돌봄, 육아, 교육, 요리 등 다양한 소프트 서비스 중심으로 빠르게 변모해 가고 있다. 더구나 시설 및 운영 주체 역시 단순 브랜드 마케팅에서 벗어나 거주자 생활 편의 중심으로 바뀌는 중이다. 게다가 임대 관리나 부동산 중개 서비스까지도 전문화 내지는 종합서비스로 고도화되면서 플랫폼 비즈니스로 급전환해 서비스 유통 및 관리 혁명이 일어나고 있다. 바야흐로 민간 주거 서비스 산업이 활짝 꽃피울 순간을 맞이하고 있는 셈이다.

주거 서비스는 소가구화와 고령화 추세로 확대되는 추세

현재 도입된 민간 주거 서비스를 세분화해 보면, 가사와 생활 지원 서비스를 비롯해 건강 여가생활, 생활 편의, 육아 지원과 교육, 공동체 활성화 지원 서비스 등 크게 5개 부문이다. 특히 육아 지원과 교육 서비스로 국공립 어린이집, 아이돌봄 서비스, 공동체 활성화 지원 서비스로 재능 기부, 입주민 동아리, 단체활동 서비스 등이 입주민의 호응이 높은 편이다. 따라서 뉴스테이 등 민간 임대주택에서 출발한 이 같은 서비스는 분양주택으로까지 확대되는 추세이다. 또 최고급단지를 중심으로 확산하고 있는 식사 제공, 세탁 및 청소 등 각종 생활 지원 서비스 역시 향후 더욱 일반화되어 갈 것으로 예상된다.

특히 베이비붐 세대의 은퇴와 초고령사회 진입으로 향후 노인 주거생활과 관련한 주거 서비스가 더욱 활발하게 전개될 가능성이 크다. 이는 일본에서처럼 노인 주거시설 및 관련 서비스업이 급격히 번창할 것임을 시사하는 것으로 보인다. 최근 관련 주제를 다루는 각종 세미나나 토론회가 증가하고, 공공에서 관심을 보이는 분야도 역시 노인 관련 생활 서비스와 맞춤형 관리 서비스이다.

이 같은 민간 영역의 주거 서비스 비즈니스는 앞서 기술한 소가구화 현상과 고령화, 생활의 고도화 추세 외에도 정부의 20년 장기임대주택 도입, 주거 서비스 비용 부과의 법제화, 주거 서비스인증제도 확대 등 법

민간인 주거 서비스 운영 및 속성 변화

변화 키워드	세부 내용
시행 및 운영 주체의 다변화	건설업체, 주민 공동체 운영 중심에서 탈피, 지방자치단체, 시민단체, 전문가 그룹 등의 지역 자원 활용으로 다변화
주변의 관련 기업 연계형 등장	이사, 청소, 세탁 등 주변 업체와 공동으로 연계, 지역 업체와 마찰을 피하면서 상호 경제적 보완 관계 유지
자체 지원형 서비스 증가	작은 도서관, 나눔센터, 캠핑장 등 주민 자체 운영 서비스 확충, 주민 참여 유도, 단지 소속감 유지
재능기부형 인력 풀 제도 도입	재능기부형 인력 활용, 전문화 및 입주자 참여형으로 진행, 관심 유도, 비용 절감 효과

출처;《주거 서비스 인사이트》

적 제도적 보완으로 더욱 확대되어 유망 비즈니스로 부상할 것으로 예상된다.

다만 민간 부분의 주거 서비스 비즈니스 확대 도입이 일부 대기업, 상위권 업체 중심으로 이루어지고 있다는 것은 개선해야 할 부분이다. 그리고 여전히 비용 문제는 해결이 쉽지 않다는 점, 또 무차별적 도입에 따른 시장의 역반응에 대한 우려도 제기되고 있다.

따라서 산업의 전제조건인 안정된 수익을 기반으로 서비스가 내실 있게 진행되고 확대되어야 한다는 게 관련 업계의 공통된 희망이다.

주거 서비스 산업이 신산업으로 자리를 잡기 위해서는 다양한 플랫폼 마련이 우선되어야 하고, 민간기업의 역량 강화와 다양한 편익 제공 서비스 개발이 우선되어야 할 것이다.

구슬이 서 말이라도 꿰어야 보배, 미래가치는 정보에서 나온다

정보의 수집과 분석은 투자의 성과를 좌우한다

주택시장의 속성에서 설명한 것처럼 주택은 분양이 되고 나면 개개 특성을 가진 상품으로 다루어진다. 처음에는 가격과 품질이 거의 비슷했던 개별 주택의 가치가 시간이 지나면서 달라진다. 외부효과와 지역에 따라 처음의 동질성이 약해지고 독자성이 강해진다. 분양에서도 차이가 나지만 입주 후에 같은 단지에서도 가격 격차가 심해지고, 같은 동에서도 층별과 향별로 가격이 따로 형성된다.

이런 속성이 주택시장을 복잡하고 어렵게 만든다. 주택의 거래에는 더 많은 정보가 필요하고 비용이 들어가며, 이에 따른 만족이나 효용도 달라진다. 다양한 정보의 수집과 판단, 현장 방문 같은 탐색이 뒷받침되어야 한다. 특히 정보의 수집과 분석은 의사결정에서 매우 중요하다.

시장의 탐색은 적절한 주택을 적당한 가격에 매입하는 과정이다. 다시 말하면 같거나 비슷한 가격으로 더 좋은 품질의 주택을 찾거나, 또는 같은 품질의 주택을 더 싸게 사기 위한 노력이다. 이는 정보를 얼마나 확보하고 어떻게 판단하는가에 달려 있다. 많은 역사적 사례에서도 알 수 있듯이, 정보는 성과를 좌우하는 핵심이다.

《손자병법》에도 정보의 중요성이 강조되고 있다. 지피지기면 백전불태라고 했다. 나를 알고 상대를 알면 위험하지 않다는 뜻이다. 《손자병법》은 기원전 춘추전국시대에 저술되었으며, 군사 분야뿐만 아니라 정치, 경영, 스포츠 등 다양한 분야에서 적용되고 있다. 《손자병법》에서는 특히 정보 획득의 중요성을 강조한다. 상대에 대한 충분한 정보를 갖고 있으면 위험을 피하면서 원하는 성과를 얻을 수 있다,

부동산은 정보의 비대칭성, 불공정 거래를 유발하기도 한다

경제의 투자 활동이나 거래에서도 마찬가지이다. 정보는 경제적 가치를 가지고 있다. 정보를 얼마나 알고 활용하는가에 따라 투자나 거래의 성과가 좌우된다. 정보 이론으로는 비대칭 정보, 도덕적 해이, 역선택 등이 있다. 도덕적 해이는 자신이 할 일을 제대로 하지 않아도 손해를 보지 않는 경우 최선을 다하지 않는 상황을 말한다. 역선택이란 보험금을 받을 가능성이 많은 사람이 보험에 많이 가입하는 현상이다. 이런 상황은 정보의 비대칭성에 기인한다.

정보의 비대칭은 특정 집단이나 사람이 다른 집단에 비해서 더 많은 정보를 가진 상황에서 자주 발생한다. 이는 도덕적 해이나 역선택을 일으

켜 시장의 거래를 왜곡시킨다. 특히 주택처럼 가격이 비싼 재화의 경우 정보가 가치에 결정적 영향을 미치므로 불공정한 거래를 유발하기도 한다. 비근한 사례로 부동산 거래에서 자주 언론에 등장하는 사기 사건도 거래하는 부동산에 대한 자세한 정보가 부족하고, 거래 상대방을 제대로 알지 못해서 겪는 경우가 흔하다.

예를 들어 주택의 분양가는 토지 매입 비용에 건설비, 그리고 부대비용, 이윤 등이 합해져 결정된다. 그런데 도심권일수록 토지 매입비용의 비중이 높고, 분양가의 최고 70%까지 이르기도 한다. 문제는 토지의 매입 경쟁이 심해지면서 실제 가격보다 훨씬 비싸게 매입하는 경우가 드물지 않다. 한국토지주택공사(LH)나 서울주택도시공사(SH) 등이 개발해 공급하는 공공택지에는 덜 하지만, 민간 토지에서 이런 상황이 심하다. 신규 아파트를 분양받을 때 우선적 고려 사항이 분양가인데, 이런 정보를 토대로 분양가가 합리적인지를 파악해 보는 일은 매우 중요하다.

고장이 잦은 중고차를 비싸게 산다는 '레몬시장 이론'

이런 과정을 충분히 거치지 않으면 '레몬시장 이론'처럼 고장이 잦은 중고차를 비싸게 사는 상황을 겪을지도 모른다. '레몬시장'이란 용어는 미국 이론경제학자 조지 애커로프(George Arthur Akerlof)가 처음 사용했는데, 판매자와 구매자 간 정보의 비대칭성 때문에 우량품은 자취를 감추고 저품질 재화·서비스만 거래되는 시장을 뜻한다. 레몬은 과일이지만 워낙 시고 맛이 없어 불량품을 의미하는 용어로 많이 쓰인다.

레몬시장의 대표적인 예로는 국내 중고차 시장이 있다. 중고차를 사려는 사람은 차를 파는 사람에 비해 정보의 부족, 정보의 비대칭이라는 불리한 처지에 놓일 수밖에 없다. 차를 팔려는 사람은 차의 상태를 잘 알고 있고, 적정한 가격을 매길 수 있다. 그렇지만 사려는 사람은 상태를 알지 못하므로 가능한 낮은 가격으로 사기를 원한다. 정보의 비대칭은 상대를 속이는 문제가 있을 수 있다는 점이다. 이에 따라 좋은 물건을 놓치거나 나쁜 물건을 비싸게 사서 거래에서 손실을 겪는 상황을 말한다.

'레몬시장'에서 손실을 피하려면 정보의 비대칭이 해소되어야 한다. 정보 공유의 확대, 거래 플랫폼의 성장은 정보 비대칭으로 인한 피해를 줄이는 데 도움을 줄 것이다. 중고차 시장에는 이미 거래 플랫폼이 형성되고 있으며, 주택시장에도 정보, 거래 등에 대한 다양한 플랫폼이 자리잡고 있다. 주택시장에서 뜻하지 않은 리스크를 피하려면 이런 플랫폼을 적극 활용할 필요가 있다.

주택이 가진 특성 중에는 다른 사람에게는 중요하나 자신은 필요가 없는 것도 있다. 이런 부분도 레몬이다. 이를 고려하지 않고 아파트를 사는 경우 쓸모없는 부분에 비싸게 돈을 지불하는 상황에 부닥칠 수 있다. 때로는 법적으로 곤란한 상황에 빠질 수도 있다. 전세 사기 같은 경우도 겉보기에는 멀쩡한 레몬에다 돈을 잘못 지불한 사례들이다. 주택시장에서 레몬을 사게 되는 잘못을 피하려면 주택에 대한 정확한 정보와 가치 판단이 필수적이다.

아파트는 규격과 공간 구조, 거래가 표준화된 주택이므로 중고자동차 시장의 레몬처럼 잘못 살 염려는 별로 없다고 흔히 생각한다. 그런데 중요한 것은 미래를 판단하기 위한 정보를 찾는 일이다. 이는 잠재된 미래의 가치를 찾아 보석을 만드는 노력과도 같다.

정보를 수집하고, 정리해서 직접 판단을 내리는 일은 힘들고 꽤 번거로운 일이다. 그렇지만 주택을 비롯한 부동산의 높은 가격과 비용, 그리고 잘못되었을 때 감당할 피해를 생각할 때 반드시 거쳐야 하는 과정이다. 다른 사람의 말을 듣고 중요한 결정하기에는 감당해야 할 리스크가 매우 크다.

이순신 장군은 철저한 정보 수집과 전략으로 승리를 거두었다

기업의 경영뿐 아니라 손자가 말한 것처럼 전쟁이나 전투에서도 정보는 승패를 좌우한다. 조선과 일본의 국운을 가른 임진왜란도 마찬가지이다. 일본의 도요토미 히데요시가 조선을 침략할 때 오랜 기간 조선의 정치와 경제, 지형을 조사하고 정보를 수집했다. 그러나 그는 두 가지 중요한 실책을 저질렀고, 결국 조선을 공략하는 데 실패했다.

조선은 왕이 통치하는 중앙집권 체제여서 한양을 점령하고 왕을 체포하면 조선은 항복한다고 생각했다. 그러나 조선은 겉으로 드러나는 왕보다는 사대부가 권력의 중심을 이루는 나라였고, 통치자인 왕이나 수도 한양이 가지는 의미는 영주들이 지배하던 봉건제의 일본과는 달랐다.

더욱 결정적인 실수는 육지가 아니라 바다에 있었다. 동래, 부산포에서 한양으로 진군하는 길을 철저히 조사했고, 이를 바탕으로 불과 한 달도 되지 않아 한양을 공략했다. 그러나 빠른 진군에 치중하느라 호남 지방을 간과했고, 이는 조선 수군이 남해안 일대에서 활동하는 발판이 되었다.

조선은 육군만 있는 것이 아니었다. 물론 조선 수군의 강함은 이순신 장군의 뛰어난 역량 덕분이었지만, 일본이 남해안에서 벌어진 해전에 대비한 정보가 취약했던 점도 결정적 패인이었다. 이 때문에 일본은 이순신 장군과 맞붙은 전투에서 23전 23패라는 세계사의 유래를 찾아보기 힘든 참패를 겪었다.

이에 비해 이순신 장군은 철저한 정보 수집과 판단에 따라 이길 수 있는 전투만 임했다. 조선 수군이 얻으려는 정보는 상대의 병력, 전투 방식과 해당 지역의 지형지물이다. 상대의 상황에 대응해 전력의 우위를 판단하고, 지형지물 등 모든 자연조건을 이용해서 효과적인 전략을 세웠다.

이를 잘 보여주는 예는 정유재란에서 불과 13척의 배로 133척의 적함을 물리친 명량(鳴梁) 해전에서 찾을 수 있다. 명량은 울돌목을 한문으로 표기한 것이다. 바다가 울부짖는 듯한 소리를 내는 좁은 해로라는 뜻이다. 울돌목의 빠른 물살과 좁은 지형은 훨씬 우위에 있었던 일본 수군의 전투력을 크게 떨어뜨렸고, 결국 이순신 장군은 백척간두의 위기에 처한 조선을 구하는 극적인 승리를 만들 수 있었다. 이 전투에서 이기지 못했다면 조선의 제해권은 일본이 차지했고, 바다를 통한 병력과 물자 공급으로 일본은 전쟁을 유리하게 이끌었을 것이다.

지역의 환경에 대한 정확한 정보 확보가 사업 성과를 좌우

주택시장과 비교해 보자. 상대의 상황은 지역시장의 주택 수요의 규모, 주거 선호 등이다. 지형지물은 지역시장을 둘러싼 금융, 경제, 수급 등의 여건이다. 이런 지역의 환경에 대한 정확한 정보의 확보는 사업의 성과를 좌우하는 바탕이 될 수밖에 없다.

주택의 가치에 대한 평가는 시간이 가면서 점차 변한다. 또 주택 자체가 가진 특성뿐 아니라 외부 공간에서도 많은 영향을 받는다. 이런 특성은 시장에서 자동으로 반영되어 가격이 결정되지만, 시간에 따라 주택의 가치가 변하고 있으므로 충분한 정보가 없으면 미래가치의 정확한 평가가 어렵다.

혐오시설이 나중에 들어오거나 아파트의 고질적인 문제가 생길 수도 있다. 층간소음이 심하고 주차 전쟁에다 밤이면 유흥단지가 시끄러워 환경이 안 좋은 경우 등이다. 낮과 밤, 러시아워나 평상시에 해당 단지를 직접 방문해서 파악하는 일이 중요하다.

정보는 현재의 주어진 상황을 정확하게 파악하는 내용과 함께 다가올 미래의 가치를 살펴보는 일이다. 주택은 외부효과 그리고 지역의 발전 잠재력의 영향을 크게 받는다. 단순히 주택의 상태보다는 미래를 예상하기 위한 다양한 정보를 구하고, 이를 바탕으로 주택의 미래가치를 파악하는 일이 중요하다.

앞으로 주택에 긍정적인 영향을 미칠 잠재된 외부효과를 찾아내고, 거래나 투자를 한다면 주택의 가치는 점점 올라갈 것이다. GTX 노선의 신설 같은 교통수단, 젊은이들이 몰리는 양양 바닷가, 맛집 성지로 떠오르는 성수동 등은 외부효과에 힘입어 부동산의 가치가 크게 높아진 사례들이다. 이런 정보는 주택 거래에 따른 성과에서도 큰 차이를 가져올 수밖에 없다.

전에는 주택시장에서 필요한 정보를 얻기 위한 탐색을 하려면 비용과 시간이 많이 들었다. 하지만 이제는 손쉽게 다양한 정보의 접근이 가능해졌다. 1차로 주변에서 다양하게 제공하는 필요한 정보를 충분히 확보하고, 이를 바탕으로 현장답사를 포함한 2차 정보를 얻은 다음 판단을 내릴 수 있다.

정보의 활용은 주택의 과거, 현재, 미래를 꿰뚫는 일이다

여러 경로에서 주택에 대한 가격, 수급 상황, 매도 물량, 물리적 상태, 금융 조건, 법적 내용 등에 관한 다양한 정보가 제공되고 있다. 주택을 마련하려는 사람들은 이러한 정보를 찾아보고 대상 지역이나 물건을 탐색한 다음, 중개인 등을 통해서 거래한다. 물론 직거래로 수행되는 경우도 때때로 있다.

여러 기관이나 회사에서 제공하는 주택에 관한 정보는 거래하려는 시장 동향과 물건의 가격, 위치, 규모 같은 기본 정보뿐 아니라 주변의 생활환경, 교육여건, 교통 등 소비자가 알기를 원하는 내용으로 구성되어 있다.

나아가 외부효과 같은 미래가치에 영향을 미치는 정보도 알 수 있다. 정보의 다양한 활용은 주택 등 부동산이 가진 현재 상태의 파악뿐 아니라 우리 삶의 미래를 살펴보는 일이다.

이들 정보는 각 사이트에 들어가면 자세한 내용을 알 수 있고, 필요한 내용을 선택해서 활용하는 것이 가능하다. 내 집 마련이나 투자를 위해서 주택을 거래하려는 사람들은 이러한 다양한 정보를 이용해서 일차적인 판단을 내린 다음, 현장을 직접 여러 차례 방문하고 중개업소를 찾아가 거래를 시도한다.

실제 주택의 거래에서 다양하게 제공되고 있는 정보를 어떻게 활용해서 성과를 얻을 것인지를 정리해 보자. 미래의 가치는 정보에서 나온다. 주택의 거래는 시점을 판단하고, 지역 선정과 주택 선택, 그리고 시장 여건을 검토하는 단계를 거치면서 주택 매입을 위한 의사결정을 내린다. 주택 비즈니스도 마찬가지이다.

정보의 활용에 따라 주택의 미래가치는 높아진다

첫째, 거래 시점을 찾으려면 주택시장의 추세를 분석하고, 비용을 판단하는 일이 선행되어야 한다. 추세의 분석은 KB 주택통계와 한국부동산원 등에서 발표하는 가격지수, 국토교통부 등의 실거래가 자료를 이용해서 살펴볼 수 있다. 주택 거래에 들어가는 비용은 전셋값, 주택가격, 금리를 이용해서 구할 수 있다. 전셋값과 주택가격은 KB 주택통계, 한국부동산원, 그리고 민간업체의 자료를 이용하며, 주택담보대출 금리나 정책 금리 등은 한국은행, 주택금융공사를 비롯한 금융기관에서 찾을 수 있다.

둘째, 지역과 아파트단지의 선정이다. 관심을 가진 지역의 시장 흐름을 살펴보고, 시장의 호황 국면에 강한 상승을 보이면서 성장이 가능한 지역을 찾아야 한다. 시장의 흐름에 대한 정보는 국토교통부, KB 통계와 한국부동산원 등에서 발표하는 자료를 이용할 수 있으며, 지역의 발전 잠재력을 보여주는 자료와 정보는 지자체의 경제사회통계에서 찾을 수 있다.

셋째, 주택의 선택은 객관적인 비용과 주관적인 효용에 의해 결정할 수 있다. 일반적으로 주택을 찾는 일은 대부분 위치, 규모, 가격, 주변 환경 등을 제공하는 정보업체의 자료를 이용한다. 이들을 이용해 기초자료는 얻을 수 있지만, 정확하고 객관적인 판단을 내리기에는 부족하다. 좋은 선택의 판단에는 더 자세한 정보가 필요하다. 개개 주택의 비용과 효용을 구하는 일이다.

넷째, 주택 정책의 세세한 내용을 파악해서 판단에 도움이 되는 정보를 찾아야 한다. 특히 시장이 혼란스러울 때는 정책이나 제도가 주택 거래에서 중요한 역할을 한다.

정보의 가치는 어떻게 받아들이고 활용하는가에 따라 크게 달라진다. 활용 방법에 따라서 레몬을 피하는 것은 물론이며, 정보의 활용에 따라 부동산의 가치가 높아지고 더 많은 성과를 얻을 수 있다. 이는 주택의 거래를 위한 정보 탐색에서 매우 중요하다. 어떤 정보를 어디에서 찾아서 활용할 수 있는가가 주택시장의 성과를 좌우한다. 이 책의 각 장에는 주택 거래에 필요한 정보가 무엇이고, 어디에서 정보를 찾아서 어떻게 판단하고 활용하는가에 대한 설명이 들어 있다.

지식과 정보의 결합은 주택 비즈니스 성공의 지름길

지식과 정보의 결합은 내 집 마련이든 투자 활동이나 비즈니스이든 주택에 관심을 가진 사람들에게 성공을 위한 지름길이면서 탄탄한 디딤돌을 역할을 할 것이다. 정보의 가치와 활용에 관해서는 옛날부터 많은 속담이 전해져 내려오고 있다. 구슬이 서 말이라도 꿰매야 보배이다. 아는 것이 힘이다. 부뚜막의 소금도 집어넣어야 짜다. 시작이 절반이다. 이런 속담들은 주택이나 부동산에 관심을 가진 사람들이 늘 염두에 두고 행동할 필요가 있다.

정보로 좋은 성과를 얻으려면 자세한 현장 확인이 뒷받침되어야 한다. 다양한 정보를 구하고 나름대로 판단해도 실제 상태를 직접 확인하지 않으면 자칫 잘못된 판단을 내릴 수 있다. 백문(百聞)이 불여일견(不如一見)이다. 자료를 보거나 남의 말을 듣는 것보다 직접 보는 행동이 훨씬 바람직하다.

아파트는 표준화된 상품이므로 정보의 중요성이 낮다고 생각할 수 있다. 그렇지만 주택의 가치에 영향을 미치는 외부 환경은 주택마다 다르다. 현장의 확인은 필수적인 절차로 다루어야 한다. 이를 통해서 지역이나 아파트단지의 성장과 발전 가능성을 파악할 수 있다.

현장의 확인은 혼자서 주변 상황을 한두 차례 둘러보는 것으로는 부족하다. 사정이 된다면 최대한 시간을 내어서 여러 번 가는 편이 좋다. 스스로 갈 수 있는 여건을 만들어야 한다. 지역 사정에 밝은 중개업소 등의 의견을 듣고 활용하는 자세도 중요하다.

현재 살고 있는 주민이나 과거 살던 사람에게 매물은 물론 주변에 대해 탐문하는 것도 효과적이다. 그곳의 단점과 결점, 그리고 불편한 점에 관한 설명을 들을 수 있기 때문이다. 물론 가장 중요한 것은 자신의 확고한 판단 기준이 있어야 한다는 것이다.

🔍 부동산 정보 사이트 모음

- 국토교통부 통계누리 – stat.molit.go.kr
- 국토교통부 실거래가 – rt.molit.go.kr
- 서울시 서울부동산정보광장 – land.seoul.go.kr
- LH공사 씨리얼 – https://seereal.lh.or.kr
- 한국은행 경제통계시스템 – https://ecos.bok.or.kr
- 한국주택금융공사 주택금융통계시스템 – houstat.hf.go.kr
- KB 국민은행 부동산통계 – kbland.kr
- 아실 – asil.kr
- 호갱노노 – hogangnono.com
- 부동산지인 – aptgin.com

부동산 가격 정보는 아실, 부동산지인 등에서 볼 수 있다. 국토교통부 실거래가 공개시스템, KB 국민은행 등도 매물이나 가격 외 부수적인 정보를 담아 시장 판단과 의사결정에 도움이 될 수 있다. 호갱노노에서는 직장인 연봉, 세금, 주민 커뮤니티 등의 정보도 제공한다.

내 집 마련이나 투자를 위한 주택 거래의 핵심은 다양한 정보로 일차적인 판단을 내린 후 현장을 직접 방문, 확인하는 것이다.

주택, 부의 첫걸음

초판 1쇄 인쇄 | 2024년 11월 7일
초판 1쇄 발행 | 2024년 11월 9일

지은이 | 손경환 · 장용동
펴낸이 | 황보태수
기획 | 박금희
편집 | 오윤
교열 | 이동복
디자인 | 디자인 봄
마케팅 | 유인철
인쇄 · 제본 | 한영문화사

펴낸곳 | 이다미디어
주소 | 경기도 고양시 일산동구 강석로 145, 2층 3호
전화 | 02-3142-9612
팩스 | 070-7547-5181
이메일 | idamedia77@hanmail.net
블로그 | https://blog.naver.com/idamediaaa
페이스북 | http://www.facebook.com/idamedia
인스타그램 | http://www.instagram.com/ida_media
네이버 포스트 | http://post.naver.com/idamediaaa

ISBN 979-11-6394-071-5 13320